Agustín Barletti

LA FAIM DU DRAGON

LE PLAN DE LA CHINE POUR AVALER LE MONDE

Buenos Aires 2023

Agustín María Barletti

Buenos Aires (1961) il est avocat (UBA) et Docteur en Droit Constitutionnel diplômé dans l'Université en Droit et Sciences Sociales de París II (Sorbonne).

Éditeur depuis 1998 du supplément Transport & Cargo du journal El Cronista, il est considéré comme un journaliste de référence dans le secteur du transport, la logistique et le commerce extérieur de l'Argentine.

En 1997, il a écrit la première version du roman historique Voleurs Nocturnes sur la vie du président Arturo Umberto Illia.

Il a publié le livre Prouesse à Gibraltar où il raconte son expérience de rejoindre l'Europe et l'Afrique à nage (2012), et Malouines, entre brassées et mémoires, (2019) pour raconter son expérience après avoir nagé entre les deux îles par l'Etroit de San Carlos.

Son livre Journalisme spécialisé (2019), est consulté par les étudiants de Communication Sociale de plusieurs universités de l'Amérique du Sud.

En 2021 il a publié la deuxième édition corrigée et augmentée du roman historique Voleurs Nocturnes sur la vie du président Arturo Umberto Illia, et les livres L'heure du canal Magdalena; Canal Buenos Aires, le chaînon manquant; et Canal Martín Irigoyen, vers une nouvelle voie navigable.

INTRODUCTION

J´ai eu ma première expérience directe avec la Chine en 1989. À cette époque-là je vivais à Paris, où je faisais mes études du doctorat en Droit Constitutionnel. La Sorbonne bouillait de passion par la célébration organisée par le pays pour le 14 juillet de cette année-là, en commémoration du Bicentenaire de la Révolution Française.

Avec plusieurs évènements reportés, le principal et le plus attendu était l´imposant défilé organisé aux Champs Elysées, considérée par nombreuses personnes comme "l´avenue la plus belle du monde".

J´étais un jeune étudiant, je vivais dans la Ville Lumière. Et j´avais la possibilité d´assister à cet évènement unique, je ne pouvais demander rien d´autre.

Deux mois avant la célébration, le centre d´intérêt a changé. Mon copain de clase, Gao Chen, de nationalité chinoise, a commencé à parler sur les protestations qui avaient lieu à Pékin et dans diverses villes du pays.

Son information venait de sources directes qui évadaient le féroce censure à la presse imposée par le Parti Communiste Chinois.

Tout a commencé comme une sorte de commémoration, par la mort, en avril, du réformiste Hu Yaobang, qui détenait le secrétariat général du Parti jusqu´à la purge de 1986, menée par le leader maximal à l´époque, Deng Xiaoping.

Pour honorer la mémoire de ce dirigeant considéré comme libéral par le peuple chinois, un duel national effusif et spontané s´est produit.

Comme il est habituel pour des cas pareils, c´est les étudiants qui sont sortis en premier lieu dans les rues, puis après les travailleurs et finalement les citoyens dans son ensemble. Sans même pas l´imaginer ou le planifier, une multitude a gagné les rues pour réclamer au gouvernement de respecter et honorer l´héritage de Hu Yaobang. Des réformes de base étaient exigées pour la société civilisée dans son ensemble, telles que la liberté de presse et la liberté de réunion, parmi d´autres.

À Pékin, plus d´un million de manifestants ont occupé la place de Tiananmen arborant des drapeaux et des pancartes dans une ambiance festive. La plus grande mobilisation de protestation dans l´histoire de la Chine communiste prenait ainsi forme.

La réponse a été brutale. La nuit du 3 au 4 juin, l´Armée chinoise a reçu l´ordre de disperser les protestations qui étaient déjà depuis presque sept semaines sur la place.

Ce qui s´est passé après a été dénommé "La massacre de Tiananmen", où au moins 10.000 personnes sont mortes, selon plusieurs documents déclassés.

Parmi les rares images qui ont réussi à échapper de la censure, une vidéo a montré le moment où l´un des tanks a renversé un groupe d´étudiants qui prétendait fuir de la place à bicyclette tuant ainsi 11 d´entre eux. D´autres séquences montraient aussi comment plusieurs blessés étaient ramenés à bicyclette et même sur des bancs de rue aux hôpitaux.

Mon ami Gao Chen, qui a perdu sa famille et plusieurs copains d´étude pendant ces tristes journées a pu, cependant, mitiger en partie sa douleur quand le Gouvernement français l'a invité, avec d'autres étudiants chinois, à faire partie du défilé du 14 juillet.

Environ 40 jeunes qui ont marché vêtus en noir, et chacun d'eux accompagnés d'une bicyclette, pour commémorer les 11 étudiants morts sous les chenilles de ce tank chinois.

La nuit de ce 14 juillet 1989 il y avait tellement de monde que je me félicite encore d'avoir apporté un escalier en bois d'un mètre de haut qui était chez moi. Sur elle, aux côtés des Champs Elysées, j'ai obtenu une vision privilégiée du spectacle.

L'impressionnante défilé, organisé par Jean-Paul Goude au sujet des Tribus Planétaires, a été transmis dans le monde entier et il a été vu en direct sur des chaines de TV de plus de 100 pays.

Un instant magique de cette nuit a été le moment où la colonne chinoise a passé devant moi. Mon cri de : Gao Chen ! a perforé la musique de fond et a réussi à faire que mon ami tourne la tête pour m'offrir une grimace de plaisir.
J'écris ces lignes et je ressens l'émotion quand je me souviens de ce moment-là.

Quelques années plus tard, en 2012, une autre expérience avec le "monde Chine" laisserait une trace et serait une des nombreuses raisons pour lesquelles j'ai décidé d'écrire ce livre.

Je me trouvais à Venise, en Italie, pour assister à la 43e Assemblée de la Fédération des Associations Nationales d'Agents Maritimes et Brokers (Fonasba par ses sigles en anglais).

La prestigieuse entité m'avait demandé l'édition d'un livre

portant information sur tous les associés du monde, ce que j'ai fait, mais j'ai profité aussi pour parcourir au détail cette ville unique et particulière.

Après être entré au cinquième magasin à charge des citoyens chinois, je n'ai pas pu éviter de demander pourquoi ils étaient si loin de leur patrie.

"Nous faisons partie d'un plan dessiné depuis Pékin. Le gouvernement nous paye les billets, la première année de loyer du local et de l'habitation, et en plus une bonne mensualité. Les produits que nous vendons ici sont exclusivement d'origine chinoise et nous les obtenons à des prix promotionnels ", a affirmé un père de famille qui, avec sa femme et ses deux enfants, s'occupait d'un magasin consacré à l'optique et la photographie.

Plus près dans le temps, et en tant que journaliste spécialisé dans le domaine du transport et de logistique, j'ai suivi avec passion le processus expansionniste chinois moyennant la prise de contrôle de différents ports du monde.

Ce qui est vrai c'est que le temps s'est écoulé, le mur de Berlin est tombé, mais le système communiste chinois continue d'être inaltérable.

Comme disait mon père, « c'est le même chien à différent collier ». De la "massacre de Tiananmen", on a passé à la persécution systématique de la minorité musulmane des uigurs dans la province de Xianjian. Et la purge qui a éjecté le réformiste Hu Yaobang en 1989 a eu une nouvelle édition en 2022 avec le pénible spectacle de Hu Jintao, ex président de Chine, chassé à la force du premier rang du congrès du Parti Communiste à Pékin au vue de tous.

Le petit exemple de cette famille siégeant à Venise, est répliqué actuellement au monde entier et à échelle colossale. Il y a plus de 220 projets en cours dans les cinq continents. Et les institutions financières chinoises soutiennent avec de l´argent lesdits projets, qui dépassent les 300.000 millions de dollars.

Malheureusement, plusieurs récepteurs de la générosité chinoise ne passent pas de bons moments. Le Venezuela a garanti des prêts de Pékin avec du pétrole et puis il a découvert qu´il ne pouvait pas vendre suffisamment de cru additionnel dans les marchés pour les régler. Comme Sri Lanka n´a pas pu rembourser les prêts, la Chine lui a remis une partie de la dette et a reçu en échange la concession pour 99 ans dans un de ses ports. L´Équateur a garanti aussi des crédits avec du pétrole pour que la Chine lui construise un barrage hydroélectrique qui n´a jamais fonctionné au cent pour cent et qui présente plusieurs défauts de structure. Maintenant le gouvernement d´Équateur évalue de céder à la Chine la gestion de ladite infrastructure en contrepartie d´une réduction du montant de la dette.

Les projets encadrés dans ce qu´on appelle la "Nouvelle Route de la Soie " sont téméraires parce que leur raison d´être est politique, et non économique. Inclu dans la Constitution du Parti Communiste de 2017, le programme est une pierre angulaire des plans para étendre son influence à échelle mondiale. La plupart des prêts de cette initiative sont en cours dans des banques chinoises à propriété de l´état, guidées par le Parti Communiste, et visant à atteindre des objectifs de politique extérieure, plutôt qu´à obtenir des revenus.

La Chine opère en grande mesure en secret. Contrairement au Fonds Monétaire International (FMI), qui annonce publiquement les détails de ses lignes de crédit, ses programmes de réduction de la dette et sa restructuration aux pays débiteurs.

Quand Pékin procède en tant que créancier alternatif en dernier recours et récupère un pays en difficultés, il est habituel qu'il ne lui exige pas une discipline dans la politique économique ni ne s'intéresse pas à la légitimité du gouvernant du moment.

Planification depuis l'État pour élargir la présence économique, mais aussi culturelle et géopolitique. C'est le sujet de ce livre.

L'œuvre essaye aussi d'élucider les complexes contradictions d'un pays qui prétend être le leader du monde mais qui est chaque fois plus attaché à l'interventionnisme et le protectionnisme.

Le président Xi Jinping est une contradiction en lui-même. Il est né dans une famille privilégiée et de ce fait, il a eu accès à une éducation de premier ordre. Son père, 'ancien vice-premier ministre Xi Zhongxun, était considéré un des Huit Immortels du Parti Communiste.

Ce monde de rêve est fini abruptement en 1962, quand il a été expulsé et condamné à peine de prison, humilié et torturé pendant la Révolution Culturelle de Mao.

Le jeune Xi, a cessé du jour au lendemain d'être dans du coton et a été obligé de vivre dans une cave, a fait des travaux forcés, a dormi sur des lits de brique et argile et a cuisiné dans des fours de terre cuite.

Certains pourraient penser qu'un homme qui a subi de telles vexations pourrait essayer de faire des modifications une fois dans le pouvoir.

Ceci ne s'est pas produit, au moins jusqu'à présent.

Permettez-moi de revenir à mes temps d´étudiant de la Sorbonne. Quand je suis arrivée à Paris, je me suis présenté en totale aisance par devant Denis Levy, titulaire de la chaire de Droit Constitutionnel de la prestigieuse université, pour lui dire que "j´étais celui qui venait faire la thèse doctorale ".

Il a pris quelques secondes pour m´observer de haut en bas puis il m´a dit que, avant de parler si haut, je devais assister au cours et satisfaire au Diplôme Supérieur en Droit Constitutionnel d´une durée d´une année, dans lequel, parmi d´autres, j´apprendrai la technique de recherche. J´apprendrai plus tard que ce jour-là, Levy ne m´a pas chassé de son bureau parce qu´il savait que j´étais argentin. Et lui, dont la mère était brésilienne, avait une affection particulière envers les latino-américains.

Je remercie infiniment cette année consacrée à l´art de la recherche. Plus de trente ans après, cette méthode dont je me sers tous les jours pour mon métier de journaliste a été très utile pour dresser ce livre.

Plusieurs mois ont été consacrés à recueillir des informations de sources multiples. Les principaux médias journalistiques du monde, qui s´occupent depuis longtemps du phénomène Chine depuis des différentes optiques, ont nourri mes connaissances et fourni des données précises. Un cas que je veux remarquer parmi d´autres, est celui d´*Infobae*, le portail de nouvelles en langue espagnole le plus vu du monde, ayant 106 millions d´usagers uniques en Amérique Hispanique selon Google Analytics. Des consultations d´articles journalistiques et informatifs sont nées plusieurs lignes de recherche dont certaines ont enrichi des passages de ce livre.

Il s´est passé la même chose avec les multiples thèses et essais universitaires auxquels j´ai accédé grâce à la magie d´une planète globale et connectée qui, par une paire de clics, est capable de transporter la sagesse réunie dans les bibliothèques du monde vers un modeste ordinateur.

Un autre miracle, opéré aussi par Internet, a été celui des communications, qui ont transformé aujourd´hui le monde dans un village. Par visio-conférences et appels téléphoniques sur WhatsApp, j´ai obtenu des raisonnements et témoignages solides. Plusieurs interlocuteurs sont cités au long de ce travail avec nom et prénom. J´avoue que la plupart d´entre eux a préféré de rester anonymes. Je ne les juge ni ne les mets en question : l´œil contrôleur de Pékin est capable d´atteindre les points les plus éloignés de la planète.

Un autre réseau qui dans l´espèce s´est formé ad-hoc, s´est basé sur l´invincible pouvoir de l´affection. Des parents, des amis et des copains du travail, au courant de cette recherche, ont virtuellement bombardé mon téléphone avec des renseignements, des liens, et même des expériences vécues par eux-mêmes, ses connaissances et proches. Parmi lesquels je mets en valeur les incontournables apports d´un cher ami et professionnel remarquable, que je préfère dénommer "l´empereur du mal ", pour protéger son identité.

Plusieurs livres ont abordé la question, et je crois avoir lu la plupart d´eux, au moins en ce qui concerne le foyer de cette enquête. Par leurs parcours, j´ai pu constater jusqu´à quel point il y a des concepts similaires concernant la stratégie chinoise en ce qu´on pourrait bien définir comme une nouvelle aventure impérialiste adaptée à nos temps.

On pourrait dire que l´impérialisme est l´expansion des intérêts économiques d´un État au-delà de ses frontières. Ceci est accompagné par la soumission d´autres territoires pour s´assurer l´abri desdits intérêts et pour assurer un flux de bénéfices et revenus dérivées de ladite relation.

Cette définition traditionnelle ne s´adapte pas complètement au cas chinois. La fin dernière de la République Populaire ne serait pas celle d´agrandir son pouvoir économique. Ce seul objectif ne parvient pas à expliquer les investissements millionnaires effectuées en plusieurs pays sachant d´avance qu´il était impossible de les récupérer.

Ce que poursuit le Parti Communiste Chinois est la récupération de sa place historique pour accomplir le mandat imposé par un nationalisme nourri par les blessures du passé et la grandeur avortée.

Son ambition, évidemment hégémonique, vise à ce qu´aucun autre pays ne puisse rien entreprendre sans tenir compte au préalable des intérêts chinois.

En même temps, ce scénario fait partie d´une faim beaucoup plus large : défier la suprématie mondiale d´Occident, principalement les Etats Unis.

L´avenir est inquiétant parce qu´on dirait que la Chine ne peut pas avancer au-delà de sa place actuelle sans passer des tensions actuelles avec les Etats Unis à un choc plus direct. Parce qu´il est vrai qu´en grande partie ce qui a été obtenu par Pékin est dû au fait que pendant plusieurs années les américains et les européens les ont laissé faire. Mais dernièrement, il y un une sorte de « jusqu´à là » de la part d´Occident. Même en Afrique, continente où la Chine a commencé son aventure expansionniste, ils se rendent compte que par l´accolade de Pékin, tel un boa constricteur, dans la plupart des cas ils ont fini par être asphyxiés.

Objectivement, mais consciente aussi d´une prise de position concernant le danger représenté par menace chinoise pour le monde, j´envoie ce livre dans les rayons des librairies.

J´espère que l´information contenue dans ses pages sera utile pour ceux qui ont l´énorme responsabilité de diriger les destins des pays et les blocages régionaux.

Miami, mars 2023

CHAPITRE I

Afrique, le laboratoire

Il y a quelques mois, j'ai reçu le livre *Regarde ta belle-mère et apprends comment sera ta femme. Guide pour l'amoureux imprudent* de Daniel Jazar.

Pour plusieurs pays du monde, l'Afrique serait la belle-mère à observer, parce que ce continente pourrait bien être défini comme le laboratoire où la Chine a essayé son modèle colonisateur.

Le coup de pied initial a été donné en 1976, quand l'inauguration d'une ligne ferroviaire en Zambie a concrétisé le prototype de stratégie chinoise : le pays prêtait de l'argent et envoyait 50.000 travailleurs chinois. Dans ce projet, la Zambie était bénéficiée avec une nouvelle infrastructure alors que Pékin donnait du travail à ses habitants et à l'industrie ferroviaire et en même temps elle obtenait un meilleur accès aux matières premières du pays africain.

En décembre 2005, le Gouvernement chinois a publié son *Livre Blanc sur la politique de la Chine pour l'Afrique* qui a dessiné une stratégie claire, appliquée, moyennant des actions planifiées. Parmi lesquelles figurait la remise de la dette, l'assistance technique, des engagements en matière de tourisme et d'investissements. À long terme, l'objectif maximal était de créer une zone de libre commerce entre la Chine et l'Afrique.

Des années se sont écoulées, et la Zambie a dû payer très

cher l'erreur d'être chaque fois plus dépendant de Chine : en 2008 elle a subi l'écroulement du prix du cuivre parce que Pékin a eu l'idée d'arrêter ses investissements dans le secteur sans avis préalable.

Détenant un tiers de la dette souveraine du pays, la Chine agit en maître en Zambie. Néanmoins, en novembre 2018 des troubles "antichinois" se sont produits, surtout à Lusaka, où la population a dénoncé la domination du régime de Pékin dans le pays. Depuis lors, ce discours xénophobe n'a pas cessé de gagner des adeptes en Zambie, surtout dans l'opposition politique.

En 2005, a eu lieu à Pékin le premier "For sur la Coopération de Chine et d'Afrique" (FOCAC, par ses sigles en anglais) sous la présidence de Hu Jintao, qui a proposé aux pays africains de devenir d'importants associés commerciales. En 2018 a eu lieu le VII Sommet, qui a réuni 53 pays et a confirmé la pénétration de l'influence chinoise en Afrique. A ce moment-là, le président Xi Jinping a promis 60.000 millions de dollars en aides pour le continent. C'était la naissance de ce que Michel Beuret et Serge Michel ont appelé par la suite la "Chinafrique".

Pékin a maintenant 52 missions diplomatiques dans des capitales africaines, face aux las 49 de Washington, c'est le membre du Conseil de Sécurité de l'ONU ayant le nombre le plus élevé de forces de paix dans le continent, au-delà des 3.000 regroupées au Congo, en Liberia, au Mali, au Soudan et au Soudan du Sud.

Ce débarquement économique et politique est accompagné d'un mouvement migratoire solide et constant. Dans les vingt dernières années, entre 750.000 et un million de chinois se sont installés en Afrique, sept fois plus que les français. Le rythme de croissance de ces communautés est comparable à celui de sa pénétration commerciale.

Selon Jing Gu, expert en développement et conseil de plusieurs institutions internationales, parmi lesquelles la Banque Mondiale et la Banque Africaine de Développement, la Chine a utilisé le continent comme une sorte de laboratoire pour ses croissantes ambitions internationales. Et il est fréquent de ne pas reconnaitre le caractère multidisciplinaire de son point de vue qui va depuis sa participation dans des opérations de maintien de la paix jusqu'à la construction de routes, ports et chemins de fer pour unir le monde en développement avec le Royaume Moyen à travers une nouvelle Route de la Soie.

Pourtant, la première chose à remarquer est que ces réunions du FOCAC ne sont plus comme avant. Ayant lieu tous les trois ans, ces rencontres servent comme une sorte de feuille de route pour évaluer le chemin parcouru et les résultats obtenus. Après presque un demi-siècle encouru depuis le débarquement chinois, plusieurs pays africains observent que les choses ne sont pas comme on les avait décrites au début ...

Parfois les actions peuvent devenir plus importantes. En février 2023, l'Audit Financier de l'Etat de la République Démocratique du Congo a exigé à la Chine plus de 17.000 millions de dollars après avoir dénoncé des inaccomplissements de la part de Pékin, de l'accord d'infrastructure en échange de l'exploitation de minérales du Congo signé par les deux pays en 2008.

Concrètement, l'accord obligeait les compagnies de l'état chinois Sinohydro Corp (ingénierie) et China Railway Group Limited (chemins de fer) à la construction de routes et hôpitaux en échange d'une participation du 68% `chez Sicomines, une entreprise conjointe de cobalt et cuivre avec la minière de l'état du Congo, Gecamines.

Le rapport présenté par l'Audit estime que le pays n'a pas

reçu de la Chine une compensation adéquate pour l'exploitation de ses réserves de cuivre et de cobalt. Conformément au document, publié par Bloomberg, les associés chinois ont payé seulement 870 millions de dollars pour financement d'infrastructure pendant les 14 dernières années en travaux "dont la plupart n'ont pas eu d'impact visible dans la population".

Le rapport offre des chiffres lapidaires : l'investissement de Chine a dû atteindre "au moins USD 20.000 millions" en relation avec le prix des dépôts de minérales extraits.

Tremplin

Afrique est le tremplin depuis lequel la Chine a essayé son premier saut vers la conquête du monde. Avant même de présenter l'ambitieuse initiative de la Route de la Soie, elle construisait déjà des chemins de fer en Nigéria et en Éthiopie, des barrages hydroélectriques au Soudan, et elle établissait sa première base militaire à l'étranger, ayant son siège à Djibouti, sur la Mer Rouge. Dans ce domaine, depuis l'arrivée au pouvoir de Xi Jinping en 2013, les ventes d'armes chinoises ont augmenté de 55%. Vingt-deux pays africains achètent du matériel militaire et d'entraînement chinois. Aussi, un tiers des armes importées par l'Afrique viennent de Chine.

L'Egypte est le grand allié dans l'ordre militaire. Ceci est dû à sa position stratégique au bord de la Mer Rouge, domaine du Canal de Suez et large littoral méditerranéen qui garantit l'accès direct au continent européen. Les relations chino-égyptiennes se sont élevées au rang d' "association", la plus importante dans la hiérarchie des liens bilatérales que le Gouvernement de Pékin maintient avec des pays étrangers. Ce qui permet aux deux Etats de participer des manœuvres militaires conjointes et de passer des fouillés contrats de défense.

El 50% des grandes œuvres de construction du continente sont contrôlées par les 10.000 entreprises chinoises établies en Afrique. En plus, les compagnies chinoises gagnent le 40% des appels d'offres de la Banque Mondiale grâce aux cotations qu'en moyenne sont de 40% plus bas que celle de leurs concurrents.

Même le Standard Bank est tombé entre les mains chinoises. Fondée en 1882, la première entité de crédit de l'Afrique a été historiquement une filiale du groupe britannique Standard Bank. Actuellement, la banque chinoise ICBC en est l'actionnaire majoritaire, détenant le 20% du capital.

Dans sa période initiale, tout était du bonheur. La Chine aidait les pays africains relégués avec le financement des produits d'infrastructure qui avaient été refusés par les organismes de crédit d'Occident.

La réalité est que, dans les dernières années, et compte tenu des résultats qui n'étaient pas à la hauteur des attentes, les africains ont commencé à voir le danger qui entraîne l'engagement chinois envers le continent.

Certains référents, tels que l'ancien ministre des Finances du Nigéria, Ngozi OkonjoIweala, ont déjà averti que si le modèle de croissance proposé par la Chine continue, il peut encourager la corruption.

La sensation qui flotte dans l'air est que le rêve peut devenir cauchemar et que dans les prochaines années, ce sera chaque fois plus difficile pour les leaders africains d'ignorer les résultats médiocres qui s'ébauchent déjà sur place.

On parle beaucoup actuellement en Afrique de « mélanger et distribuer à nouveau » de ne plus voir Xi Jinping comme un oncle généreux à portefeuille ouvert. À sa place, l'idée s'impose de plus en plus de forger une trajectoire propre vers le développement.

Dans son travail *Présence Chinoise dans la Méditerranée*, Thierry Pairault anticipe la fin des illusions autant pour les chinois que pour les africains.

"Tout le monde est consciente du fait qu'il ne suffit pas de dépenser de l'argent pour aboutir au développement. Les africains, en particulier, comprennent que le tas d'argent délivré par les chinois, assez cher en termes d'intérêt et ayant des délais de remboursement très courts, ne suffissent pas à provoquer le choc économique et de développement visé ", écrit l'auteur.

Dans l'opinion de l'expert, ladite situation "revendique les stratégies de la Banque Mondiale et du Fonds Monétaire International (FMI), visant à appuyer sur l'accélérateur pour garder pour eux les projets les mieux pensés. Cette conscience est nouvelle du côté africain. Mais les chinois sont d'accord : ils admettent eux-mêmes qu'ils n'ont pas effectué les études de rentabilité nécessaires pour mener à bon terme les projets ".

Or, Qu'est-ce qui s'est passé pour que les africains analysent et proposent ledit changement par rapport au bienfaiteur chinois ? Pourquoi ils mettent en question le fait incontestable que la Chine est leur associé commercial le plus important ? Ou que le commerce bilatéral entre l'Afrique et la Chine est quatre fois plus important que celui qu'ils maintiennent avec les Etats Unis ?

On dirait que l'intention de Xi Jinping de faire du modèle

africain basé sur le financement d´infrastructure le miroir où pourraient se voir reflétés les pays en voie de développement est en train de craquer.

Laurent Delcourt, dans son livre *Les défis de la Chine en Afrique,* remarque que "la plupart des spécialistes coïncident en ce que le modèle chinois ne peut pas être transplanté en Afrique et qu´il n´appartient pas aux acteurs externes de choisir et définir les stratégies de son développement ".

Il faudrait ajouter en plus que pour que ce prototype fonctionne, il est indispensable que l´infrastructure apportée soit de grande qualité, ce qui ne se produit pas dans l´espèce. Et si on ajoute à cela les décisions insensées qui ne peuvent s´expliquer que par la corruption du gouvernement, le cocktail est de tout point de vue, explosif.

Dans cet ordre grouillent les prêts octroyés aux gouvernements qui n´accomplissent pas des critères de solvabilité et bonne gestion ; l´inaccomplissement des normes internationales de l´environnement de la part des entreprises chinoises qui opèrent en Afrique et surtout, l´appui politique, financier et militaire prêté à des régimes mis en question par la communauté internationale, tels que, à l´époque, ceux du Soudan de Omar Al-Bashir et Zimbabue de Robert Mugabe.

Un exemple évident est celui du chemin de fer pour connecter Nairobi, la capitale de Kenya, avec le port de Mombasa. Les travaux auraient pu être plus économiques si les portions inactives étaient réparées dans la trace déjà existante. Pourtant, on a décidé de tout reconstruire et par une route différente. Le résultat a été une dépense exorbitante de 3.300 millions de dollars, évidemment financée par la Chine.

Une fois les travaux finis, les habitants du Kenya se sont

rendu compte qu'autant les postes que le développement économique promis par l'investissement en infrastructure n'é-
taient pas suffisants pour payer les services du prêt.

À cause de ce chemin de fer, la Chine est devenue le créancier majoritaire bilatéral du Kenya, détenant une dette totale
de USD 6.830 millions au mois de juin 2022.

Si le Kenya ne peut pas faire face à cet engagement, les
accords contiennent des clauses qui obligeant à tout arbitrage
à Pékin, ce qui augmente la probabilité d'un arbitrage favorable à la Chine. Et comme les revenus et les actifs de l'Autorité Portuaire du Kenya garantissent les prêts de ce projet
ferroviaire et qu'en plus le Kenya a renoncé à son immunité
souveraine, il est possible que le port stratégique de Mombasa
finisse par être confisqué par la Chine.

Si ceci n'était pas suffisant, le gouvernement de Kenya a
commandé à une entreprise chinoise la construction d'une
nouvelle autoroute à Nairobi qui coûte USD 600 millions.
Les chinois en percevront le péage pour un délai de 30 ans,
après lesquels ils devront en remettre la propriété à Kenya.

Ce n'est pas par hasard alors que la dette publique africaine
n'a pas cessé d'augmenter. Depuis l'année 2000, il a passé du
35% du PBI au 50% et la Chine en est de loin le principal
créancier.

Ce n'est pas hasard non plus que, au Kenya, l'opposition
au gouvernement ait mis très fortement en question le fait
d'avoir eu recours trop souvent à la Chine. D'autre part, certains pays Font encore appel à des associés historiques. Tel
est le cas de l'Ouganda, qui, en 2017, quand le pays était
près de la Chine, a confié le 75% de l'exploitation de nouveaux gisements pétrolières à Total, alors que la China Natio-

nal Offshore Oil Corporation (CNOOC) n´a obtenu que le 25% restant.

En 2020, la Banque Mondiale a considéré que sept pays africains se trouvaient en difficultés d´endettement ou en risque de l´être dû au volume de prêts chinois engagés.

Un cas témoin est celui d´Angola qui a reçu de la part de la Chine plus de USD 42.000 millions en prêts dans les 20 dernières années. Vers décembre 2021, 13.600 millions de dollars de la dette reconnue d´Angola envers la Chine était due à la Banque de Développement de Chine (CDB), et 4.000 millions de dollars à la Banque d´Exportations et Importations de Chine (EXIM Bank). Le pays africain s´est endetté aussi avec le créancier commercial chinois le plus important, la Banque Industrielle et Commerciale de Chine (ICBC).

D´autre part, il est évident la Chine ne prête pas d´argent, ce qu´elle fait c´est financer sa propre industrie. Elle n´a pas donné au Kenya 3.300 millions de dollars pour qu´elle achète de l´infrastructure ferroviaire en Europe, au Japon ou aux Etats Unis. La condition en est que les rails et le matériel rodant soient de fabrication chinoise. Et, par-dessus le marché, elle garantit l´affaire à futur qui concerne les pièces de rechange des locomotives et wagons. Cette formule, qui a débuté en Afrique, a été appliquée par la suite invariablement dans tous les pays où la Chine a mis le pied. L´Amérique du Sud en a une énorme quantité d´exemples.

Un autre cas retentissant a eu lieu en Algérie, quand le gouvernement a dû rappeler aux chinois ses obligations concernant les délais et la qualité des habitations qu´ils avaient promis.

Le géant de l´état chinois China State Engineering Corp (CSCEC) a été engagé par l´État algérien pour la construction de milliers d'habitations et autres projets d'infrastructure comme la grande mosquée d'Alger par 1.100 millions de dollars. Pourtant, l'inaccomplissement a obligé le ministre d'Habitation, Abdelmadjid Tebboune, à mettre CSCEC en demeure pour qu'il respecte les délais et la qualité des habitations, spécialement enregistrées dans la capitale. Depuis 2001, les groupes constructeurs chinois monopolisent la partie du marché immobilier algérien dont la construction est réservée aux firmes étrangères.

"Au début les groupes chinois, compétitifs grâce aux bas prix en comparaison avec leurs pairs européens, respectaient les délais et construisaient des habitations de qualité. Puis après ils ont commencé à cumuler des délais et à bâcler s travaux ", a affirmé un fonctionnaire algérien à condition de rester anonyme.

Selon le sinologue Jean-Pierre Cabestan, "nous ne pouvons pas parler de colonialisme chinois, mais nous pouvons dire qu'ils développent actuellement une forme d'impérialisme économique. Ce qui est certain c'est qu'ils développent une hégémonie".

Godfrey Mwampembwa, caricaturiste connu partout en Afrique comme «Gado», a été celui qui peut-être a le mieux mis en images la situation. Dans une de ses illustrations, il a représenté les leaders africains comme des lilliputiens serrant leurs mains par devant un immense visage chinois. En dessous du texte on peut lire : "Nous sommes des partenaires en pied d'égalité ".

Une autre définition claire a été celle qu'en 2017 a proposé le président du parlement européen, Antonio Tajani.

En déclarations au journal *Die Welt* il a signalé de manière directe et catégorique : "l'Afrique court le risque à présent de devenir une colonie chinoise, les chinois n'en veulent que des matières premières. Ils ne s'intéressent pas à la stabilité".

Dans un entretien donné au *Financial Times* le 11 mars 2013, Sanusi Lamido, gouverneur de la Banque Centrale du Nigéria, a dénoncé cette "vision romantique qui masque dans son modus operandi l'essence du colonialisme. Les bonnes relations entre l'Afrique et la Chine, qui ont duré plus d'une décennie, s'usent petit à petit. Lentement mais inexorablement, les pays africains prennent conscience de ce risque ".

Face à ces attaques, la China fait face au paradoxe qui implique la protection de la valeur de ses investissements en Afrique et la défense de ses intérêts stratégiques, mais sans abandonner l'image d'associé bienfaiteur pour éviter d'être considéré comme un déprédateur.

Pour Louise Roussel, Senior Relationship Manager at Key-Bank, la stratégie de Pékin est très différente de celle de ses homologues américains et européens. La Chine est axée sur le commerce et les investissements. Les États Unis, dans la coopération militaire, tel qui découle des Accords de Camp David, alors que l'Union Européenne s'appuie sur la coopération culturelle, surtout à travers la francophonie. Voilà pourquoi le commerce entre la Chine et l'Afrique s'est multiplié pour 20 en 20 ans. Néanmoins, pour la Chine, l'Afrique représente seulement le 4% de ses investissements, quoiqu'elle achète le 60% de ses hydrocarbures et le 40% de ses minéraux.

Question

L'exploitation à grande échelle des ressources naturelles pose une question d'ampleur : Que se passera-t-il avec le continent quand les matières premières se seront épuisées à cause de l'exploitation massive ? Plus du 60% des exportations africaines de bois sont destinées à la Chine.

Dans ce secteur stratégique la République Populaire a trouvé en Afrique une forme raisonnable en diversifiant les fournisseurs. Un clair exemple a été constaté en 2013 quand un puissant cyclone tropical est entré en collision sur Port Hedland en Australie, qui gère une cinquième partie du minéral de fer embarqué dans le monde. Immédiatement, la Guinée l'a substituée en tant que fournisseur. Pour tous les produits, Pékin possède des producteurs de substitution. Dans le cas du pétrole, par exemple, Angola, qui fournissait le 7% des besoins chinoises, vient de perdre près du 20% de ce marché.

La provision de matières premières est un objectif stratégique qui dépasse toute autre considération pour Pékin. La croissance économique de la Chine a stimulé son appétit insatiable de ressources naturelles. Ce n'est pas par hasard que la Chine et le consommateur le plus importante de pétrole, minéral de fer, charbon, aluminium, zinc, cuivre et nickel du monde.

Selon un rapport de Ngoubangoyi, Bwiti Lumisa, Kibelolo et Lachance, "en ce qui concerne l'élagage illégal, les entreprises chinoises ont été responsables d'une grande partie de la déforestation incontrôlée de la couverture forestière à Cameroun, au Gabon, au Congo RDC et à Brazzaville".

Aussi, un rapport dressé par le Réseau Africain d'Études du Travail à initiative des syndicats régionaux, reflète le panorama complexe des conditions et relations du travail dans les entreprises chinoises qui opèrent dans une douzaine de pays du continent.

L'étude relève "une rémunération insignifiante, des journées de travail longues et épuisantes, sans repos, l'emploi généralisé de contrats temporaires ou même absence totale de contrats, des conditions de logement déplorables, l'inaccomplissement des normes minimales de sécurité, l'hostilité envers les syndicats, des menaces et des pressions croissantes sur les travailleurs, des mesures coercitives, le retenu des paiements : elle maintient les travailleurs africains dans des postes de subordination et mal payés, etc.".

Impossibilité de payer

Les conséquences économiques de la pandémie de Covid ont réduit la capacité de plusieurs nations africaines pour faire face au service de leur dette extérieure. Actuellement, 22 pays du continent ayant baisse rentabilité sont en difficulté pour faire face aux engagements financiers.

Un autre coup dur a été l'invasion russe en Ukraine. Selon la Banque Mondiale, plusieurs pays pauvres de l'Afrique dépendent exceptionnellement des importations des aliments de la Russie et de l'Ukraine. Quelques 15 pami eux importent plus du 50% de son blé de ces deux pays sous conflit armé.

Une étude complète effectuée par Alex Vines OBE, Creon Butler et Yu Jie, met en valeur l'idée que les créaciers chinois représentent le 12% de la dette extérieure privée et publique d'Afrique, celle qui a été multipliée par plus de cinq jusqu'à atteindre 696.000 millions de dollars entre 2000 et 2020.

La Chine est l'un des principaux créanciers de plusieurs nations africaines, mais ses prêts ont diminué depuis 2016 au fur et à mesure que les prix des matières premières et les taux de croissance du PBI diminuaient. Ainsi, les prêts chinois aux gouvernements africains ont descendu d'un maximum de 28.400 millions de dollars en 2016 à 8.200 millions de dollars en 2019, pour tomber encore à seulement 1.900 millions de dollars en 2020. Il est prévu que cette situation devienne pire au long de 2023, ce qui entraînera la limitation de la capacité des nations africaines pour obtenir le financement nécessaire pour offrir des améliorations sociales plus larges à leurs populations et faire face au changement climatique.

Les auteurs du rapport dénommé "La réponse aux difficultés de la dette en Afrique et le rôle de la Chine", conseillent un plan en trois parties que, en principe, devra être exécuté par le G7 sous la présidence japonaise en 2023, mais qu'en dernière instance, devra être intégré au G20. L'objectif devra établir un dialogue sur les besoins d'investissements de l'Afrique à long terme, formuler une entente entre Occident et la Chine et mettre fin aux blocages du cadre multilatéral actuel pour faire face aux difficultés de la dette.

Alex Vines OBE, Creon Butler et Yu Jie proposent un dialogue à large base dirigé par le G7, la Chine et les principales nations africaines, quoique sans s'y limiter, axé sur l'identification, l'accord et l'application, nécessaires à garantir les besoins de financement extérieur d'Afrique à moyen et long terme.

Une entente politique de haut niveau entre Occident et la Chine sur le profit mutuel d'une coopération renforcée pour aborder les difficultés de la dette africaine et les besoins d'investissement du continent.

Un programme d'action détaillée, dirigé aux responsables des Finances du G7 et du G20, pour aborder les obstacles empêchant une mise en place plus rapide du Cadre Commun et concernant les pays à basse rentabilité, et pour aborder les nécessités potentielles des économies en développement africaines encourant des difficultés d'endettement.

Ledit plan demande une entente politique de haut niveau entre la Chine et Occident. Le succès dudit consensus pourrait être accompagné d'une approche similaire dans d'autres domaines, tels que l'organisation et le financement de la préparation et les réponses face à des pandémies et, ce qui est plus important, la coopération internationale essentielle pour faire face au changement climatique.

CHAPITRE II

La nouvelle cour arrière

Après avoir consolidé son influence en Afrique, et ayant acquis de l´expérience, la Chine a visé d´élargir son domaine en Amérique Latine.

Depuis le début du XXIe siècle, l´importance économique et politique du géant asiatique en Amérique Latine n´a pas cessé de grandir.

Actuellement, la région est le deuxième destinataire le plus important d´investissement chinois direct. Plusieurs pays ont déjà accepté de participer du projet d´infrastructure et commerce global de Pékin : la "Nouvelle Route de la Soie", et ceci a été accompagné de la politique d´ "une seule Chine".

Un seul exemple suffit pour comprendre ladite réalité.

En 2017, El Salvador, Panamá et República Dominicaine figuraient parmi les 18 pays qui reconnaissaient la souveraineté de Taiwan, que la Chine considère comme une province séparatiste.

Quelques années plus tard, et à force de prêts généreux et de projets d´infrastructure, les trois états de l´Amérique Centrale ont rompu les relations diplomatiques avec Taipei.

Un autre cas similaire s´est produit le 9 novembre 2021, quand le régime de Daniel Ortega au Nicaragua a tourné le dos à sa relation de 31 ans avec Taiwan et a embrassé Pékin, dans un jeu suspect qui semblait chercher un meilleur support politique et économique avec le géant asiatique.

"La République Populaire de Chine est le seul gouvernement légitime que représente la Chine toute entière et Taiwan en fait partie inaliénable du territoire chinois dans son ensemble ", a reconnu le Gouvernement du Nicaragua.

Que ce soit par hasard ou pas, une semaine après ce virement diplomatique, le Nicaragua a reçu de la Chine une donation de 200.000 vaccins contre le Covid.

Cette "politique de séduction" menée para Pékin est exprimée en différents fronts, mais l´évidence la plus importante est du point de vue économique.

Par exemple, la China a offert d´acheter la dette de El Salvador pour l´aider à refinancer ses obligations extérieures, selon affirmations du vice-président dudit pays Félix Ulloa.

"la China a offert d´acheter toute notre dette, mais nous devons faire attention", a dit Ulloa à Bloomberg dans un évènement à Madrid. "Nous n´allons pas vendre au premier offrant, il faut voir les conditions ", a affirmé quand on lui a demandé sur une possible restructuration de dette.

Si El Salvador peut éviter un default souverain en 2023, "dans notre ligne de base, les réserves disparaîtront si le gouvernement payait les amortissements des euro bons de 2025" ont affirmé les analystes d´Oxford Economics Felipe Camargo et Lucila Bonilla, dans un entretien récent.

Selon Moody's, S&P et Fitch Ratings, El Salvador possède actuellement la qualification de risque la plus basse de l´Amérique Centrale.

Il faut voir ce que la Chine va demander en échange lorsqu´elle assume la dette du Salvador.

"La Chine est, sans aucun doute, un acteur global reconnu et elle a le droit de concourir autant économiquement que politiquement dans le monde. Aujourd'hui, en même temps qu'elle achète des ressources primaires, Pékin offre la construction d'infrastructure critique si nécessaire pour les pays de l'Amérique Latine. La question en est à quel point elle le fait. Ce qui m'inquiète c'est que d'ici 15, 20 ou 50 ans, la liberté d'action des pays qui souverains ayant des rapports avec la Chine pourrait se voir limitée. Ceci pourrait arriver en différents endroits du monde, et de plus en plus, en Amérique Latine ", a remarqué Craig Deare, ancien conseil présidentiel des EEUU.

"Si tu t'intéresses au ping-pong, je t'offre du ping-pong, si tu veux de la technologie 5G… je t'offre de la technologie 5G. Si tu veux un train rapide, un port, un satellite, un prêt ou un Institut Confucius… le voilà ", graphique le chercheur et académicien Enrique Dussel.

Dans un scénario pareil, la question qui s'impose est si la définition "cour arrière des Etats Unis" que pendant des années ont arboré les gauches de l'Amérique latine n'a pas changé de propriétaire.

Axel Guyldén, dans un article publié dans *L'Express*, se demande aussi si la Chine n'aurait pas commencé à remplacer les Etats Unis en tant que puissance autour de laquelle tournent les économies de plusieurs pays de l'Amérique Latine grâce aux importantes dettes acquises avec Pékin, plus particulièrement le Pérou, l'Equateur et l'Argentine.

D'après le Conseil Chinois pour le Développement du Commerce International (CCPIT, par ses sigles en anglais), l'Amérique Latine et les Caraïbes sont le deuxième destin le plus important des investissements étrangers de la Chine, avec plus de 2.700 entreprises à capital chinois qui opèrent dans la région. Spécialement en infrastructure de transport et énergie.

Paradoxe

De toutes façons, l'Amérique Latine se trouve dans une situation ambigüe. Elle n'occupe pas la place de privilège que la Chine donne à l'Afrique. Ni n'est un domaine de relocalisation des usines tel que le Sud Est de l'Asie, ni le prétendu associé à part égal auquel elle aspire dans sa relation avec l'Europe.

La Chine fait la cour au Nouveau Continent par la colossale dimension de ses ressources naturelles.

Une étude de Felipe Freitas da Rocha et Ricardo Bielschowsky publié par la Commission Economique pour l'Amérique Latine et les Caraïbes (CEPAL), met l'accent sur la recherche des ressources naturelles en Amérique Latine de la part de la Chine, en particulier le pétrole, le fer, le cuivre, le soja, que représentent plus du 70% des importations du pays depuis la région. Ceci est dû à la croissance accélérée et en même temps à la pénurie relative de ressources naturelles en Chine et sa planification à long terme qui attribue à la région le rôle de fournisseur important.

Dans le cas des hydrocarbures, l'accès a lieu principalement par le biais des financements ayant en échange du pétrole et des investissements directs, alors que celle du fer et du cuivre est obtenue moyennant des investissements directe et des importations.

Au moment de définir les objectifs poursuivis par la Chine, Felipe Freitas da Rocha et Ricardo Bielschowsky signalent :

la réduction les prix des produits de base dont ils ont besoin, une alternative pour l´application des réserves extérieures de Chine (excessivement appliquées dans des titres du trésor américain) et la diminution de la pression sur l´ appréciation du type de change.

Les auteurs dans leur travail *La recherche chinoise de ressources naturelles en Amérique Latine*, affirment qu´il est "raisonnable de supposer que les entreprises multinationales de Chine qui sont dans le domaine des ressources naturelles, dont le principal poste de commandement est recouvert selon des indications du Comité Central du Parti Communiste de Chine, soient stimulées à chercher des investisseurs dans le monde en général et en Amérique Latine en particulier, en qualité de fournisseurs de services stratégiques au gouvernement chinois ".

La manière choisie par la Chine pour garantir la sécurité dans la provision semble être le contrôle physique du recours. Dans le cas du soja, le chemin choisi a été l´importation moyennant d´avantage des entreprises marchandes présentes dans la région et récemment acquises par la Chine. Dans certains pays, ils prétendent même aller au-delà, comme en Argentine, où la firme China Communications Construction Company, Ltd. (CCCC) a démontré une évidente vocation de contrôler, à travers sa subsidiaire Shanghái Dredging, la Voie de Navigation Centrale du fleuve Paraná par laquelle sortissent annuellement près de 80 millions de tonnes de produits agro-industriels destinés à l´exportation.

Un autre exemple d´Argentine : par un investissement de 1.300 millions de dollars, deux géants de l´industrie du lithium, tels que Gotion High Tech et Tianqi Lithium vont s'associer avec des entreprises locales, alors que la firme Shaanxi Coal Group construira une plante d'engrais.

Et pour s'assurer le transport de la production, la China Development Bank finance par 2.100 millions de dollars l'achat de rails, des traverses et des wagons, bien évidemment fabriqués en Chine, pour la modernisation des trains du chemin de fer Belgrano Cargas.

Rocha et Bielschowsky remarquent que la China, pays continental de 9,5 millions de kilomètres carrés, possède des grandes ressources fossiles (charbon, pétrole, gaz naturel), le plus grand potentiel hydroélectrique du monde, une étendue significative de terres agricoles et des réserves métalliques considérables. Néanmoins, examiné à la lumière de la taille de sa population et de son économie, le panorama est loin d'être d'abondance.

La pénurie relative s'est avérée dans toute son intensité par sa croissance accélérée. Dans les 35 dernières années, PBI chinois s'est accru d'un taux moyen du 10% par an et a transformé le pays dans la deuxième économie la plus importante de la planète, rendant sa production et consommation chaque fois plus dépendante de l'importation de produits primaires.

En 1996, le pays asiatique est devenu importateur de pétrole et du soja, et, en 2007 et 2009, de gaz naturel et de charbon respectivement.

Les importations nettes de pétrole ont augmenté de 1,2 millions de barils par jour en 2000 à 6,7 millions en 2015 ; celles de minéral de fer ont passé de 44 millions de tonnes fines en 2000 à près de 580 millions en 2015 ; celles de cuivre se sont accrues de 1,1 millions de tonnes fines 2000 à 7,2 millions en 2015 ; et celles du soja qui étaient de 10 millions de tonnes en

2000, ont atteint plus de 82 millions en 2015. Actuellement la Chine est le principal importateur de soja du monde, représentant plus du 60% du commerce mondial, par l´achat du produit propulsé principalement par la mouture pour la production d´aliments équilibrés à base de farine de soja.

Le degré de dépendance des importations de ressources naturelles en Chine, mesuré comme proportion entre importations nettes et consommation, atteint le 60% dans le cas des principaux produits de base, tels que le pétrole, le cuivre et le minéral de fer, alors que pour le soja atteint le 85%.

Deux visages

Mónica Núñez Salas, professeur adjoint de Droit de l´Environnement de l´Université du Pacífique à Lima, Pérou, a rédigé un mémoire pour l´Université Internationale de Florida, dénommé "Les investissements de la Chine et l´utilisation de la terre en Amérique Latine ".

L´étude nous avertit que la région maintient son rôle de fournisseur de ressources naturelles pour la Chine "à un coût élevé pour son écologie et les communautés locales. L´augmentation des matières premières affecte les ressources naturelles et les populations locales, à un moment où le changement climatique rend plus urgent les pratiques de durabilité".

La Chine offre alors à l´Amérique Latine une relation commerciale à deux visages : c´est un allié possédant de l´argent en caisse et une demande stable, mais aussi un facteur de déforestation et conflit social.

La théorie des "deux vérités apparemment opposées" ébauchée par Núñez se base sur le fait que si ls pays de l´Amérique Latine « ont été bénéficiés par l´accès aux ressources financières, la Chine est aussi « un facteur déterminant dans le paysage de l´Amérique Latine, et la détérioration substantielle peut être attribuée, directe ou indirectement, aux marchandises qu´elle consomme », ayant "un impact sur les aliments, la déforestation et la pénurie d´eau ".

L´auteur signale aussi sa préoccupation sur le fait que l´Amérique Latine n´adopte pas "des pratiques pour le maintien de cette relation de manière durable dans un moment où le monde s´approche de son point d´inflexion, un seuil au-delà duquel un écosystème se réorganise, souvent abruptement ou irréversiblement ".

Dans un entretien avec DW, Rebecca Ray, une des auteurs du rapport " la Chine en Amérique Latine : Des leçons pour la Coopération Sud-Sud et le Développement Durable", affirme que "dans les 10 dernières années, la Chine a triplé son importance en tant que destination des exportations de l´Amérique Latine, passant du 3% au 9%. Mais lesdites exportations ne sont pas comme les autres : presque le 90% des exportations de l´Amérique Latine vers la Chine correspondent à l´agriculture, la minerie ou le forage, en comparaison avec approximativement la moitié des exportations latinoaméricaines au reste du monde ".

L´auteur remarque qu´"en termes d´environnement, en moyenne, les exportations latinoaméricaines vers la Chine ont une trace sur l´environnement beaucoup plus lourde que ses autres exportations : ils utilisent le double d´eau et produisent un 12% plus de gaz d´effet de serre".

En 2018, la Fédération Internationale des Droits de l´Homme a publié un rapport sur l´inaccomplissement de l'entreprise d'ingénierie chinoise BGP Bolivie au peuple bolivien de Tacana, en détruisant un bois de châtaignes, essentiel pour l'économie locale.

Les projets chinois de minerie et infrastructures provoquent des dommages durables pour l'environnement.

Une recherche menée par Sergio Mendoza Reyes pour *Les Temps de Bolivie*, ayant le soutien du Rainforest Journalism Fund du Pulitzer Center, a démasqué l'opération menée par les compagnies chinoises pour saccager l'or bolivien.

Au nord de La Paz, en Bolivie, des dizaines de compagnies chinoises opèrent 24 heures par jour à longueur d'année, pour extraire de l'or. Ils se cachent derrière des coopératives minières recevant de l'argent de Pékin.

L'accord aux marges de la loi produit des bénéfices mutuels : la coopérative obtient entre 25% et 40% des revenus sans travailler ni mettre du capital, et la compagnie chinoise emporte jusqu'au 75% de la valeur de l'or sans payer des impôts. "Celui qui perd est le pays et aussi les communautés, qui reçoivent des miettes alors qu'ils sont dépouillés de leurs richesses naturelles, ce qui arrive depuis la colonisation ", avertit le rapport.

L'activité pollue aussi les fleuves et les domaines protégés avec du mercure et d'autres déchets toxiques dans l'un des domaines les plus importants du monde en question de biodiversité. Les preuves sautent aux yeux, "aux bords des fleuves, déforestés, pollués et convertis en rocailles, qui sont bourrées de machines provenant de Chine, fabriquées par des énormes compagnies qui sont par la plupart en rapport avec le Parti Communiste Chinois", affirme le rapport.

En 2019, la Communauté Amazonique de la Cordillère

Condor Mirador en Equateur s´est manifesté contre un projet minier de cuivre de l´entreprise chinoise Tongguan, pour enfreindre les lois minières nationales évitant de les informer de manière adéquate sur le projet et les forçant à déloger sa terre. Au Pérou, les protestations répétées de la communauté de Chumbivilcas à l´opérateur chinois Minmetals a obligé de cesser la production dans la mine Las Bambas. Également, la culture du soja par des entreprises chinoises dans des domaines de biodiversité du Brésil met en danger l´écosystème et continue à la déforestation.

Les banques chinoises soutiennent des projets refusés par des institutions multilatérales par leurs risques sur l´environnement et la société, a informé le Laboratoire d´Idées de Politique Extérieure et de Relations Internationales Council on Foreign Relations des Etats Unis.

Selon Juan Cuvi, membre de la Commission Nationale Anticorruption (CNA) et master en Développement Local, "les chinois ont non seulement la capacité d´inonder notre marché avec des produits bon marché ; ils interviennent aussi avec une logique implacable face aux droits du travail et de l´environnement. Les dénonciations s´y rapportant sont interminables, et son seulement dans notre géographie. Correa (Rafael, président de l´Équateur entre 2007 et 2017) a remis le pays aux chinois. Nous ne comprenons pas la subordination à ce qu´on appelle de manière incorrecte des gouvernements progressistes et de gauche stupide à cette puissance impériale renouvelée. L´impérialisme chinois est venu pour s´installer avec toutes les séquelles destructrices concernant ces processus de domination. L´Amérique Latine devrait déjà être guérie d´autant d´écarts ".

Il est évident alors que la stratégie chinoise est axée sur une offre très attrayante, qu´à première vue n´a pas de conditions. Pékin ne juge pas le type de gouvernement qui contrôle le pays avec lequel il entame les négociations, s´il est de droite ou de gauche, s´il est transparent ou corrompu. Ceci représente une sorte de concurrence déloyale pour des investisseurs attentifs aux questions telles que la sécurité, l´incertitude économique, les droits de l´homme ou l´écologie, comme les européens ou les américains.

Contre-offensive

De toutes façons, les Etats Unis n´abandonnent pas leur intention de détrôner la chine en tant que références pour l´Amérique Latine.

Au Congrès américain avance un projet soutenu par le sénateur républicain de Luisiana Bill Cassidy, pour que les pays de l´Amérique Latine voulant le faire puissent être annexés à l´ Accord de Libre Commerce entre le Mexique, le Canada et les EE.UU.

Le texte de la norme établit en plus un mécanisme ayant des proportions fiscales pour un total de 5.000 millions de dollars et des prêts bonifiés pour 40.000 millions de dollars pour que les multinationales américaines puissent réduire leur dépendance de la China et déménager leurs usines du pays asiatique vers l´Amérique Latine.

L´Équateur es un cas emblématique d´action directe depuis Washington. Après la crise sanitaire mondiale de 2020, le pays a demandé un délai de paiements et un refinancement de ses engagements avec Pékin qu´atteignait le 78% de sa dette extérieure. La convention lui imposait de vendre des barils de pétrole au pays asiatique à un prix inférieur à celui du marché, situation qui provoquait une réduction des revenus de l'Équateur et compliquait d'avantage sa situation financière. C'est finalement Washington, qui, à travers sa Corporation Financière International pour le Développement, qui lui a prêté USD 3.500 millions pour remplacer une partie de sa dette extérieure, pour qu'en contrepartie le pays des Andes refuse aux entreprises chinoises le développement de réseaux de télécommunications 5G.

Lors du sommet de 2022 à Los Angeles, Joe Biden a lancé l'"Association des Amériques pour la Prospérité Économique", une proposition à cinq axes par laquelle elle vise à tenter les gouvernements de la région et en même temps affaiblir l'influence de Pékin dans l'hémisphère. Les axes en sont : la revitalisation des institutions économiques régionales et la mobilisation des investissements, faire que les chaînes de provision soient plus résilientes ; mettre à jour la négociation de base ; créer des emplois d'énergie propre pour l'avancement de la décarbonisation et la biodiversité ; et assurer un commerce soutenable et inclusif.

Même Biden a eu un geste ponctuel envers l'Argentine et le Brésil, en leur proposant la création d'un groupe incluant les grands producteurs d'aliments.

"L'Amérique Latine et les Caraïbes, qui chancellent encore par l'impact sans proportions de la pandémie de Covid-19, a subi la contraction économique la plus large de toutes les régions du monde. L'inégalité des revenus augmente, des millions de personnes tombant encore dans la pauvreté et l'inflation mondiales, aggravée par la guerre de Putin en Ukraine, mettent en épreuve les budgets des familles. L´Alliance pour la Prospérité Économique dans les Amériques reconstruira nos économies de haut en bas et du centre vers l´extérieur ”, souligne la communication officielle du Département d´Etat des EE.UU.

«Nous devons investir ensemble pour nous assurer que notre commerce sera soutenable et responsable et pour créer des chaînes de provision qui seront plus résistantes, plus sûres et plus soutenables ”, a assuré Joe Biden dans le discours d´ouverture de la rencontre.

Le chemin initié par les Etats Unis pour reprendre la position de leader dans le continent a certaines épines. En janvier 2023, le président du Mexique, Andrés Manuel López Obrador, lui a reproché que Washington a oublié l´Amérique Latine dans les dernières décennies.

En conférence de presse lors du sommet entre les Etas Unis, le Canadá et le Mexique, López Obrador a dit : “Il est temps de finir avec cet oubli, avec cet abandon, ce dédain envers l´Amérique Latine et les Caraïbes. Président Biden, vous avez la clé pour ouvrir et améliorer substantiellement les relations entre tous les pays du continent américain ”.

Pour l´Union Européenne, la pandémie du Covid 19 et la postérieure invasion de la Russie en Ukraine ont montré l´importance de créer des liens avec ses associés historiques de l´Amérique Latine.

Dans le Vieux Monde ils ont constaté qu´il est très difficile de consolider la sécurité alimentaire sans l´apport de l´Argentine, du Brésil et de l´Amérique Centrale. Ou qu´il n´est non plus possible d´imaginer une transition énergétique sans le continent qui possède le 65% des réserves de lithium et autres minéraux stratégiques du monde.

Crayon et papier à la main, à Bruxelles on fait les comptes et on constate que les 33 pays de l´Amérique Latine plus les 27 européens complètent un tiers des voix des Nations Unies ce qui permet de consolider un axe géopolitique de grande valeur.

Ceci explique peut-être la hâte de l´UE pour envoyer des missions de parlementaires au Paraguay, en Uruguay et en Amérique Centrale, pays faisant partie de la rencontré bi-régionale des Ministres aux Affaires Étrangères qui a eu lieu à Buenos Aires en octobre 2022, et où la nouvelle stratégie européenne pour l´hémisphère a été abordée.

Dans le même sens est placé le voyage du chancelier allemand, Olaf Scholz, en Argentine, au Chili et au Brésil. Dans sa première visite dans ces pays depuis son arrivée au pouvoir, il a répété la détermination de la mise en valeur de la région latinoaméricaine.

Lors de sa visite, au-delà de souligner "la pertinence de la UE en termes économiques en tant qu´associée de la région", Scholz a remarqué le besoin d´approfondir les relations politiques et économiques avec lesdits pays, mettant l´accent sur la lutte contre le changement climatique et aussi dans la croissance soutenable, deux items que la Chine ne mentionne même pas.

Il faudra voir si les européens parviennent à récupérer le temps perdu car, comme il est bien signalé par Josep Borrell, Haut Représentant de Politique Extérieure de la UE, "nous devons prendre conscience du fait qu´il y a des vides qui se remplissent. Notre présence doit être plus intense, elle l´est en termes d´investissement, pas tellement en termes politiques".

Pour José Ignacio Torreblanca, président de l'institut de recherche European Council on Foreign Relations (ECFR), " la Chine est positionnée globalement et multilatéralement dans le continent, alors que l'Europe a investi parce qu'elle avait des intérêts commerciaux et des entreprises, mais elle n'a pas eu cette vision stratégique nécessaire en Amérique Latine pour être un acteur global".

Le meilleur élève

Entre mars 2021 et mars 2022 l'organisation civile Doublethink Lab qui analyse l'autoritarisme numérique chinois, a effectué un relevé de données dans 82 pays en neuf régions. D'où surgit ce qu'on appelle "Index de Chine" qui vise à mesurer l'influence de la République Populaire en neuf domaines : académique, politique nationale, économie, politique extérieure, application de la loi, mass médias, militaire, société et technologie.

Ce qui est intéressant dans l'espèce, c'est qu'au cinquième rang de ce classement, apparaît le Pérou, qui serait alors, selon cet Index, le pays le plus influencé par la Chine en Amérique Latine, dépassant d'autres cas à première vue emblématiques tels que le Venezuela (poste 25) ou la Bolivie (poste 60).

De l'analyse des différentes variables, on peut dire que le Pérou est l'élève parfait pour le régime de Xi Jinping.

La Chine est associée et premier client des minières du Pérou. Aussi, des entreprises ayant des rapports avec Pékin sont les propriétaires et opératrices d'infrastructure stratégique telles que des ports, des centrales électriques, des centres de données numériques, entre autres, ou des secteurs sensibles, principalement dans les domaines de biotechnologie et des matières premières.

Pour obtenir une cuirasse médiatique, le régime de Xi Jinping a pu établir une sorte de "tête de plage journalistique" à Lima. L'agence de l'état de nouvelles Andina utilise comme sa source de nouvelles l'agence de l'état chinois Xinhua, alors que les journalistes du Pérou obtiennent des bourses pour voyager à Pékin pour des formations en médias de l'État.

En sécurité, le Pérou importe ou accède gratuitement à des équipes militaires et policières de l'Armée Populaire de Libération (APL) de Chine. Il a fait partie d'exercices militaires conjoints et ce ne sont pas peu nombreux les militaires péruviens qui ont reçu de l'éducation militaire professionnelle chinoise.

La technologie est une autre forme de pénétration. Les entreprises de télécommunications du Pérou ont signé des accords pour incorporer du hardware ou des spécifications techniques de réseaux de portables 4G ou 5G produites ou développées par les géants technologiques Huawei et par ZTE.

L'"l'index de Chine" assure qu'ils sont entrés aussi dans l'éducation. Plusieurs universités péruviennes ont signé des accords de recherche avec des entités connectées avec la République Populaire telles que Huawei, Tencent ou Alibaba. Pékin contribue aussi avec le dessin de plan d'études scolaires ou universitaires péruviens, tels que des cours sur l'histoire de l'Asie Orientale, la politique moderne, etc.

Javier Ernesto Ramírez Bullón, dans son livre *L'adaptation du Pérou face à la montée de la Chine au début du XXIe siècle : entre le pragmatisme et le consentement*, considère que, pour le Pérou, "la République Populaire Chinoise a été vue principalement comme un marché désirable plutôt que comme une puissance défiante de l'ordre global ou comme un État communiste. Dans la mesure où une optique économiciste a prévalu, les accords de coopération signés avec la Chine ont été interprétés comme une approche pragmatique vers une économie stratégique ".

Selon l'auteur, " il est pertinent de faire un bilan critique sur la norme dans laquelle le Pérou a décidé de s'associer à la Chine au début du XXIe siècle. Le Pérou a éprouvé une approche multidimensionnelle accéléré envers la Chine. Pourtant, celui-ci est motivé par des intérêts économiques à courte portée que limitent la construction d'une politique extérieure basée sur des intérêts nationaux à grande envergure. Si l'approche de la Chine peut être bénéfique pour le Pérou, il est essentiel d'établir une reconnaissance préalable des intérêts visés en Chine du point de vue holistique. Sans ladite reconnaissance sur ce que le Pérou veut obtenir de la Chine et sur les intérêts non négociables il est probable que l'alignement pragmatique puisse devenir une attitude consentante ou, dans le pire des cas, une subordination non explicite de la politique extérieure péruvienne. Ce qui pourrait arriver sans que la Chine veule explicitement répliquer des patrons de domination, mais par manque de concertation d'acteurs internes péruviens face à des menaces extérieures ou parce que la structure de décisions de la politique extérieure ait internalisé une attitude passive et introvertie dans son association avec le monde ".

Le Pérou devrait être premier dans le classement, selon un ancien membre du Gouvernement américain qui a demandé de déclarer de manière anonyme. À son avis, la position de leader retombe sur l'Équateur, qu'il a défini comme un pays où "Pékin fait ce qu'il veut ".

La même source ajoute que "depuis le début des années 2010, quand le Prix du baril de pétrole est tombé à la moitié, l'Équateur, pays producteur de pétrole, n'arrive pas à payer les prêts acquis par devant de consortiums chinois qui ont construit des nombreuses routes et barrages".

Cette relation qui fluctue entre la dette et la souveraineté. A eu son âge d'or lors des deux présidences de Rafael Correa entre 2007 et 2017.

C'est justement Correa qui après s'être éloigné du Fonds Monétaire International (FMI) et de la Banque Interaméricaine de Développement (BID), est tombé dans les bras du capital chinois. Et comme une large partie des crédits pris avec Pékin concernent le pétrole, les engagements acquis doivent être honorés par Petroecuador.

Selon le média *Journalisme de recherche*, "un schéma de pots de vin et de paiements irréguliers est surgi avec le premier contrat d'achat-vente de cru, qui a été signé en 2009 avec Petrochina, pour garantir le prêt de 1.000 millions de dollars que la Chine a remis à l'Équateur. Les lignes de crédit payées avec du pétrole sont basées sur des conventions d'alliances stratégiques et sur le décret 466, signé par Correa lui-même. Si le premier contrat de prêt a été signé avec Petrochina, c'est l'entreprise Gunvor siégeant à Amsterdam, qui a négocié et payé le pot de vin pour que Petroecuador obtienne le contrat".

C'est aussi dans l'époque de Rafael Correa qu'on a propulsé la construction de l'énorme barrage et centrale hydroélectrique de Coca Codo Sinclair de la part de la compagnie de l'état chinois Sinohydro. Les travaux sont adjugés de manière directe et sans aucun appel d'offre international, parce que selon Correa il fallait "moderniser le pays et le libérer de l'influence des États Unis".

Le projet, au début évalué en 900 millions de dollars, a déjà coûté à l'Équateur plus de USD 2.900 millions. C'est similaire à ce qui est arrivé avec le contrat de conseil : au début, il avait une valeur de 72 millions de dollars, mais plusieurs addendas à l'accord ont augmenté la valeur à USD 140 millions.

La plante, destinée à produire plus de 1.500 mégawatts d'énergie propre et renouvelable, allait recouvrir un tiers de la demande électrique de l'Équateur ayant un temps de vie utile de 50 ans.

Pourtant, environ cinq ans après son inauguration et malgré son coût norme. L'hydroélectrique continue de fonctionner à capacité partielle et est devenue un lest pour les comptes déjà fatiguées d'un pays que depuis des années subit une grave crise économique et de dette.

Le principal inconvénient passe par les milliers de fissures qui sont apparues dans les distributeurs d'eau du barrage, des parties mécaniques essentielles dans la production d'énergie, devant supporter l'énorme pression d'eau en chute depuis 620 mètres d'altitude.

Les défaillances dans lesdits appareils ont été détectées en 2014 et confirmées par un rapport indépendant avant l'entrée en opérations de la centrale hydroélectrique.

Conformément à la publication du journal équatorien *El Comercio*, les travaux ont empêché la production d'électricité pour la consommation et l'exportation, provoquant des pertes pour 8 millions de dollars entre 2016 et août 2021 pour la Corporation Électrique de l'Équateur (CELEC), l'entreprise publique qui opère la centrale.

Le calcul a été effectué par Byron Orozco, sous-gérant de l'Unité des Affaires de Coca Codo Sinclair et les pertes comprennent l'impossibilité de produite de l'électricité pour la consommation et l'exportation d'énergie.

Jusqu'à présent la plante, placée sur le cours d'eau du fleuve Coca dans la province de Napo et qui copte avec huit turbines pour produire de l'électricité, a été soumise à sept réparations.

Dans le dernier processus de maintenance, plus de 3.500 fissures ont été trouvées dans les quatre distributeurs, dépassant les 11.000 défaillances au total.

En avril 2020, un écroulement provoqué par l'érosion a causé la ruptura du Système de l' Oléoduc Trans-équatorien (SOTO) et de l' Oléoduc de Crus Lourds (OCP en espagnol). En conséquence, plus de 60.000 litres de pétrole ont été versés, qui ont contaminé le fleuve et ont affecté les communautés natives.

Le SOTE fonctionne les 24 heures du jour, les 365 jours de l'an et transporte quelques 340.000 barils de pétrole par jour. Au cas où l'érosion à cause du barrage affecte ledit oléoduc, les pertes seraient multimillionnaires.

La centrale hydroélectrique, que selon plusieurs recherches et experts a été construite en contre de toute étude et avertissement sur les conditions géologiques de la zone, a été menacée aussi par la forte érosion du fleuve Coca depuis l'écroulement de la cascade San Rafael de 130 mètres dans la région amazonique en février 2020.

Face à la taille du problème, il faut voir si la Chine se chargera des réparations. Mais même si un document confidentiel du CELEC révèle que depuis 2012 la compagnie chinoise Sinohydro, chargée du projet hydroélectrique, a caché que les distributeurs de turbine de la maison de machines de la Centrale avait environ 8.000 fissures.

La dernière nouvelle connue sur le sujet est que l'Équateur veut que Sinohydro se charge d'opérer le barrage pendant les 30 prochaines années et rembourse à l'État des investissements, selon a informé à BNamericas le ministre de l'Énergie et des Mines, Fernando Santos.

"Nous entamerons des conversations avec Sinohydro pour résoudre le problème de Coca Codo Sinclair. Sinohyrdo assumerait l'opération de la plante ; et nous rendrait ce qu'elle a coûté, plus une remise de ce qu'elle a déjà produit. En même temps, nous signerions un contrat de provision d'énergie à un prix commercial", a remarqué le fonctionnaire.

Pour tout ce qui précède, et tel qu'il arrive dans différentes parties du monde, par un chemin ou par un autre, le Parti Communiste Chinois finit par prendre le contrôle de l'infrastructure que construit ses entreprises.

Fernando Villavicencio, membre de l'Assemblé Nationale de l'Équateur depuis 2021, a expliqué à Infobae que "ces travaux ont été adjugés au même pays qui a fourni le financement à travers un crédit que l'Équateur a obtenu d'une banque chinoise. La Chine a mis l'argent, la Chine a mis le sous-traitant et évidemment, ils ont validé celui qui a fiscalisé ".

Cette réalité explique pourquoi une large partie des fonctionnaires engagés dans le projet du barrage ont fini par être condamnés et pris par des pots de vin.

Les plus emblématiques sont l'ancien président Correa lui-même, qui a été condamné à huit ans de prison pour corruption et qui depuis 2017 habite en Belgique, pays avec lequel il est en cours l'extradition. Il est suivi par le vice-président Jorge

David Glas Espinel, peut-être le porte-drapeau majeur du barrage Coca Codo Sinclair qui purge déjà sa condamnation en prison pour avoir détourné des fonds publics envers ses poches.

De toutes façons, les actes de corruption qui impliquent des fonctionnaires avec des entreprises chinoises ne sont pas patrimoine exclusif des équatoriens.

En Bolivie, une entreprise chinoise a été favorisée dans l'appel d'offre d'une route après avoir payé un dessous de table millionnaire. Ce scandale s'est produit dans le processus d'adjudication pour la route Sucre-Yamparáez et a fini par bénéficier la compagnie China Harbour Engineering Company (CHEC), filiale de China Communications Construction Company (CCCC).

La plainte a été présentée par Juan Carlos Hidalgo Chura, désigné comme partie de la commission de qualification du processus d'engagement pour la construction de la route, dans la Procuration Sucre, selon ce qui a été informé par le journal bolivien *Le Devoir*.

Chura a nié une réunion avec Jin Zhengyuan, représentant de CHEC. Néanmoins, il a avoué qu'il avait manipulé les documents de l'appel d'offre et il a échangé des papiers de l'offre "par pression" pour que l'entreprise chinoise obtienne les travaux en question.

Hidalgo a indiqué que le président de la Commission d'Appel d'Offre de l'Administration Bolivienne de Routes (ABC en espagnol), Henry Nina, lui a envoyé, ainsi qu'à trois autres fonctionnaires une note pour qu'ils forment la commission de qualification de la construction.

Conformément à ce qui a été informé, selon une recherche

de la Police, la constructrice du géant asiatique a payé un pot de vin de USD 2.700.000 qui implique le président de ABC, Henry Nina.

Au moins quatre des sept contrats de l'entreprise CHEC ont été signés sous la modalité "clé en main", ce qui a impliqué que l'entreprise asiatique engage des superviseurs des travaux qu'elle faisait elle-même. Il va sans dire que ces quatre contrats ont été financés par la Banque d'Exportation et Importation de Chine (Eximbank China).

Un autre projet "clé en main" qui provoque des soupçons est la construction de la centrale atomique Atucha III en Argentine.

Le contrat signé avec la Chine établit le début des travaux en 2023, avec une finalisation prévue pour 2030. Le budget, de 8.300 millions de dollars, commencerait à être payé en vingt ans, à compter depuis le moment où la centrale sera mise en fonctionnement et commencera à produite de l'énergie.

"On sait moins de ce qu'on devrait savoir sur Atucha III", a signalé à TN Jimena Latorre, députée nationale et secrétaire de la Commission d'Énergie.

Une autre question contestée est que Hualong One, le réacteur nucléaire construit par la Chine qui sera installé à Atucha III, fonctionne avec de l'uranium enrichi et avec de l'eau légère. Actuellement, l'Argentine n'a pas la capacité de produite de l'uranium enrichi, voilà pourquoi la dépendance technologique du Pékin sera enrichie dans un domaine où l'Argentine a été puissance mondiale.

"C'est un contrat fermé qui rend difficile le transfert de technologie et de connaissance et la prudence sur l'utilisation de l'uranium enrichi n'y est pas claire ", a dénoncé Latorre.

"Les chinois sont désespérés pour installer le réacteur parce qu'ils en ont un seul en Chine et un autre à Pakistan, il leur faut l'expansion pour le moment où le marché sera élargi. C'est un bon réacteur, mais il a eu des problèmes de tuyaux l'année dernière. C'est presque un prototype, nous achetons un prototype", a remarqué Apud, ancien secrétaire d'Énergie de la Nation.

C'est la même opinion du sénateur républicain des Etats Unis, Jim Risch : "Je suis préoccupé par les plans d'installation en Argentine de technologie nucléaire chinoise non essayée et ses conséquences pour la sécurité régionale et la souveraineté de ce pays ".

La question des coûts est clé dans ces grands projets nucléaires. Si l'investissement est de 8.300 millions et la puissance de 1200 MV, le kilowatt heure coûterait environ 7.000 de dollars. Par ce chiffre, le paiement du prêt chinois ne semble pas viable, sauf si l'État finit par payer la différence, ou si la Chine s'approprie finalement des installations en échange de la dette non payée comme il est déjà arrivé ailleurs.

Si ce panorama n'est pas suffisant, plusieurs experts consultés ont été d'accord sur le fait que le monde n'acquiert plus de centrales nucléaires à cette taille. À présent on choisit des unités modulaires plus petites pouvant être déplacées, installées et produisant de l'électricité. En effet, le pays possède ladite technologie sans avoir besoin de s'endetter comme il le fait. Le CAREM est le premier réacteur nucléaire à puissance intégralement dessiné et construit en Argentine, qui réaffirme sa capacité et la situe comme une des leaders mondiaux dans le segment de réacteurs modulaires à puissance baisse et moyenne.

"La construction d´Atucha II " coûte 8.300 millions de dollars, si elle est terminée en 7 ans alors qu´une centrale thermique équivalente, qui utilise notre gaz et s´installe en deux ans, vaut environ 900 millions de dollars et on ne serait pas obligé d´importer le combustible d´uranium enrichi ", a dénoncé Apud.

Au Venezuela, des entreprises chinoises ont payé 176 millions de dollars en pots de vin pour passer des contrats.

Un méga accord de 20.000 millions de dollars signé en 2010 entre le Venezuela et la Chine a été le coup de pied initial d´une série de commissions illégales dans la signature de conventions avec des entreprises chinoises pour la construction d´infrastructures énergétiques.

La Justice d´Andorre a déterminé que Diego Salazar, responsable de Seguros Venezolano, a touché 200 millions de dollars de la part de cinq compagnies chinoises. L´argent a été déposé dans la Banque Privée D`Andorre (BPA), banque qui a été fermé en 2015 par les autorités à cause d´un "blanchissage de capitaux "douteux, selon les recherches du journal *Le Pays* d´Espagne, signé par José María Irujojoaquín Gil.

Highland Assets, la société derrière laquelle se cachait Salazar, a signé un accord avec la compagnie chinoise Camc Engineering par lequel il était conseillé pour obtenir les contrats millionnaires par appel d´offre du Ministère du Pétrole et de l´Energie, spécialement de PDVSA et Corpoelec, dans le cadre de la vague de travaux offertes au Grand Volume.

Comme l´argent produit par lesdites transactions a circulée par le Venezuela, la Chine et Andorre, c´est la Justice de la dernière destination qui a fait les recherches et a déterminé que "les chinois obtenaient des travaux pour une valeur de

176 millions d'euros, et Highland Assets recevait le 10% net du chiffre d'affaires de Camc Engineering".

Ayant la machine de corruption en fonctionnement, l'entreprise chinoise a commencé à recevoir des adjudications. La première a été la construction de la plante de production électrique de El Vigía, où elle a même vaincu son concurrent, l'électrique publique du Venezuela Corpoelec.

Le compte que Salazar avait en Andorre avec sa société de Panamá Highland Assets a reçu le premier paiement de 31 millions d'euros comme "conseil intégral pour l'exécution du projet de construction de la plante thermoélectrique El Vigía".

Selon la justice d'Andorre, par ce mécanisme ont été détournés 2.000 millions d'euros de PDVSA.

Dans l'article du Journal *El País* on remarque qu'une autre des compagnies chinoises bénéficiées par ces fouillés contrats a été China Machinery Engineering Corporation (CMEC), qui a obtenu la construction de la station électrique d'urgence de l'état de Zulia et a récompensé Salazar par un paiement de 55 millions de dollars.

Justement au Venezuela, pendant son message par devant l'Assemblée Nationale chaviste, le dictateur Nicolás Maduro a parlé sur la constitution d'un block politique latinoaméricain avec "nos frères aînés ", en parlant de la Chine et de la Russie.

Après avoir informé qu'il a déjà proposé la question aux présidents du Brésil, de la Colombie et de l'Argentine, Lula da Silva, Gustavo Petro et Alberto Fernández respectivement, un exultant Maduro a demandé d'"avancer dans la consolidation d'une nouvelle géopolitique régionale" et "dans la construction de la patrie grande".

Il faut imaginer que Pékin trouvera une terre fertile pour avancer dans son projet de pénétration économique et culturelle dans la trame politique et de corruption qui pourrait créer le block proposé par Nicolás Maduro.

Au Pérou, la Justice enquête les frères Roberto et Alejandro Aguilar de 25 et 33 ans respectivement. Leur société, Ingénierie Intégration de Projets (INIP), constituée en novembre 2019, n'avait jamais gagné aucun appel d'offre avec l'État. Leur sort a changé avec l'arrivée de Pedro Castillo à la présidence du pays : entre août 2021 et janvier 2022 ils ont obtenu plusieurs appels d'offre publiques mais maintenant comme associés minoritaires des succursales des entreprises China Civil Engineering Construction Corporation et China Camc Engineering. Au total, ils ont obtenu six contrats pour 150 millions de dollars.

En ce qui concerne l'Argentine, le sénateur américain Ted Cruz a envoyé une lettre au secrétaire d'Etat Antony Blinken pour appliquer des mesures anti-cleptocratie contre Cristina Kirchner (présidente de 2007 à 2015 et vice-présidente de 2019 à 2023), accusée de permettre que la Chine, l'Iran et la Russie exploitent la corruption d'Argentine.

Le législateur a demandé d'appliquer la section 7031(c), concernant les personnes ayant participation directe ou indirecte dans la corruption significative ou le viol grave des droits de l'homme.

"La République Populaire de Chine n'a plus besoin de dépenser des millions de dollars dans l'Amérique Latine pour obtenir des déclarations adaptées à son agenda global. Il lui suffit de s'approcher de certains politiciens et de s'assurer d´avoir des connexions, ceci coûte moins d´argent", a assuré à la revue du journalisme de recherche de l´Amérique centrale *Expediente Público* le président de Index de Chine, Puma Shen, quand il a été consulté sur l´influence de ce pays asiatique sur différentes nations.

Shen, qui est le vice-président de l´Association Taiwanaise des Droits de l´Homme et professeur assistant de l´Université Nationale de Taipei, considère que "les fonctionnaires et diplomates chinois visent à chercher des connections avec les politiciens au niveau national ou local, les invitent à dîner, leur paient les voyages ou les corrompent pour qu´ils rejoignent leurs intérêts et prennent parti pour le régime de Pékin".

Un cas d´analyse est celui d´Uruguay, pays de solide tradition démocratique et d´amour marqué pour la liberté.

Abandonnant en partie la position de neutralité qui le définit comme la "Suisse de l´Amérique du Sud ", l´Uruguay flirte de manière préoccupante avec le régime de Xi Jinping et prétend de s´ériger en porte d´entrée au continent.

"Quand nous disons la Chine et ils nous disent 'non', alors qui ? Ne nous dites pas non", a essayé à manière de défense le président uruguayen Luis Lacalle Pou lors de la septième édition de l´America Business Forum, qui a eu lieu à Punta del Este en octobre 2022.

D´autres citations du président uruguayen, cette fois.ci lors d´un reportage fait par la BBC : "Nous allons le prendre ainsi : si la seule option est de vendre ces produits pour un bon prix à la Chine ou ne pas les vendre, que feriez-vous ? Moi, je vends. Si nous ouvrons d´avantage de marchés, si les Etats Unis nous ouvre plus de marchés, le Royaume Uni, le reste de l´Europe, la Turquie, quiconque, nous allons vendre. Si je peux choisir, je ne mettrai pas toutes mes exportations dans un seul pays ".

Encore une du chef de l'État uruguayen : "Je suis sûr que si nous allons à la technologie 5G, tous voudront concourir, mais notre affaire c'est les exportations. Nous envoyons nos produits, principalement nos matières premières, en Chine".

Ces dernières déclarations ont eu pour but de contrecarrer les critiques reçues par le mandataire uruguayen quand on a appris qu'il pourrait habiliter le débarquement du réseau 5G de technologie chinoise, malgré les forts avertissements d'espionnage effectué contre les opérateurs du géant asiatique.

Ce qui est vrai c'est que l'Administration Nationale des Télécommunications (Antel) avait déjà souscrit une lettre d'intention avec Huawei pour coopérer dans les technologies 5G et Internet des Choses (IoT). Ce document a été signé au Pérou en 2019 sous la présidence de Tabaré Vázquez, de signe politique différent de Lacalle Pou.

L'évidence la plus solide invoquée par les principaux pays d'Occident est que Huawei, une firme ayant un lien étroit avec le Gouvernement chinois, représente un danger potentiel pour la sécurité des pays et des usagers d'Internet. Le chapitre consacré à la technologie contenu dans ce livre s'explique sur le sujet.

Jusqu'à présent le seul cas concret est celui de la finlandaise Nokia, sélectionnée par le fournisseur de services des communications uruguayen consacré à être fournisseur de son réseau 5G non indépendante (NSA) dans la bande de spectre de 3,5 GHz (n78) avec LTE dans la bande de spectre de 900 MHz. De cette manière, le secteur privé supporte les pressions de la Chine.

Deux décennies avant, en 1992, l'Uruguay et la Chine ont créé un groupe d'amitié parlementaire conjoint qui est encore en vigueur. Et on se rappelle encore le cas de 2018, quand le Gouvernement uruguayen a refusé l'entrée au pays sans visa pour des citoyens de Taiwan. Une année plus tard, en 2019, a parrainée la candidature de Qu Dongyu comme directeur général de la FAO, l'agence des Nations Unies qui dirige l'effort international pour mettre fin à la faim.

Entretemps, l'Uruguay avance avec la Chine dans la signature d'un Traité de Libre Commerce (TLC), même si cette décision détériore les relations avec ses associés du Mercosur, le Brésil, l'Argentine et le Paraguay.

Ce qui a été évident lors de la dernière réunion de la Communauté des Etats Latinoaméricains et des Caraïbes (CE-LAC) qui a eu lieu en janvier 2023 à Buenos Aires, quand Lacalle Pou a remarqué qu'il est "urgent" de discuter un TLC avec la Chine. Et a annoncé avec son pair brésilien Luiz Inácio Lula da Silva la création d'une équipe technique pour voir ce qu'on veut et ce dont on a besoin vraiment dans la relation avec la Chine.

"Tout le monde sait que le poids économique et démographique du Brésil est très important, et sûrement s'il y a une décision de la part du président Lula et du gouvernement pour avancer avec la Chine, nous pourrons nous y plier tranquillement si ceci correspond aux besoins de notre pays. Bref : l'Uruguay a ses dialogues avec la Chine ; le Brésil sûrement les approfondira et commencera d'autres chemins, on se rendra ensemble et on dira : l'Uruguay est arrivé jusqu'à là. On va tout négocier ensemble. Ou le Brésil dira : c'est ce que nous pouvons offrir au Mercosur, et l'Uruguay s'y plie ", a assuré le mandataire uruguayen.

La somme de ces indices au long du temps et des successifs gouvernements, démontrerait que l'acceptation de l'influence chinoise en Uruguay deviendrait une politique d'État.

La préoccupation la plus importante, pourtant, passe par le support logistique que l'Uruguay fournit à la flotte chinoise qui pêche illégalement dans les mers de la région.

Le port de Montevideo est qualifié par les experts en délits de pêche comme un "port de convenance", utilisé par des embarcations illégales pour décharger le produit de ses captures illicite dans l'Atlantique sud-occidentale.

Ce n'est pas mal que Montevideo reçoive des bateaux étrangers. L'inconvénient se présente quand les autorités ne les supervisent pas correctement, ou quand ils accueillent des bateaux ayant des antécédents sombres.

Le spécialiste en conservation marine et expert en pêche illégale Amérique Latine, Milko Schvartzman, dans un entretien avec *Infobae*, a assuré que, en 2019, les autorités uruguayennes ont supervisé 33 des 320 embarcations qui ont accosté dans le port et "de ce 10% qui ont été inspectées. Une seulement était de drapeau chinois. Même si la plupart des embarcations sont chinoises, le Gouvernement de l' Uruguay a inspecté une seule et aucune embarcation n'a été sanctionnée ".

L'expert a avoué : "Je les ai vues moi-même, j'en ai pris des photos. C'est comme si un véhicule circule sans immatriculation. Ce sont des embarcations qui n'ont pas des gilets de sauvetage, extincteurs, aucune mesure de sécurité minimale pour accomplir des standards internationaux".

L'opinion du spécialiste coïncide avec le rapport rédigé en

2018 par l'organisation Océans Sains selon lequel "le Port de Montevideo est classé comme le deuxième au niveau mondial à recevoir pour transbordement la pêche soupçonnée illégale, non déclarée et non réglée (INDNR)".

Mais ceci n'est pas tout, le Gouvernement uruguayen laisserait entre les mains du gouvernement chinois le contrôle de ses côtes en acceptant Shipbuilding Industry Corporation (CSOC), firme liée à l'Armée Populaire de Liberation (APL), fournisse deux bateaux pour le contrôle des mers.

La principale tâche de ces bateaux serait, paradoxalement, de contrôler que des bateaux chinois de pêche n'envahissent pas la Zone Économique Exclusive (ZEE) où ils pillent les ressources du pays.

Le Brésil aussi a été pénétré par la China sans différence d'orientation politique de ses gouvernements. Depuis 2009 le régime de Pékin est son principal associé commercial et pour 2017, le 22% des exportations brésiliennes ont eu la China comme destination finale.

En 2019, face à l'arrivée à la présidence de Jair Bolsonaro, ayant une orientation politique similaire à celle de Donald Trump, plusieurs ont pensé que cette tendance allait changer.

Même si dans sa campagne électorale il disait que "la Chine n'achète pas au Brasil, elle achète le Brasil", pendant ses quatre ans de gestion les liens se sont maintenus. Le retour au pouvoir en 2023 d'Luiz Inácio Lula da Silva augure une communion encore plus étroite avec le régime de Xi Jinping.

C'est similaire la situation d'Argentine sous la présidence de Mauricio Macri entre 2015 et 2019. Son orientation de centre-droite faisait prévoir un lien plu distant avec Pékin, pourtant, lors du Sommet du G-20, qui a eu lieu en novembre 2018 à Buenos Aires, les deux pays ont signé plus de 30 conventions dans les domaines de l'énergie, l'infrastructure et le commerce électronique pour une valeur de USD 3.500 millions.

"Autant la Chine ira bien, autant ce sera mieux pour l'Argentine et pour le monde", a souligné Macri à ce moment-là.

La théorie de l'énorme pouvoir d'achat chinois qui bénéficie aux économies latinoaméricaines en état d'urgence est ratifiée.

La Colombie exporte en Chine du pétrole et le chili, du cuivre. Les ventes de minéraux péruviens à Pékin se sont accrues d'un 58% dans les premiers mois de 2022, en comparaison avec la même période de l'année précédente.

La China est le deuxième destin des exportations argentines et dans les derniers trois ans, le commerce bilatéral total a été de 16.000 millions de dollars par an en moyenne.

Néanmoins, le Brésil est le pays de l'Amérique du Sud le plus lié économiquement à Pékin. Il lui vend les deux tiers de tous son minéral de fer et c'est la destinée de plus du 25% de ses exportations.

Pour ce motif, hélas, ni l'argentin Macri, ni le brésilien Bolsonaro, ni l'uruguayen Lacalle Pou, ni le chilien Piñera, ni aucun autre président de l'Amérique Latine de centre o de centre-droite semble s'être préoccupé par les antécédents sombres de droits de l'homme en Chine, ni par les fins dernières de cette stratégie de pénétration, qui n'est pas économique, mais géopolitique et culturelle.

Nous pouvons comprendre un flirt plus important de la part d'un régime populiste ou d'extrême gauche, mais jamais le justifier. Mais quand celui-ci vient des administrations qui apparemment devraient être plus rationnelles, c´est plus re-marquable.

Et puisque nous parlons de populisme, il faut dire que, en Argentine, le retour au pouvoir du péronisme de la main d´ Alberto Fernández comme président et de Cristina Kirchner comme vice-présidente en 2019 a augmenté la relation avec la China à un rang jamais vu avant.

Après avoir dit que la Chine est un "leader du commerce mondial", Fernández, a déclaré à la Télévision Centrale Chinoise (CCTV) que "depuis Donald Trump en avant on a encouragé le fantôme de la Chine, mais je n´ai jamais partagé cette idée. Ce serait ingrat de dire que la Chine a agi dans ce sens envers l´Argentine «.

La preuve en est la désignation de Sabino Vaca Narvaja comme ambassadeur argentin à Pékin.

Adepte au Parti Communiste Chinois, le diplomate ne se lasse pas de dire que "démoniser" le régime politique de Xi Ji-ping "est de revivre les concepts erronés de la Guerre Froide".

En février 2022, la chaîne chinoise de nouvelles a montré un effusif éloge de Sabino Vaca Narvaja à Xi Jinping pendant la réunion bilatérale qu´il maintenait avec Alberto Fernández.

"Sans le Parti Communiste, il n´y aurait pas une nouvelle Chine", a affirmé en mandarin l´ ambassadeur. La réponse du leader chinois a été immédiate : "Tu as bien dit. Merci de ton soutien".

Comme s´il s´agissait d´un fonctionnaire du régime de Pé-kin plutôt que d´un ambassadeur argentin, Vaca Narvaja ne s´est pas privé de mettre en question ceux qui dénoncent le viol des droits de l´homme en Chine.

Le diplomate a tildé de "menteurs et hypocrites" aux nations et organisations occidentales qui accusent le Gouvernement de Xi Jinping de l'attaque systématique contre la minorité musulmane uigur. Peu importe qu'en 2018 le Comité pour l'Elimination de la Discrimination Raciale de l'ONU dénonce qu'environ un million de personnes de ladite ethnie seraient captives dans des "champs de rééducation". Vaca Narvaja a tout nié dans un reportage pour la chaîne de télévision CGTN, financée par le Gouvernement chinois.

Il a défini aussi comme "provocation" la tournée que la présidente de la Chambre des Représentants des Etats Unis Nancy Pelosi a fait à Taiwán, prenant parti par la Chine dans un conflit qui n'est pas de son ressort.

Dans ses déclarations, il ne dit que des éloges : "Je vois la grande détermination du Gouvernement chinois et du président Xi pour réduire l'inégalité et aborder le déséquilibre du développement. Le développement crée toujours un écart entre riches et pauvres, mais la Chine travaille très dur pour le résoudre. Ceci est très significatif. Xi Jinping est une personne très aimable, enthousiaste et s'y connait".

Depuis son arrivée en Chine, Vaca Narvaja se fait appeler Niu Wangdao. En honneur à Chen Wangdao, le premier à traduire en chinois mandarin le Manifeste Communiste de Charles Marx et Fréderick Engels.

Né et éduqué à Cuba, Vaca Narvaja a éprouvé "de première main " le communisme et les systèmes socialistes, et c'est pourquoi il assure qu'il y a des fondements pour affirmer que "la Chine est l'un des pays socialistes le plus prospères" et qu'il "interprète le communisme de manière différente à d'autres occidentaux ".

En octobre 2023 il y aura des élections présidentielles en Argentine. Un des candidats possibles dans l'espace politique de Mauricio Macri est Horacio Rodríguez Larreta.

Ses déclarations sont actuellement d'une prudente distance envers la Chine.

"Nous devrions défendre la démocratie, nous devrions défendre les droits de l'homme dans des cas avec un nom propre, comme au Venezuela, comme en Nicaragua, comme à Cuba. Nous devrions le savoir très clair. On peut manier d'être autant agressif que possible en termes d'exportations et investissements (avec la Chine) et d'être sensibles à des questions (telles que) les valeurs démocratiques ou les situations géopolitiques", a dit Rodríguez Larreta en décembre 2022 lors du Programme Latinoaméricain du Wilson Center pour le Dialogue Interaméricain et dans l'Adrienne Arsht Latin America Center à l'Atlantic Council.

Diplomatie Covid

L'industrie pharmaceutique Chinoise a eu un stimulus colossal lors de la pandémie du Covid-19. Dans ce qui a été dénommé la "diplomatie Covid", Pékin a développé une puissante action de vente et don de masques, respirateur, équipes de protection et vaccins à la plupart des pays de l'Amérique Latine pressés par la crise sanitaire. Et en plus, ceci lui a été utile pour consolider son influence dans les pays censés s'en être bénéficiés.

La Chine, en effet, a été le premier pays qui a parié à aider les nations en voie de développement par l'envoi de ses Sinopharm, Sinovac et CanSino. Il l'a fait même avant leur production massive et leur preuve d´efficacité.

En réalité, il s´agit d´une remarquable action de marketing chinois à résultat douteux. Il s´est comme ça parce que comme il s´agissait d´une opératoire si rapide et désorganisée, plusieurs de ses initiatives ont fini par des retards dans les envois, manque d´information sur l´efficacité de ses vaccins et autres inconvénients.

Le rapport dénommé "La diplomatie du vaccin EtatsUnis-Chine : leçons pour l´Amérique Latine et les Caraïbes", dressé par le think tank américain Atlantic Council, montre que, pendant la pandémie, les Etats Unis ont donné plus de 61 millions de doses de vaccins à l´ Amérique Latine et les Caraïbes bilatéralement et par le biais de Covax, mécanisme multilatéral créé par l´Organisation Mondiale de la Santé (OMS). La Chine, pour sa part, n´a pas atteint les 10 millions.

Pourtant, "la perception régionale généralisée est que la Chine a été un associé pandémique plus proactif et fiable que les Etats Unis", souligne le rapport.

Ceci est dû, selon l´étude, à plusieurs facteurs, tel que le nombre de doses données ou vendues bilatéralement, c´est à dire directement entre pays.

La quantité donnée par Washington à travers Covax a eu moins de répercussion, alors que le Gouvernement chinois a fait appel à la diplomatie traditionnelle et s´est assuré que les dons et ventes étaient accompagnées d´une grande couverture médiatique.

À El Salvador, par exemple, dans une occasion les vaccins chinois sont arrivés dans un avion loué, propriété de l´équipe de football américain New England Patriots, ce qui a attiré la presse.

"Les envois américains sont arrivés avec moins de bruit, ont été laissés de côté ", signale le rapport, axé sur quatre points géographiques : l'Amérique Centrale, Trinidad et Tobago, le Brésil et le Mexique.

Ayant la complicité de la presse et des journalistes adeptes, Pékin est parvenu à imposer un récit clé : "Nous sommes solidaires avec les pays en voie de développement alors que l'Europe et les Etats Unis ne regardent que leurs propres nécessités ".

Parfois il n'n'a même pas été nécessaire de compter sur la presse amie parce qu'il y avait des porte-paroles prêts à diffuser le message. Le président argentin Alberto Fernández, par exemple, a remercié publiquement le leader chinois Xi Jinping "parce que dans un moment difficile il s'est mis de notre côté ".

Il l'a dit dans un entretien avec la Télévision Centrale Chinoise (CCTV), qui, évidemment, s'est chargée de le diffuser en Amérique Latine. Puis il a écrit une lettre pour remercier la Chine où il a affirmé que leurs liens seraient renforcés.

Andrés Manuel López Obrador a affirmé aussi : "Nous sommes très reconnaissants envers la Chine, le Gouvernement chinois, et le président".

Daniel Lemus-Delgado, de l'Institut Technologique et des Etudes Supérieures de Monterrey, considère que "la lutte pour le contrôle des récits a eu pour but de construire une image favorable de la Chine dans le panorama international. On assume ainsi que le surgissement du Covid-19 a représenté un problème critique pour la légitimité du Parti Communiste Chinois, obligeant les autorités à lutter non seulement pour contenir la propagation du virus, mais aussi pour créer et maintenir une opinion publique favorable concernant la gestion de la crise".

Pour l'auteur, avec ce qu'on appelle la "Diplomatie du Guerrier Loup" et la "Diplomatie des Masques", le Gouvernement chinois a lancé une offensive diplomatique dans l'intention de présenter la Chine comme un Etat responsable face à la communauté internationale.

Un rapport de l'Organisation Mondiale de la Santé (OMS) remarque que l'Amérique Latine a été la région globale la plus affectée pendant la première vague de la pandémie entre les années 2019 et 2020.

Depuis le 31 août 2020, le Brésil a informé le deuxième nombre de cas le plus élevé du monde, avec plus de 3.908.272.

Suivi par le Pérou et le Mexique avec 647.166 et 595.841 cas, respectivement.

Dans le classement à échelle mondiale, le Pérou et le Mexique ont occupé le sixième et septième lieu.

Malgré ces chiffres, la Chine a opté par prioriser d'autres pays, pour, par exemple, fournir significativement d'avantage d'aide à l'Equateur et au Venezuela qu'à ses trois associés commerciaux principaux, tels que le Brésil, le Chili et le Mexique.

Cette décision est basée sur des questions géopolitiques plutôt que sanitaires. Avant la pandémie, la Chine misait déjà fort pour l'Équateur, pays qui, comme on a vu, lui a ouvert les portes dans tout projet présenté sans rien mettre en question.

La méthodologie employée par la Chine basée sur "je te prête de l'argent pour que tu m'achètes" n'a pas varié pendant la pandémie. En juillet 2020, elle a offert un prêt de USD 1.000 millions à l'Amérique Latine et aux Caraïbes pour avoir accès á leur vaccin contre le Covid-19.

Les résultats sont évidents. Conformément aux données de l'Economist Intelligence Unit, la Chine a obtenu en Amérique Latine une claire avantage dans la diplomatie des vaccins sur les Etats Unis. Jusqu'à la mi-mai 2021, Pékin avait exporté plus de 250 millions de doses (42% de sa production totale), dont près de 165 millions sont allées en Amérique Latine.

"Le Gouvernement chinois a été très habile dans la commercialisation des vaccins et dans la mise en scène publique de leur délivrance. Et même si seulement une petite partie a été donnée, ceci a été souvent brouillé dans la perception du public", signale l'étude.

Dans le livre ¿Qui *tire profit du moment du COVID-19 ?* James Landy et Kelly Senters Piazza, de l'Académie de la Force Aérienne des Etats Unis, remarque que "la présence majeure de la Chine et le croissant pouvoir souple introduit par le coronavirus en Amérique Latine peuvent aider d'avantage á certains des projets clés de la Chine dans la région ". Et ils citent les cas de la mise en place des réseaux d'infrastructure d'IT de la part de Huawei, l'entreprise de l'Etat des communications de la Chine.

Tous les chemins conduisent á la même conclusion : une stratégie dictée sur la base des intérêts primaires du Parti Communiste Chinois, qui vise à coopter une région puissante en ressources naturelles comme l'Amérique Latine.

CHAPITRE III

Un frein depuis l´ Occident

Il a fallu une pandémie pour que les grands acteurs du monde occidental, les Etats Unis et l´Europe, prennent conscience cabale du fait que le modèle de croissante inter-dépendance économique avec la Chine était soutenu sur des hypothèses insoutenables.

La coalition historique a verdoyé pour faire face à la menace chinoise. Ses membres sont des démocraties libérales riches ayant des liens forts de sécurité avec les Etats Unis. Aux alliés occidentaux traditionnels de l´Europe et l´Amérique du Nord on a ajouté les nations de l´ Indopacifique, comme le Japon et l´Australie. C´est par hasard le même groupe de pays qui a imposé les sanctions á la Russie après son invasion en Ukraine.

Alicia García-Herrero, chercheuse senior à Bruegel et économiste chef pour l´Asie-Pacifique à Natixis, remarque que les grands évènements ont affaibli d´avantage la confiance d´ Occident en Chine, tels que le manque de coopération pendant la pandémie, avec une importante interruption de la chaîne de provision centrée en Chine, qui a augmenté les pressions inflationnistes. L´application obstinée de la part de Pékin des politiques de "Zéro Covid" a eu des conséquences négatives pour un monde qui essaye de contrôler l´inflation ; la Chine continue d´être l´usine du monde, mais ayant des difficultés croissantes à cause de ces restrictions. D´autres motifs de méfiance croissante sont : l'ambigüité de la Chine concernant l'invasion russe en Ukraine et l'augmentation de la belligérance sur le Taiwan, par des exercices militaires autour de l'île. Il semble très peu probable, sinon impossible, que les relations entre la Chine et l'Occident reprennent leur cours précédent de croissante codépendance.

Dans le monde occidental on parle chaque fois plus du besoin de réduire la vulnérabilité à la coercition économique de la Chine, recréant des chaînes de provision et des relations commerciales, principalement avec des nations amies et démocratiques. C'est justement ce que Janet Yellen, la secrétaire du Trésor des EEUU, a défini comme «friendshoring», un terme qui a été supporté publiquement par Chrystia Freeland, vice-premier ministre du Canada.

Etats Unis le leader

Par les couloirs du Capitole il est habituel d'écouter la plaisanterie qui dit que, quand la Chine parle de "coopération win-win", cela signifie que Pékin gagne le double.

Selon des données officielles du Bureau de Recensement, en 2022 les Etats Unis a exporté des biens pour 140.047 millions des dollars à la Chine, et en a importé pour une valeur de 499.451 millions de dollars, donnant un solde négatif à son bilan commercial de 359.404 millions de dollars. Vingt ans avant, en 2002, ils exportaient pour 22.127 millions de dollars, importaient pour 125.192.6 dollars et le rouge de son bilan commercial atteignait 103.064 millions de dollars.

Pour volume total d'exportations et importations, Washington est le principal associé commercial de Pékin, et il arrive de même à l'envers.

La Chine est en plus la troisième destination des exportations des Etats Unis (avec le 9,1% du total), après le Canada (16,2%) et le Mexique (14,6%), alors que le 19,5% des importations des EE.UU., viennent de Chine, son principal fournisseur.

D'autre part, les Etats Unis est la principale destination des exportations de la China, avec le 16,5% du total, et la troisième origine principale de ses importations avec le 7,91%, après le Japon (8,57%) et la Corée du Sud (8,5%).

Ces chiffres qui montrent un déséquilibre dans l'échange qui a toujours favorisé la Chine, justifie la politique de "détachement" des deux économies, menée par le président Donald Trump et qui semble être continuée par son successeur Joe Biden. L'objectif est la réduction progressive de la dépendance des Etats Unis en ce qui concerne les biens, services et chaînes de provision concernant la Chine.

Trump était intéressé surtout dans trois domaines : celui susmentionné du détachement commercial, le retour au sol américain des investissements industriels sises en Chine et l'établissement de points de confrontation dans des affaires stratégiques tels que l'environnement et les droits de propriété intellectuelle, parmi d'autres.

Cette politique agressive a coïncidé avec la pandémie, quand tant les États Unis comme l'Europe ont constaté la grande dépendance maintenue avec les produits chinois, surtout les machines et les intrants médicaux. La dure épreuve qui a impliquée la crise sanitaire a activé une sorte de consensus dans la société américaine qui a compris le vrai sens de la "menace chinoise". Actuellement, ce concept est si attaché que la sortie de Trump et l´arrivée de Biden à la Maison Blanche n´a pas changé la ligne d´action. En fait, en janvier 2023 les Etats Unis a mis en marche le Bureau de Coordination de Chine pour redoubler les efforts au défi géopolitique que représente la République Populaire.

Le secrétaire de l´Etat Antony Blinken a expliqué que l´objectif est de "travailler côte à côte " avec des experts du géant asiatique en matières telles que la sécurité internationale, l´économie ou la communication stratégique.

Le Nouveau bureau élargira le nombre de diplomatiques axés sur des sujets concernant Pékin et il y aura aussi du personnel du gouvernement de diverses agences fédérales qui se penchera sur ce nouveau mécanisme, selon les informations de la chaîne CNN.

La nouvelle stratégie de sécurité nationale du Gouvernement de Biden est basée alors sur le fait que "la République Populaire Chinoise représente le défi géopolitique le plus important pour les Etats Unis ".

La Chambre des Représentants, pour sa part, a approuvé par large majorité la conformation d´un comité qui vise à contrôler la concurrence des Etats Unis et le Parti Communiste Chinois.

La résolution a été approuvée par 365 voix pour, 65 contre, et 146 démocrates se sont unis aux républicains pour appuyer la mesure. Tous les voix contre ont été des démocrates.

Le comité, présidé par le législateur républicain de Wisconsin Mike Gallagher, sera axé sur les avancements économiques, technologiques et de sécurité du Parti Communiste Chinois et la concurrence stratégique entre Pékin et Washington.

"J´ai entendu mes collègues des deux côtés dire que la menace que représente la Chine communiste est grave. Je suis tout à fait d'accord. Il s'agit d'une question qui dépasse les partis politiques. Et la création de ce comité sur la Chine est notre meilleure voie pour l'aborder ”, a manifesté le président de la Chambre des Représentants, el républicain Kevin McCarthy, durant le débat.

Des actions concrètes commencent à apparaître aussi depuis les différents Etats. Par exemple, le Gouverneur républicain de Dakota du Sud, Kristi Noem, a proposé un paquet de mesures pour régler l'entrée d'investissements étrangers directs, en opposition à l'achat massif de champs agricoles qu'un groupe d'entreprises de l'Etat chinois prétendent mener à terme.

L'initiative cherche à créer un “Comité d'Investissement Etranger aux Etats Unis – Dakota du Sud”, dont la principale fonction était celle de conseiller le gouvernement local pour l'approbation d'achat des terres agricoles.

“Nous ne pouvons pas permettre que le Parti Communiste Chinois continue d'acheter la provision d'aliments de notre nation, voilà pourquoi Dakota du Sud va diriger la charge dans ce sujet essentiel de sécurité nationale ”, a affirmé Noem.

Le bras de ce comité attiendra aussi le loyer de terres agricoles quand une personne physique ou morale provenant de l'étranger sera impliquée et dont les contrats dureront un an ou plus.

Dans La Florida, le gouverneur Ron DeSantis a communiqué qu'il va chercher d'interdire au Parti Communiste de Chine d'acheter tout type de propriété dans ledit Etat.

“Depuis une perspective de sécurité nationale, c'est quelque chose que nous voulons voir ? Et plusieurs fois, il y aura des entreprises qui vont se présenter comme privées mais si vous épluchez un peu l'oignon, elles sont essentiellement contrôlées par le Parti Communiste de Chine", a dit DeSantis.

Le gouverneur a manifesté aussi sa préoccupation par la pénétration et l'énorme influence des réseaux sociaux chinois en Occident, tel est le cas de TikTok.

"Nous voulons que toute l'information soit sûre. Les numéros de la sécurité sociale ou les registres médicaux ne doivent pas être entre les mains du Parti Communiste Chinois", a affirmé.

Ces mesures montrent que la bataille ne se réduit pas au domaine commercial.

La relation entre la Chine et les Etas Unis est transversale et dépasse les relations strictement internationales. Les deux pays sont membres du Conseil de Sécurité de l'ONU, ils possèdent les deux économies les plus grandes du monde, ils sont les des émetteurs les plus importants CO_2 au niveau mondial, et représentent deux des trois puissances militaires les plus importantes du monde.

Diego Lema, dans une colonne d'opinion à *Visión Global*, remarque que "la relation entre la Chine et les Etats Unis est caractérisée par une coopération égoïste, une concurrence croissante en plusieurs dimensions et la confrontation directe dans d'autres ".

Malgré la volonté déclarée d'une relation coopérative, il y a une perception largement partagée sur le fait que les relations sont devenues essentiellement concurrentielles. Ce faisant, une remarquable méfiance s'est éveillée, augmentant ainsi les possibilités que la relation pourrait devenir conflictuelle si les problèmes s'intensifient ou si des évènements déstabilisants se produisent.

En septembre 2022, le conseiller d´Etat et ministre des Relations Extérieures de Chine, Wang Yi, a parlé du lien de son pays avec les Etas Unis.

Dans le siège de la Société d´Asie à New York, Yi a commenté que dans les dernières années lesdites relations sont dans un point bas, et qu´en réalité, on ignore l´interdépendance entre les deux pays.

“L´histoire de la coopération visant des bénéfices partagés est tergiversée ; les chaînes de dialogue et communication sont bloquées ; et les relations bilatérales se voient définies et affectées dangereusement par ce qu´on appelle la concurrence stratégique. Ceci provoque une énorme incertitude pour l´avenir des peuples des deux pays et des pays de tout le monde”, a remarqué le fonctionnaire.

Ayant un manque d´auto critique préoccupante, et comme si le régime de Xi Jinping n´était coupable de rien, Wang Yi s´est demandé “comment les Etats Unis vont tenir leur promesse de ne pas essayer de changer notre système, quand ils ont encadré un faux récit de démocratie versus autoritarisme, qui vise la direction politique de la Chine, son chemin vers le développement et son parti gouvernant”.

Lorsque Yi déplace les culpabilités, Jane Perlez dans un article publié au *New York Times* signale que, “en tant que leaders de leurs pays respectifs, Biden et Xi s´approchent d´avantage à un cours de collision qui risque de provoquer une nouvelle version de la Guerre Froide”.

Pour sombrer d´avantage le panorama, depuis que Xi Jinping est devenu président à vie de la Chine en 2017, Beijing a initié la plus intense modernisation militaire qu´aucune armée ait mené au XXIe siècle.

Dans ce contexte nous pouvons comprendre la stratégie de construire des bases militaires à l´étranger, comme celles de Yibuti, en Birmanie et à Tayikistán et le plus large contrôle exercé dans les eaux de la Mer de Chine sur les domaines maritimes et les îles, y comprises les artificielles, avec le Japon, les Philippines, l´Indonésie, le Vietnam et autres pays.

Cette manœuvre va de pair avec la politique d´expansion et influence géopolitique de la "Nouvelle Route de la Soie", et sert à rassembler internement la société chinoise et produite en même temps un climat profond de patriotisme et nationalisme.

La lutte des Etats Unis pour éviter que la Chine atteigne la technologie pour fabriquer des semiconducteurs est un autre sommet clé de ce panorama. Â cause de son importance, le sujet test traité dans un chapitre spécifique de ce livre.

Plus au nord, au Canada, trois entreprises chinoises ont reçu l´ordre de se défaire de leurs investissements en minérales critiques dans le pays, citant la sécurité nationale. "Même si le Canada continue de donner la bienvenue à l´investissement étranger direct, nous allons agir avec décision quand les investissements menacent notre sécurité nationale et nos chaînes de provision de minéraux critiques, autant dans le pays qu´à l´étranger ", a informé le ministre de l´Industrie, Francois-Philippe Champagne dans un communiqué.

Les trois firmes qui devront vendre leurs investissements sont Sinomine (Hong Kong), Rare Metals Resources Co Ltd, Chengze Lithium International Ltd, ayant aussi son siège à Hong Kong, et Zangge Mining Investment (Chengdu) Co Ltd. Le gouvernement canadien a ordonné le désinvestissement suite à une "étude rigoureuse" des entreprises étrangères de la part de la communauté d´intelligence et sécurité nationale du Canada, ont remarqué depuis le ministère de l'Industrie.

Elle perd son éclat en Europe

En 2019, l'Union Européenne a qualifié la Chine de "rival systémique" et depuis lors elle ne cesse pas dans son intention de réduire son pouvoir et de saper l'expansionnisme économique de Pékin.

Tel que Tony Barber signale bien dans un article publié au *Financial Times*, la relation de l' Europe avec Pékin est dans une place bien différente de celle d'il y a 10 ans. Les tensions sont dans l'air.

Thierry Breton, Commissaire du Marché Intérieur de l'Union Européenne, a peut-être été celui qui a défini dans une plus grande sincérité la raison de cette nouvelle direction : "Nous avons été trop naïf dans notre approche sur certains secteurs stratégiques tels que les chips électroniques produits essentiellement en Asie".

Ses mots, exprimés lors de la présentation de cette révision de la stratégie industrielle européenne visant à réduire la dépendance industrielle, démontre que le plan initial de la Chine de remplacer les Etats Unis en tant qu'associé stratégique de l'Europe s'est compliqué.

Le premier ministre belge n'est pas non plus resté en arrière, Alexander De Croo: "Dans certaines questions comme le changement climatique, la Chine est un associé. Dans certains domaines est un concurrent féroce, dans d'autres, nous voyons qu'elle a un comportement hostile. Dans le passé, je crois que nous avons été trop complaisants en tant que pays européens. Dans les derniers mois, nous avons compris que, dans plusieurs domaines exclusivement économiques, la géopolitique joue aussi un rôle ".

Parmi les plaintes principales qui arrivent du Vieux Monde, nous trouvons les opérations hybrides et cybernétiques malicieuses de Chine et sa rhétorique de confrontation et désinformation qui visent les alliés et portent préjudice à la sécurité de l'Alliance.

Aussi le fait qu'elle utilise son influence économique pour créer des dépendances stratégiques et augmenter son pouvoir global.

L'opinion publique européenne semble accompagner cette tendance. Une enquête récente faite par le Pew Research Center remarque que, au Royaume Uni, le 14% des personnes enquêtées en 2006 avaient une opinion défavorable de la Chine. Seize ans plus tard, le pourcentage avait atteint le 69%. La même chose s'est passé en France, que dans la même période a passé du 33% au 74% et l'Allemagne du 41% au 68%.

El échantillonnage a remarqué que la principale préoccupation des européens sont les antécédents négatifs sur les droits humains montrés par le régime de Xi Jinping. Le pouvoir militaire croissant du géant asiatique o usa politique colonialiste envers les pays à faibles ressources semble passer à deuxième plan face à l'assujettissement des droits des citoyens observés en Chine.

L'Union Européenne et d'autres pays alliés ont imposé des sanctions à plusieurs fonctionnaires du Parti Communiste Chinois pour "abus graves aux droits de l'homme " contre les musulmans uigurs, ce qui a mené la Chine à sanctionner plusieurs législateurs européens en représailles. Ces sanctions ont provoqué des tensions entre Bruxelles et Pékin, ce qui ne se produisait pas depuis les manifestations de la place de Tiananmen en 1989. Et comme la Chine a nié les accusations des atrocités à Xinjiang, cette question reste brûlante dans chacune des initiatives européennes la concernant.

Les ambitions de la Chine se dégonflent aussi en Europe Centrale et Orientale. En avril 2022, Pékin s'est proposé de célébrer une décennie de coopération avec lesdits pays à travers la plateforme «16+1». Cette initiative cherche à promouvoir et développer des échanges économiques et à encourager les investissements de la Chine dans les 16 pays européens qui font partie du groupe, l'Albanie, la Macédoine, la Roumanie, la République Tchèque, la Pologne, le Monténégro, la Bosnie, la Hongrie, la Lituanie, le Serbe, la Lettonie, la Slovaquie, l'Estonie, la Croatie, la Bulgarie et la Slovénie.

Sous le principe de « diviser pour régner », la Chine vise à recréer un domaine spécifique d'influence dans le continent, pour négocier depuis là avec l'UE dans son ensemble.

L' initiative a pourtant échu, on dirait que pour des défaillances propres, telles que des promesses non tenues en matière d'investissements en infrastructure, comme la construction d'un chemin de fer Budapest et Belgrado, qui n'a jamais été terminé.

La manœuvre, qui a obtenu l'immédiate méfiance de la Commission Européenne, a succombé finalement avec l'invasion de Russie en Ukraine. La peur d'une incursion de Moscou dans les pays limitant avec la Russie, comme la Lituanie, la Lettonie, l'Estonie ou la Pologne, a rapproché d'avantage Bruxelles de ce groupe de pays en même temps qu'ils sont devenus des étroits alliés de Washington.

L'effet domino a été ressenti immédiatement. Des accords

avec le géant chinois Huawei annulés, et marche arrière de Roumanie et de la République Tchèque dans leurs plans de construire des centrales nucléaires chinoises, parmi d´autres mesures.

Si quelque chose a été clair pour les européens est que plus que jamais l´union fait la force "L´interaction avec la Chine s´améliore quand on est 27, non quand on est un à un ", a remarqué le premier ministre de Lettonie Krišjānis Kariņš. Son collègue d´Estonie, Kaja Kallas, s´est exprimé de manière similaire : "Nous devrions traiter avec la Chine dans le format 27+1. Nous sommes forts pour parler avec les grandes puissances quand nous sommes unis".

Par la gestion compliquée de la pandémie, les chinois se sont tirés une balle dans le pied. La politique Covid Zéro a interrompu les chaînes logistiques de distribution de provision pour des entreprises étrangères. Face à cette situation, des milliers d´usines chinoises ont dû fermer temporairement entraînant un impact dans le taux de chômage.

La Chambre de Commerce Européenne en Chine a informé que le 23% des entreprises européennes pensaient déplacer ses opérations et projets d´investissement hors de la République Populaire à cause de l´"énorme incertitude dérivée des restrictions sanitaires imposées ". Conformément à l´enquête menée par la Chambre, le 60% des environ 600 compagnies européennes enquêtées en 2022 a considéré que "c´était encore plus difficile de faire des affaires avec la Chine qu´en 2020 pour l´énorme quantité de commerces fermés, le tourisme réduit et les usines qui fonctionnaient à un rythme beaucoup plus lent ". Aussi, le 92% des firmes consultées ont assuré avoir été affectées par des problèmes de provision et trois quarts ont affirmé que leur activité avait été perturbée par les contrôles de Covid-19.

"Nous espérons vraiment que la Chine s´éveille, rouvre ses frontières et trouve une sortie à cette stratégie sanitaire qui porte préjudice à l´économie ", a déclaré à l´Agence France-Presse la vice-présidente de la Chambre de Commerce Euro-péenne, Bettina Schoen-Behanzin.

Un pas gigantesque a été fait en 2021 quand la Commission Européenne a diffusé son plan ambitieux appelé «Porte Globale» (Global Gateway), pour investir 340.000 millions de dollars dans des projets d´infrastructures, connectivité numérique et lutte contre le changement climatique dans le monde entier jusqu´à 2027.

Dans le texte du plan n´apparait une seule fois le mot Chine. Pourtant, cette initiative n´est autre chose qu´une alternative directe à la Nouvelle Route de la Soie, le principal projet de politique extérieure de Pékin. Né en 2013, son objectif est de connecter la Chine avec l´Asie, l´Afrique et l´Europe à travers le financement d´infrastructures.

Úrsula von der Leyen, présidente de la Commission, a dit sans détours que "le projet Porte Globale offrait une vraie alternative à l´initiative de Chine, qui a été accusée de charger certains pays d´énormes dettes ".

Une autre donnée à en tenir compte est que l´investissement chinois en Europe a atteint son niveau le plus bas en 10 ans. La pandémie n´en est pas la seule explication. La chute des transactions est due aussi à la position des pays européens, qui sont devenus plus attentifs concernant les intentions finales du géant asiatique au moment de payer ses fonds.

L´institut Merics, un centre de recherches dont le siège est en Allemagne, souligne que la force d'acquisitions chinoises en Europe décidément est dégonflé. En 2020, les entreprises chinoises n'ont investi que USD 7.200 millions en Europe. Ceci représente un 45% moins qu'en 2019. La chute est encore plus dramatique si elle est comparée avec le maximum historique de 54.000 millions de dollars d'investissement en 2016. La descente est due surtout aux acquisitions, alors que les investissements des groupes chinois dans des nouvelles installations en Europe se sont maintenus stables et représentent le 20% des opérations.

Dans l'avenir, tout semble indiquer que le marché européen deviendra plus hostile et réticent à la pénétration chinoise. D'avantage encore après que la Commission Européenne approuve la proposition de restriction de l'accès aux entreprises subventionnées.

À partir du mois de juillet 2023, Bruxelles révisera les fusions des entreprises dont le chiffre d'affaires de la compagnie acquise dépasse les 500 millions d'euros si la contribution financière étrangère atteint les 50 millions. C'est des opérations qui devront être communiquées et que Bruxelles pourra soumettre à des conditions.

Cette mesure vise à freiner l'entrée de la Chine dans des secteurs stratégiques de l'UE et ses principales nouveautés concernent la création de deux instruments de notification préalable aux fusions de grande envergure et pour les offres dans des procédures de recherche publique pertinentes.

Sauf quelques exceptions, l'Exécutif communautaire pourra aussi enquêter les subventions étrangères octroyées jusqu'à cinq ans avant l'entrée en vigueur du règlement quand celles-ci déforment le marché intérieur.

La deuxième normative approuvée cherche à réduire la dépendance européenne des fournisseurs étrangers de produits sensibles comme des matières premières, des ingrédients pharmaceutiques et des semiconducteurs. La pandémie a démontré que des 5.200 produits qu'importe l'UE, il y en a 137 dans des écosystèmes sensibles où l'Europe est très dépendant et la moitié de ces produits sont importés de la Chine.

Dans ce domaine, on n'a surement pas applaudi à Pékin la trouvaille d'une mine de terres rares en Suède qui sera clé pour la fabrication d'automobiles électriques et des turbines éoliques.

La minière suédoise LKAB a fait la trouvaille en Laponie, en plein cercle polaire arctique. Actuellement, ces métaux proviennent de Chine, qui en est le plus grand importateur mondial.

"C'est le dépôt le plus grand de ce type et il pourrait devenir un composant important pour obtenir les matières primes critiques qui sont absolument essentielles pour permettre la transition verte. Nous sommes face à un problème de provision. Sans mines, nous n'avons pas de véhicules électriques. Dans ce gisement on peut extraire un million de tonnes de minéraux stratégiques", a assuré Jan Moström, président et directeur exécutif de LKAB.

L'Union Européenne a accordé d'éliminer graduellement les nouveaux véhicules qui émettent CO_2 pour 2035, interdisant les automobiles dont les moteurs fonctionnent à combustion.

Selon Gary J. Schmitt, académicien de l'American Enterprise Institute, "la stratégie de la Chine jusqu'à présent a été relativement prospère. Les promesses d'investissement et accès au marché chinois ont mené plusieurs gouvernements à antéposer les intérêts commerciaux étroits aux préoccupations à long terme. Pourtant, il n'est pas clair si l'Europe continuera de le faire".

De toutes façons, et de sa propre faute, l' Europe dépend encore de la Chine pour la provision de panneaux photovoltaïques et les turbines éoliques. Ceci se passe ainsi parce qu' en 2016 Bruxelles a retiré les impôts aux panneaux chinois qu'elle appliquait depuis 5 ans. Le résultat ne s'est pas fait attendre : ils ont fermé les usines dans le Vieux Monde.

Il est intéressant de voir comment l'Italie, sous le gouvernement de Mario Draghi, s'écarte de la Chine. Ça fait seulement trois ans, l'ancien premier ministre Giuseppe Conte a adhéré à l' initiative de la Nouvelle Route de la Soie, situation qui a alarmé ses associés européens.

Draghi, dans un changement de gouvernail, s'est aligné plus étroitement avec les Etats Unis et sa position est parvenue à être exprimée dans des décisions concrètes.

En mars 2021 elle a bloqué l'acquisition du fabriquant de semiconducteurs LPE, dans la banlieue de Milan, de la part de Shenzhen investissement Holdings, alléguant des motifs de sécurité nationale. Rome et Paris ont exprimé aussi des doutes sérieux sur l'acquisition du fabricant d'autobus Iveco par le Groupe FAW, avant que celui-ci abandonne son offre.

Depuis 2017, quand Emmanuel Macron est arrivé à la présidence de France, les liens de l'axe Washington-Paris se sont renforcés. Ce n'est pas l'amour qui nous réunit, mais l'effroi représenté par la menace chinoise.

Le Royaume Uni n'est pas le premier allié des Etats Unis en Europe. Par histoire, ce lieu symbolique appartient à la

France, qui l´a aidé dans sa guerre d´indépendance justement contre les britanniques.

Voilà pourquoi, dans un moment où les services de l´ OTAN sont plus qu´essentiels pour l´ Europe, Macron s´est réuni avec son collègue américain Joe Biden à Washington pour renforcer son alliance historique.

La stratégie conjointe de Macron et Biden est d´agglutiner l´ Occident pour créer un front commun contre la Chine.

Lors de cette rencontré bilatérale, le premier pas effectué a servi pour fixer certaines questions entre les deux pays, tel que les conséquences de la politique américaine en matière d´allocations.

Biden a fait attention à la préoccupation de Macron sur la Loi de Réduction de l´Inflation (IRA), mesure qui développe certains déséquilibres commerciaux.

Après sa première visite officielle à la Maison Blanche, le chef de l´Etat français a dit à l´agence Reuters que l´ "intérêt principal est celui de protéger les classes moyennes, autant à Paris qu´à Washington, ainsi que de faire face à la Chine au niveau commercial. Je crois que si le résultat visé est d´avoir une Europe plus faible puisqu´une large partie de son industrie aurait été simplement assassinée, ceci n´est pas de l´intérêt de l´administration ou de la société américaine ".

Pour la Maison Blanche il est évident que pour concurrencer ave la Chine il faut avant tout défendre son industrie, mais ce que Macron veut qu´ils comprennent c´est que les fabricants européens d´automobiles ne devraient pas être exclus de cette manœuvre.

Dans cette bataille, le président français compte sur un allié clé : la Commission Européenne, qui dans les derniers temps avait adopté une ligne plus froide dans la relation avec les EE. UU, mais qu´actuellement fait un effort visible pour s´approcher de Washington.

"La proposition du Gouvernement français concernant la Chine est de réduction de risques, surtout en ce qui concerne le transfert de technologie et l´investissement étranger direct ", a assuré à *Euractiv* Mathieu Duchâtel, directeur du programme sur l´ Asie de l´ Institut Montaigne.

C´est à Londres où se trouvent les ciments de la relation de la Chine avec l´Europe, le 6 juillet 2022, par la déclaration conjointe émise par les chefs des services d´ Intelligence du Royaume Uni et les Etats Unis.

Christopher Wray, directeur de l´FBI, et Ken McCallum, responsable de MI5, ont signalé Pékin parce qu´elle a encouragé "une grande offensive économique et politique secrète qui saccage des milliers de millions d´euros en technologie avancée, tentant d´influencer dans les processus et s´infiltrant dans le monde académique ".

Il y a eu un moment piquant dans cette relation bilatérale en septembre 2022 quand le Parlement britannique a refusé l´entrée de la délégation officielle de Chine à la chapelle ardente de la reine Isabelle II au palais de Westminster à Londres, siège du corps législatif britannique, où gisait le cercueil de la reine.

Selon information de la BBC, la mesure est due au fait qu´en 2021 la Chine a imposé des sanctions de voyage et surgelé des actifs de neuf britanniques, dont sept étaient des parlementaires, pour avoir accusé Pékin d´avoir commis des abus contre les droits de l´homme de la minorité ethnique des uigurs dans la région chinoise de Xinjiang.

Le Premier Ministre britannique Rishi Sunak n´est pas non plus resté en arrière. Il a dit que le gouvernement de Xi Jinping "représente la menace la plus importante pour la Grande Bretagne et la sécurité et prospérité du monde de ce siècle", et entre les mesures qui a anticipé la fermeture des 30 succursales de l´Institut Confucius dans le Royaume Uni pour les considérer des "nids d´espions chinois en Europe".

On pourrait affirmer que Sunak a considérée conclue l´ "âge dorée" entre le Royaume Uni et la Chine parce que selon sa vision, le pays asiatique suppose un défi pour les intérêts britanniques.

Dans son discours offert dans le banquet offert par le maire de Londres, le chef du Gouvernement n´a pas hésité de qualifier la China comme un "défi systémique pour le Royaume Uni ". Dans sa vision, "l´idée naïve de penser qu´un échange commercial pourrait mener à Xi Jinping à encourager les reformes politiques, sociales et des droits de l´homme, indispensables pour transformer la Chine dans une vraie démocratie est échue". Tout au contraire, il pensé que "le temps écoulé a démontré que le Gouvernement chinois avance vers un autoritarisme encore plus grand ".

Les bons vieux temps de 2015 quand le premier David Cameron a invité Xi Jinping prendre une bière au pub local près de sa maison de campagne à Chequers sont loin derrière pour la Chine.

Le cas le plus complexe est sans aucun doute celui de l´ Allemagne. La Chine est son deuxième client le plus important. Un million de postes d´emploi allemand dépend des exportations en Chine, c´est à dire le 3% du total de la population active. La seule idée de penser à un possible saisi de Pékin à ses produits mettrait les allemands à genoux.

Pendant les années d'Angela Merkel à la Chancellerie, Berlin a maintenu une relation très étroite avec la Chine, devenue son principal associé commercial et a triplé les échanges avec le géant asiatique jusqu'à atteindre les 246.000 millions d'euros en 2021. Il est juste de le dire, c'étaient les années où Union Européenne considérait la Chine comme un associé stratégique et favorisait les accords commerciaux et technologiques avec Pékin.

Un rapport élaboré par Rhodium Group remarque que l'investissement européen en Chine se concentre d'avantage autour d'une poignée de grandes entreprises, pour la plupart allemandes. Volkswagen, BMW et Daimler, les trois géants automobiles allemandes, et le groupe chimique BASF expliquent un tiers de toute l'investissement européenne en Chine entre 2018 et 2021, selon l'étude. Les dix investisseurs européens principaux ont représenté le 88% de tout le pari en Chine en 2019, et le 71% en 2021.

Actuellement, quelques 5.000 entreprises allemandes sont actives dans le pays asiatique et elles ont payé quelques 90.000 millions d'euros dans ce pays.

Par ces chiffres, il est plus simple de comprendre pourquoi depuis toujours les diplomates ont sous-estimé les tensions avec la Chine. Le grand problème est que le pays le plus attaché au régime de Xi Jinping est en même temps le plus puissant de l'Europe unie.

"Comme la politique extérieure de l'UE demande unanimité, on est obligé de bouger au rythme de l'Etat membre le plus lent. La Chine a pendu avec succès des carottes par devant les états membres qui les pris avec plaisir", assure Ian

Bond, directeur de politique extérieure du Centre pour la Réforme Européenne.

Pourtant, tout a une limite et l'alarme dans ce sens a sonné pour la première fois en 2016 quand le producteur chinois d'électroménagers Midea a obtenu le 94,5% des actions du fabricant allemand de robots industriels Kuka. L'offre de 115 euros par action, a fait coter l'allemande en 4.500 millions d'euros.

"La Chine doit continuer d'être associé commercial. Pourtant, nous ne devons pas être naïfs et nous devons voir si les intérêts commerciaux et du marché risquent d'être utilisés pour une politique de pouvoir à l'encontre des intérêts de la République Fédérale d'Allemagne", a commenté à la presse le ministre allemand d'Economie, Robert Habeck.

Le gouvernement du chancelier Olaf Scholz n'a pas autorisé l'achat de la part du groupe suédois Silex, propriété du groupe chinois Sai MicroElectrics, de l'usine allemande Elmos à Dortmund qui produit des plaques pour des composants de microélectronique.

Préalablement, les services d'intelligence allemande, qui dépendent du ministère de l'Intérieur, avaient déconseillé l'achat, que le gouvernement avait contemplé d'approuver au début.

"L'Allemagne, comme la plus importante économie européenne, est attractive (...) mais elle ne peut pas avoir des investisseurs pouvant menacer la sécurité de notre pays ", a expliqué le ministre de l'économie dans un communiqué.

L'invasion de la Russie en Ukraine a mis en question la pénétration chinoise en Allemagne, pays qui base sa croissance dans une énergie bon marché comme le gaz russe. Maintenant les germains comprennent l'erreur commis, parce que cette dépendance les expose au chantage politique.

Les sourires moqueurs avec lesquelles la délégation allemande a répondu au discours prémonitoire du président américain à l'époque, Donald Trump, à l'Assemblée Générale de l'Organisation des Nations Unies (ONU) en septembre 2018 sont restées loin derrière.

Le chef de l'Etat américain, comme s'il avait entre ses mains le journal de lundi, a prévu que l'Allemagne était "absolument contrôlée par la Russie" concernant la destruction du gazoduc North Stream 2, promu par l'énergétique russe Gazprom.

"La dépendance d'un seul fournisseur étranger peut laisser les nations vulnérables à l' extorsion et l'intimidation et c'est pour cela que nous félicitons les Etas européens comme la Pologne, pour diriger la construction d'un oléoduc baltique pour que les nations ne dépendent pas de la Russie pour satisfaire ses besoins énergétiques ", a assuré à ce moment-là Donald Trump.

"Depuis le 24 février 2022, l'Allemagne a pris conscience réelle de l'énorme problème que suppose sa dépendance de Russie, spécialement en ce qui concerne la provision de gaz. Ce qui change le débat sur comment traiter avec la Chine. Il y a trois ou quatre ans, on discutait si une entreprise comme Huawei devait avoir accès au marché du 5G en Allemagne. Actuellement, ce qui est en jeu est notre stratégie globale envers la Chine. La Chine est devenue une question importante de débat politique en Allemagne, même à l'intérieur du gouvernement", remarque Mikko Huotari, directeur du Mercator Institute for China Studies, le centre européen le plus important ayant siège à Berlin.

Les eurodéputés Verts, parmi lesquels la ministre d'Affaires Étrangères Annalena Baerbock, veut qu'on révise la relation avec la Chine, allié manifeste de la Russie, dans la scène de la crise énergétique actuelle.

À la clôture de la conférence de ministres de Commerce du G7, un autre des Verts, le ministre de l'Econome et vice chancelier Robert Habeck, a déclaré emphatiquement que "la naïveté envers la Chine est finie " et qu'une "politique commercial plus ferme" viendrait.

Autant les Verts que les Libérales ont fait des efforts immenses pour que Cosco n'acquiert pas une participation du 24,9% au port d'Hambourg. Ceci est dû au fait que la Chine pourrait exercer le contrôle su cette infrastructure stratégique, qu'en certain sens est la porte d'entrée à la nation allemande.

L'approbation de l'acquisition portuaire a produit une solide opposition du Parti Vert et du Parti Libéral Démocratique (FDP), associés de la coalition du gouvernement dirigée par le Parti Socialdémocrate (SPD) de Scholz. Celle-ci est la première crise importante de la coalition du gouvernement actuel.

Pôle Nord

D'un côté et l'autre du cercle polaire, les Etats Unis et l'Europe voient avec préoccupation l'avancée chinoise dans l'Arctique. La région, débordante de ressources naturelles et ayant un écosystème à caractéristiques uniques, se voit menacée par la force expansionniste de Pékin.

Le changement climatique, qui implique des conséquences sévères pour tous les êtres vivants de la planète, crée paradoxalement une opportunité unique dans l'Arctique : l'extraction de ressources stratégiques comme le pétrole et le gaz, en plus de diverses pierres précieuses comme les diamants et l'or ; et des éléments essentiels, principalement ceux appartenant au groupe du platine, utilisés dans la fabrication de gadgets électroniques.

Un exemple concret : le Service Géologique des Etats Unis calcule que l'Arctique possède dans ses entrailles l'équivalent à quelques 90.000 millions de barils de pétrole même sans extraire.

A un pays comme la Chine, avide de ressources naturelles, les perspectives futures de ce coin de la planète ne laissent pas de la séduire.

Marisa R. Lino, de l'Institut International d'Etudes Stratégiques (IISS), remarque que la Chine a publié sa propre stratégie arctique en janvier 2018. Elle s'est déclarée comme un état "presque arctique" et a ébauché un plan économique de la "Route de la Soie Polaire". En ce moment-là, un fonctionnaire américain a qualifié l'auto désignation d'"absurde" et a signalé aux médias que la Chine se trouve à 3.000 kilomètres du Cercle Polaire Arctique. Néanmoins, "l'activité de la Chine dans l'Arctique va susciter de l'inquiétude par les implicances stratégiques de ses activités économiques et par la possibilité d'acquérir une dimension militaire à long terme ".

La Chine est devenue une nation observatrice dans le Conseil Arctique en 2013. Son intérêt dans la région est clair : l'accès aux ressources naturelles de l'Arctique et l'utilisation de la Route Septentrionale pourrait contribuer à améliorer ses projets à grande puissance.

La Suède et la Finlande, deux Etats ayant projection vers

l'Arctique, se préparent pour entrer à l'OTAN, dans le but de collaborer activement avec le programme créé par les Etats Unis pour protéger la région. Celui-ci est basé sur la sécurité, le changement climatique et la protection de l'environnement, le développement économique soutenable et la coopération internationale.

La Danemark, qui est à charge de la politique extérieure et de défense de Groenland, a exposé à maintes reprises sa préoccupation par l'intérêt de la Chine dans la région. Sous la formule de "je te donne pour que tu me donnes", Pékin a proposé d'établir une station de recherche de et une autre pour des satellites à Groenland et en contrepartie a offert le renouvellement des aéroports du pays. Comme antécédent, la Chine a montré qu'elle a déjà construit une station de satellites au nord de la Suède et qu'elle a investi en Finlande comme faisant partie de son initiative de la Route de la Soie Polaire. Finalement, et ayant le support des Etats Unis, la Danemark a refusé l'offre de la Chine.

Rosario Rivera et Alí Gómez Villascán, du Centre Mexicain de Relations Internationales, signalent que le leader du Parti Communiste de la Chine, Xi Jinping, a décidé de réactiver la fameuse Route de la Soie, mais ayant des nuances stratégiques et géopolitiques. Non seulement c'était la réactivation de la route terrestre, mais la même vision mentionnée a propulsé le développement de deux autres Routes : la Route de la Soie Maritime du XXIe siècle et la Route Polaire de la Soie. Les deux branches ont des nuances géostratégiques, militaires et expansionnistes visant à projeter une nouvelle Chine adaptée à ses nécessités et ambitions géopolitiques dans un contexte qui se trouve en changement permanent.

La NASA calcule que l´Arctique perd annuellement près de 54.000 kilomètres carrés de Surface de glace. L´Evaluation Nationale du Climat de 2014 a averti que l´Océan Glacial Arctique cessera d´avoir de la glace estivale en 2050. Certaines institutions écologistes avancent cette date pour 2040.

Pour la Chine, ce panorama prochain d´avoir d´avantage d´eau et moins de glace lui permettrait d´ouvrir une route maritime par le nord, et elle réduira ainsi quelques 4.600 kilomètres la distance entre son port de Shanghai et celui de Rotterdam dans les Pays Bas par rapport au trajet actuel par le Canal de Suez. Avec ses paramètres, elle pourrait raccourcir ce parcours de 48 à 20 jours avec l´impact logistique positif que ceci implique.

Certains exercices ont déjà été réalisés avec succès : en septembre 2018, le bateau danois "Venta Maersk" a complété la route du nord depuis Vladivostok à Saint Petersburg en 10 jours moins que s´il l´avait réalisé à travers le Canal de Suez.

L´augmentation des températures a réduit aussi la banquise polaire et laisse libre le pas septentrional navigable du Grand Nord, dans le Cercle Polaire Arctique et en face des côtes du Canada, des Etats Unis, la Russie et l´Europe occidentale du nord, le Groenland compris.

Le signal d´alarme est déjà arrivée à Bruxelles, voilà pourquoi l´Arctique a acquis d´un degré stratégique d´autres régions, comme le Moyen Orient.

Dans ce Nouveau scénario, Washington cherche à améliorer ses capacités militaires et civiles dans la zone pour dissuader des menaces et anticiper, prévenir et répondre aux accidents provoqués par l´homme.

En août 2019, les médias américains ont publié ce qu´ils ont défini comme une proposition extravagante du président américain, Donald Trump, pour acheter le Groenland au Danemark. Après, le chef de l´Etat américain a suspendu un voyage en Danemark suite à la négative de ce pays de négocier une vente hypothétique du territoire autonome.

Au-delà de la stupeur produite par la proposition à Copenhague et les rires dans d´autres capitales européennes, ce qui est vrai c´est que Trump a voulu se faire remarquer et voilà qu´il a réussi à le faire ! sur une stratégie américaine nécessaire dans l´Arctique en bénéfice d´Occident.

Actuellement les Etats Unis a une base aérienne importante dans le nord-ouest de Groenland ayant une dotation de 600 personnes. En plus, celle-ci n´a pas été la seule occasion dans laquelle Washington a voulu sortir faire des courses en Groenland. En 1946, le président Harry Truman a offert 100 millions de dollars au Danemark par l´île.

Dans un autre essai pour mitiger l´avancement chinois, européen et américain, sous le parapluie de l´OTAN, ils ont réactivé aussi la 2ª flotte de l´US Navy ayant le mandat de défendre les intérêts et les voies navigables dans l´Atlantique Nord et l´Arctique.

CHAPITRE IV

Guerre froide technologique

Dans son chemin vers le monopole mondial, la technologie est un outil clé pour Pékin. Dirigé comme toute chose depuis le Parti Communiste Chinois, le pays a tracé une stratégie à moyen terme, basée sur un programme colossal d'investissements en recherche et développement de téléphonie portable 5G, automatisation et robotisation de processus productifs et services, informatique quantique, Internet des choses, gestion des données dans la nuage, biotechnologie, nanotechnologie et intelligence artificielle. L'objectif prévu dans le programme "Chine : vision 2035" est de dépasser les Etats Unis pour détenir la coupe de première puissance mondiale.

Dans ledit scénario, américains et chinois sont immergés dans une guerre froide technologique où les semiconducteurs en sont les armes principales.

L'expert espagnol Nicolás Pascual de la Parte, ambassadeur en Mission Spéciale pour Cybersécurité et Menaces Hybrides, considère que la Chine compte sur des avantages comparatifs incontestables dans ladite course pour l'hégémonie technologique. Et il cite parmi d'autres : un planning annuel à long terme à des objectifs concrets et chiffrés, calculés et monitorés ; un financement public pratiquement illimité ; un énorme marché domestique réorienté vers la consommation intérieure, ainsi qu'une stricte discipline sociale. Comme résultat de son planning et de son effort soutenu, la Chine se trouve actuellement à l'avant-garde des nouvelles technologies avec des plateformes numériques et des opérateurs internationaux à la tête des classements mondiales, autant en technologies "qui habilitent" comme celles concernant l'information et la communication (China Telecom, China Mobile Ltd.). Pareil en ce qui concerne le nouvel Internet, et les services de téléphonie portable (Huawei, ZTE), et en certaines technologies "finalistes" comme l'intelligence artificielle. De l'autre côté, la Chine monopolise la production du 85% de ce qu'on appelle les "terres rares" qui sont utilisées dans le monde. Il s'agit des 17 minéraux rares essentiels à la production des appareils technologiques tels que les téléphones portables, les ordinateurs, les semi-conducteurs, les batteries et les appareils photos.

Pour Occident, si cette prédiction s'accomplit, l'avancement technologique chinois représente une menace sévère.

La Loi de l'Intelligence Nationale de Chine oblige toutes les entreprises à coopérer avec les services d'intelligence du pays. Puisqu'il n'existent pas les contrôles usuels dans les régimes démocratiques telles que la Justice impartiale, les partis de l'opposition ou la presse libre, tout est contrôlé à critère de Pékin.

Ledit modèle a déjà été utilisé en Chine continental, où les citoyens sont surveillés jour et nuit par quelques 540 millions d'équipes de CCTV. Si on pense que la population de Chine est de 1.460 millions, il existe 372,8 caméras par 1.000 personnes. A ceci il faut ajouter un système de localisation de données très sophistiqué depuis les téléphones portables saisis par les numériseurs in situ.

Le dernier schéma de contrôle en ligne imposé par la Chine applique une surveillance plus rigide des commentaires publiés sur Internet, ce qui est traduit par des limitations à la liberté d´expression.

Cette normative est employée principalement dans les sections de commentaires des sites et des applications concernant l´information. Elle oblige aussi le fournisseur du service en ligne à "évaluer le crédit des usagers en fonction de leur comportement en matière de commentaires", selon affirme le texte.

De telle sorte que, ceux qui seront qualifiés de "grièvement discrédités" par leurs messages "seront placés sur une liste noire " leur interdisant de continuer d´écrire en ligne, même depuis des nouveaux comptes.

C´est la même technologie que la Chine offre à l´extérieur et que beaucoup de pays ne doutent pas à adopter.

Il faudra alors voir ce qui peut arriver quand une ville ou même un pays entier achète par exemple le système de TV par circuit fermé et des outils de surveillance pour améliorer le transport et la sécurité, à travers, par exemple, de l´initiative "Villes Intelligentes " de Chine. L´entreprise est obligée de partager l´information avec Pékin, et sûrement, elle la communiquera avec plaisir parce que ses directifs sont à leur tour aussi des membres du Parti Communiste Chinois, ce qui pourrait bafouer la sécurité intérieure et affecter les droits de l´homme des usagers.

Pour les gouvernements autoritaires, cette possibilité leur viendra peut-être comme un gant. Un exemple allégorique est celui appelé "Carnet de la patrie", pièce d´identité électronique créé en 2017 par le Gouvernement de Nicolás Maduro au Venezuela, dans l'objectif de régler l'accès aux aliments et articles de première nécessité acquis à travers les Comités Locaux de Provision et Production (CLAP par ses sigles en espagnol). Ayant technologie chinoise, elle sert aussi à contrôler, récompenser et punir les citoyens à travers un système de surveillance numérique. En fait, la technologie numérique adoptée par le Venezuela est un calque de celle que la Chine utilise dans la province de Xianjian pour poursuivre et contrôler la minorité musulmane des uigurs.

On a déjà vu en Equateur, pendant les dix ans de la présidence de Rafael Correa, entre 2007 et 2017 la Chine a eu une énorme pénétration dans différents domaines.

En 2011, 4.300 caméras de fabrication chinoise qui transmettent des images à 16 centres de surveillance partout en Equateur, qui emploient plus de trois mille personnes.

Cette réplique à petite échelle du programme chinois, selon le gouvernement de l'époque, avait par seule finalité le contrôle de police.

Néanmoins, une enquête du *New York Times* a trouvé que les enregistrements finissaient aussi dans l'Agence d'Intelligence Nationale, que tout le monde craint, ayant dans les temps de Rafael Correa des pénibles antécédents de persécution et attaques à des opposants politiques.

Actuellement le pays est gouverné par Guillermo Lasso, mais l'Intelligence continue de recevoir les vidéos des caméras de surveillance.

L'Equateur et le Venezuela sont alors une nouvelle évidence de comment la technologie construite pour le contrôle interne de la Chine est utilisée et parfois abusivement par d'autres gouvernements.

"Sans tomber dans la paranoïa, il faut se demander si la science d´un régime autoritaire peut être considérée fiable, transparente et indépendante. Rappelons-nous qu´au début de la pandémie la Chine a été accusée de cacher l´information de la séquence du génome du SARS-CoV-2", a assuré en 2018, dans la publication *Foreign Policy*, le physicien Yangyang Cheng.

"Pour le Parti Communiste Chinois, le mot science est pratiquement synonyme de politiquement valable", assure Marie Lambert-Chan dans un article dénommé "L´impérialisme scientifique de la Chine", publié en 2020 dans la revue canadienne *Québec Science*.

Pour l´auteur, "la science ne peut fleurir que dans un entourage encourageant la transparence, l´ouverture, la liberté d´expression, l´intégrité et la rigueur. Tant que la Chine refusera d´adhérer à ces valeurs, elle va saboter ses possibilités de devenir une vraie puissance scientifique ".

Mélanger interventionnisme et protectionnisme dans le développement technologique est une vraie bombe à retardement. Pire encore si on ajoute la limitation imposée aux investissements étrangers dans leurs entreprises pour que le Parti Communiste Chinois n´en perde jamais le contrôle.

Huawei, le colosse

Ayant base à Shenzhen, province de Canton, Huawei Technologies Co. Ltd. est une multinationale chinoise fournissant de l´infrastructure des technologies de l´information et de la communication, des équipes de télécommunication, des produits électroniques de consommation au-delà de plusieurs téléphones intelligents propres.

Son fondateur, Ren Zhengfei, a été membre de l'Armée Populaire de Libération et a prêté service dans le domaine d'innovation et science. En 1982 il a été forcé d'abandonner les forces armées après une grande réduction de personnel qui a affecté 500.000 agents en service.

En démissionnant, il a déménagé dans la province de Shenzhen pour travailler dans le domaine de l'électronique. C'est ainsi qu'en 1987 il parviendrait à concrétiser son rêve de créer Huawei, entreprise qui a actuellement environ 195.000 employés, elle opère en plus de 170 pays et régions et prête service à environ de 3.000 millions de personnes partout dans le monde.

Membre du Parti Communiste Chinois depuis 1978, Ren Zhengfei fait partie du XIIe Congrès National du Parti. Au-delà de ses autres activités, il est responsable du développement de programmes de coopération dans les régions de l'intérieur de la Chine.

La revue Forbes l'a placé dans le poste 190 des personnes les plus riches de la Chine, ayant des actifs privés d'environ 2.800 millions de dollars.

Les liens de Huawei avec les militaires chinois sont étroits. Depuis la dernière décennie, ses travailleurs ont formé une équipe ayant plusieurs membres de différents organes de l'Armée Populaire de Libération dans au moins dix initiatives de recherche qui vont depuis l'intelligence artificielle jusqu'aux communications par radio, a informé Bloomberg en 2019.

"La collaboration embrasse l'effort conjoint de la branche de recherche de la Commission Militaire Centrale pour extraire et classer les émotions dans les commentaires de vidéo online et une initiative à technologie d'élite de l'Université Nationale de Défense pour explorer des formes de recueil et analyse des images de satellite et des coordonnées géographiques", a remarqué Bloomberg.

Après l'avoir défini comme un "acteur hostile de l'industrie", en 2022 le Canada a interdit à Huawei le développement de sa technologie 5G dans ses réseaux des télécommunications.

Le veto comprend aussi ZTE Corp., une des compagnies technologiques les plus grandes de la Chine, propriété aussi de l'Etat.

Par cette décision, les canadiens ont rejoint les Etats Unis, la Grande Bretagne, l'Australie et la Nouvelle Zélande, qui avait déjà fermé les portes à cette technologie chinoise.

Tous ces pays Font partie de l'alliance d'échanges d'intelligence Five Eyes.

Le Canada a finalement écouté les conseils de son voisin américain qui depuis longtemps lui avertissait de ne pas laisser entrer Huawei dans leur réseau mobile 5G avant que Pékin ne puisse accéder à l'information sensible à travers le cyber espionnage.

En 2012 les membres du Congrès américain avaient déjà Huawei sur la liste noire des Etats Unis. Sur la base de plusieurs recherches, les législateurs ont prouvé que la firme utilisait son infrastructure pour épier des personnes et des compagnies occidentales pour fournir par la suite ladite information à Pékin.

Huawei a été mise sur évaluation aussi en Allemagne, au Japon et en Corée du Sud. Or, la question est de connaître la véracité desdites accusations ou s'il s'agit d'un nouveau round dans le combat entre les Etats Unis et la Chine pour voir qui impose finalement son réseau 5G dans les dispositifs mobiles à échelle globale.

Dans cette lutte mondiale, on dirait que la firme chinoise fait appel à toute ressource, autant les licites que ceux mis en question.

En 2012, le Gouvernement d'Algérie a interdit à Huawei de participer des appels d'offre publics après que l'un des directifs, Xiao Chuhfa, a été condamné pour corruption.

Selon le rapport de *Le Soir D'Algérie*, la décision est due au paiement d'un pot de vin de millions de dollars à Mohamed Boukhari, ancien directif d'Algérie Télécom à travers des comptes extraterritoriales à Luxembourg.

«Nous prenons cette affaire bien au sérieux, et nous analysons la décision du tribunal «, a dit à l'époque un porte-parole de Huawei. Entre temps, la Justice d'Algérie a émis un ordre international d'arrêt contre le directif.

La même année, Huawei a été enquêtée en Uganda et au Zimbabwe pour le mode d'obtention des contrats des télécommunications.

À Zambie, la firme a fait face en 2015 à des mises en question sévères suite à la révélation de la construction des tours de télécommunications qui n'accomplissaient pas les spécifications techniques.

L'Autorité Zambienne de Technologies de l'Information et de la Communication (ZICTA) a déclaré qu'elle était consciente du fait que les tours construites ne satisfaisaient pas aux normes exigées et qu'elle avait ordonnée au sous-traitant de les retravailler dans la deuxième phase du projet.

Cette position a créé des doutes et a mis en marche l'action de la Commission Anticorruption de Zambie, qui enquête aussi les contrats pour l'installation de caméras de CCTV de la part de ZTE, l'autre géant technologique chinois.

Australie, année 2017. Un comité parlementaire a accusé le gouvernement pour avoir octroyé à Huawei un contrat pour construire un lien de fibre optique sous-marine après que la firme chinoise avait donné 5,25 millions de dollars pour la campagne politique du parti dans le gouvernement.

À Ghana, elle a dû faire face à des accusations de corruption pour un financement censé illégal au parti dans le gouvernement en 2012. L'opposition politique a dénoncé que Huawei a effectué des contributions illicites pour la campagne au Congrès National Démocrate en échange d'une exemption d'impôts pour 43 millions de dollars.

L'Alliance pour la Gouvernabilité Responsable (AFAG), aurait émis des factures et autres documents qui démontrent que l'entreprise chinoise de télécommunications avait payé des millions de dollars pour la campagne électorale de 2012 du parti dans le gouvernement. En contrepartie pour le service, selon l'opposition, on a adjugé à Huawei un contrat de 150 millions de dollars pour construire une plateforme électronique de gestion.

Un rapport lapidaire de 2018 de l'entreprise consultante RWR Advisory, siégeant à Washington D.C., a suivi la trace de sept accords de Huawei censés sombrés par des accusations de corruption, pour une valeur totale de 5.100 millions.

Dans tous les cas, la compagnie a nié les accusations et a affirmé qu'elle applique une politique de "tolérance zéro" concernant la corruption.

Les sacrées puces

Dans le monde actuel, tout passe par les semi-conducteurs, ces puces minuscules qui font bouger la planète technologique. C'est avec elles que non seulement les automobiles, les téléphones portables mais aussi les fusées spatiales, les missiles téléguidés et les avions de combat fonctionnent. Le produit peut-être la clé qui ouvre la porte du monopole mondial.

Dans cette course, l'avenir n'est pas complètement clair pour la Chine. D'un côté, Xi Jinping sait que cette technologie est " le principal champ de bataille de la lutte mondiale pour le pouvoir ", tel qu'il l'a signalé publiquement.

Ce n'est pas par hasard que Pékin a investi plus de 100.000 millions de dollars pendant la dernière décennie pour développer les puces.

Par rapport à la fortune payée, les résultats ont été assez précaires. Ceci s'est produit en partie parce qu'un gouvernement autocritique et sans contrôle a remis des sommes millionnaires à des firmes pour que du jour au lendemain elles deviennent des fabricants de puces pour faire de grandes affaires avec l'Etat. Ceci a entraîné la stagnation dans différents développements ainsi que la faillite de Tsinghua Unigroup, un des plus grands fabricants de puces de la République Populaire.

"Le programme de développement de puces de Chine a été totalement contradictoire", assure au média Business Insider Paul Triolo, expert en semi-conducteurs et vice-président senior de Politique Technologique et de la Chine dans l'entreprise consultante Albright Stonebridge Group.

Pour l'expert, "ce n'est pas une question d'argent. Actuellement la Chine est inondée d'argent consacré à la technologie, mais il faut les personnes correctes et des clients qui te feront confiance. Tout ceci ne peut pas être acheté ".

On peut observer qu'elle est loin de satisfaire aux attentes du plan "Made in China 2025", qui vise à recouvrir avec son industrie le 70% des besoin internes semi-conducteurs.

Si les erreurs propres ne suffisaient pas, il y a de l'autre côté Washington, qui est toujours présent pour essayer de leur bloquer l'accès aux technologies essentielles qui rendent possible la production de puces.

Des excuses pour agir, ils n'en ont pas mal. En 2019, le Département de Justice des Etats Unis a accusé Huawei de faire des affaires avec l'Iran et la Corée du Nord, en contravention avec les sanctions internationales. Washington les a puni en ne leur permettant pas de se servir des composants de puces avancées à propriété intellectuelle américaine.

Ce coup a été si dur que Ren Zhengfei lui-même a dit que l'entreprise "doit faire de la survivance son objectif principal " pour les prochaines années.

Le Congrès américain a sanctionné aussi la loi appelée "Loi de puces", qui permet d'investir 280.000 millions de dollars en innovation technologique dont 52.000 millions seront destinés à encourager l'installation d'usines nationales de semi-conducteurs.

Dans cette bataille, le pays du Nord fait ressentir le poids de ses alliés : la proposition d'un consortium de semi-conducteurs avec le Japon, la Corée du Sud et le Taiwan, appelé Chip 4, a provoqué les plaintes de Pékin qui l'a considéré "discriminatif et excluant " et aussi une "menace de fragmentation dans le marché mondial".

En réponse, Pékin a présenté un recours par devant l'Organisation Mondiale du Commerce aux effets d'annuler les contrôles d'exportations imposées par les américains.

La pression de Washington arrive en Europe aussi. Ses autorités ont réussi à ce que Advanced Semi-conducteur Materials Lithography, firme hollandaise qui fabrique les machines qui grèvent les circuits des puces avancées, ne vende pas cette technologie aux fabricants chinois.

Sans ces machines de lithographie ultraviolette profonde, essentielles pour fabriquer ces puces spécifiques, la Chine se trouve dans l'impossibilité d'établir des lignes de production de semi-conducteurs.

L'offensive américaine a deux fondements : ne pas perdre le monopole mondial, mais aussi éviter l'espionnage chinois surtout sur le propre sol.

En même temps, il y a des implicances actuelles face au panorama géopolitique produit de l'invasion russe en Ukraine.

Jake Sullivan, conseiller en sécurité nationale de Joe Biden, s'est vanté récemment des contrôles d'exportation qui ont obligé la Russie à "utiliser des puces de lave-vaisselle dans leur équipement militaire, ce que, avec le temps, va dégrader leurs capacités dans les champs de bataille".

Une enquête de la CNN signée par Katie Bo Lillis découvre le modus operandi classique chinois.

Le journaliste raconte que, en 2017, la Maison Blanche a bien vu l'offre de Pékin d'investir 100 millions de dollars dans la construction d'un jardin chinois orné dans le National Arboretum de la ville de Washington.

Néanmoins, quand les fonctionnaires de contre-intelligence ont commencé les enquêtes, ils ont ajouté immédiatement une série d'indices douteux.

Par exemple, parmi les pagodes à construire, on mettait l'accent sur une situé dans l'un des points les plus élevés de la ville de Washington, et à environ trois kilomètres du Capitole. L'endroit, dans l'opinion des experts, était idéal pour qu'intelligence recueille des signaux, ont dit à CNN plusieurs sources connaissant l'épisode.

Ce qui était bizarre aussi c'est que le matériel pour les constructions, au lieu d'être américain, venait de Chine et dans des valises diplomatiques, que les fonctionnaires de douane américains ne peuvent pas examiner, ont affirmé les sources.

Le projet a été arrêté presque immédiatement et depuis lors, la contre-intelligence du FBI et d'autres agences fédérales ont enquêté les achats de terres de la part de la Chine situées près d'infrastructure critique.

Dans ces enquêtes, le FBI a découvert par exemple le présence suspecte de technologie Huawei au sommet des tours de téléphonie proches de la base militaire des militaires de EE.UU., dans le mi-ouest rural. Selon multiples sources révélées par CNN, le FBI a déterminé que l'équipe était capable de saisir et interrompre des communications très restreintes du Département de Défense, y compris celles utilisées par le Commande Stratégique des EE.UU., qui supervise les armes nucléaires du pays.

Une autre zone entourée de tours de téléphonie portable utilisant des équipes Huawei est la base de missiles de la Force Aérienne FE Warren, sise à Cheyenne, à Wyoming.

Vers la fin de 2020, le Département de la Justice a manifesté ses préoccupations de sécurité nationale sur l'équipe de

Huawei au Département de Commerce et a fourni des informations sur le lieu où elles se trouvaient, a dit à la CNN un ancien haut fonctionnaire des forces de l'ordre des Etats Unis.

Suite à la prise du pouvoir de l'Administration Biden, en 2021 le Département de Commerce a ouvert sa propre enquête sur Huawei pour déterminer si des mesures plus urgentes étaient nécessaires pour éliminer le fournisseur de technologie chinoise des réseaux de télécommunications des EE.UU.

Dans son enquête, le FBI a trouvé un patron inquiétant au long des segments de la route Interétatique 25 à Colorado et à Montana, et dans des artères vers Nebraska. Ce corridor, très fréquenté, connecte certaines des installations militaires les plus secrètes de l'Amérique, y compris un archipel de silos de missiles nucléaires.

Pendant des années, les petits fournisseurs de télécommunication rurale ont installé des routeurs Huawei parce qu'ils étaient les plus convenables concernant la qualité et le prix.

Les autorités américaines ont découvert que Huawei vendait habituellement des équipes qui étaient douteusement bon marché à des fournisseurs ruraux dans des situations qui semblaient ne pas être rentables. Mais ils étaient toujours près des bases militaires.

"En analysant la concentration des efforts de vente de Huawei, on a prouvé l'existence d'accords commerciaux qui n'avaient pas du sens du point de vue de la perspective du retour de l'investissement ", a remarqué John Lenkart, ancien agent principal du FBI centré dans des questions de contre-intelligence concernant la China.

Les équipes soupçonnées pouvaient effectivement reconnaître et interrompre les communications du spectre du Département de Défense, même s'ils avaient été certifiés par la Commission Fédérale de Communications (FCC).

Pendant les quatre ans de l'administration de Donald Trump, les ventes effectuées par des firmes américaines à Huawei ont été limitées parce que la compagnie chinoise a été inclue dans ce qu'on appelle la "Liste d'Entités" en ce qui concerne les préoccupations de sécurité nationale. Depuis lors, il faut aux fournisseurs américains un permis exprès du gouvernement fédéral qui très difficile à obtenir, comme condition pour la vente des équipes de télécommunications.

Avec l'arrivée de Joe Biden à la Maison Blanche, l'administration analyse de couper l'accès de Huawei à tous ses fournisseurs américains, y compris Intel et Qualcomm, dans un moment où le pays intensifie les mesures énergétiques contre le secteur technologique chinois.

L'initiative d'interdire des produits de Huawei Technologies Co. et de quatre autres entreprises chinoises d'électronique, y comprises les caméras de surveillance largement utilisées dans les écoles et bureaux publiques prospère aussi. Dans ce cas-là, la justification vient aussi du côté de la violation des droits de l'homme que la Chine commettrait contre la minorité musulmane des uigurs.

Le phénomène TikTok

Avec plus d' 1.000 millions d'usagers partout dans le monde, la plateforme d'origine chinoise pour partager des vidéos TikTok, défie les grands réseaux sociaux d'Occident.

Il s'agit de l'application la plus rentable de l'histoire. Elle surgit en 2017 de son prédécesseur chinois Douyin et en trois ans elle est devenue la plus déchargée du monde, dépassant plus tard à Google comme le domaine web le plus visité de la planète.

Son décollage météorique s'est produit pendant les quarantaines par Covid mais son succès ne s'est pas produit par hasard. Un format qui le rend particulièrement irrésistible explique un grande partie son succès.

Les chiffres sont catégoriques : elle possède des vidéos ayant plus de 40 millions de vues et elle attire un public jeune décidément éloigné de Facebook. Selon des rapports de la compagnie de données eMarketer, près du 45% des usagers américains ont moins de 25 ans, contre un 16% pour Facebook. En Amérique, les usagers de TikTok utilisent en moyenne la app 46 minutes par jour, un peu plus du temps qu'ils passent sur YouTube et 16 minutes plus que sur Facebook ou Instagram. Deux tiers des adolescents américains possèdent TikTok dans leurs portables.

Le succès incontestable de la app se voit reflété dans sa monétisation : elle a obtenu des revenus de 4.000 millions de dollars en 2021 et elle estime multiplier ce chiffre par six, pour atteindre les 24.000 millions de dollars en 2024, presque la totalité produit de la publicité, selon les projections d'eMarketer.

Derrière tout ça, comme d'habitude, il y a le Parti Communiste Chinois.

Dans un article publié par The Guardian, on a vu comment les modérateurs de la app doivent suivre un manuel dicté depuis Pékin. Par exemple, un instructif daté de 2019 interdit toute référence à Tiananmen, Tibet et Taiwan, ainsi qu´à d´autres "sujets largement controversés" d´autres pays, y compris l´Irlande du Nord.

En réponse à ces accusations, TikTok assure que depuis 2020 la modération du contenu n´est pas effectuée en Chine. Pourtant, l´algorithme des suggestions, c´est à dire l´arme secrète de TikTok, continue d´être actualisée par son propriétaire, l´entreprise ByteDance en Chine.

Pour la Maison Blanche, la crainte est double : que Pékin utilise les données des usagers américains, mais qu´elle se serve aussi de la plateforme pour diffuser des messages favorables à la Chine, ou qu´elle désinforme à ce sujet.

Selon le Commissaire de la Commission Fédérale de Communications des Etas Unis, Brendan Carr, TikTok devrait être interdit dans son pays.

«Je ne crois pas à l´existence d´un chemin autre que l´interdiction. Je ne crois pas à un monde où on pourrait arriver à la protection suffisante des données pour confier suffisamment à ce que les données ne finissent pas finir entre les mains du Parti Communiste Chinois".

A cet avis, il faut ajouter celle de l´organisme de contrôle de l´Irlande, ayant juridiction sur TikTok dans toute l´Union Européenne. Depuis l´entité, on a déjà commencé une enquête sur les "transferts de données personnelles de TikTok à la Chine".

A cette position adhèrent ponctuellement les Payses Bas, qui ont demandé d´interdire le réseau social chinois pour la "vente de données des usagers ".

La demande, effectuée par l´Union Chrétienne (CU), un des quatre partis de la coalition qui gouverne le pays, a remarqué la nécessité d´"éliminer TikTok du marché pour protéger les citoyens de la manipulation des données des usagers ".

Dans ses déclarations à la chaîne néerlandaise RTL Nieuws, Don Ceder législateur de la CU, et un des promoteurs de ladite mesure, a dit que "ce réseau social appartient à la Chine et le destin final des données des usagers, spécialement des enfants et adolescents, est une préoccupation. Nous ne voulons pas qu´une entreprise chinoise, qui ne peut pas être observée que par le Gouvernement chinois reçoive une grande quantité de données ".

Avec le support de la Justice d´Amsterdam trois fondations néerlandaises ont pu entamer des demandes en dommages-intérêts envers TikTok. La demande, multimillionnaire en euros, opère pour violation des normes de privacité, et prise illégale de données de ses 4,5 millions d´ usagers des Pays Bas.

Aux Etats Unis, l´opposition est chaque fois plus forte et vise à interdire complètement l´application sur des portables à usage officiel sous prétexte qu´elle laisse beaucoup d´information sensible à la portée du Gouvernement chinois, ce que l´entreprise a toujours refusé.

Forbes, la prestigieuse revue américaine, a révélé que ByteDance, siégeant en Chine et propriétaire de TikTok, a planifié d´utiliser le populaire réseau social pour contrôler la localisation de certains citoyens américains qu´elle avait intérêt à épier ou avoir des informations spécifiques.

Conformément à l´article journalistique, la compagnie chinoise enquête régulièrement ses employés de TikTok et ByteDance pour déterminer s´il y a de filtration d´information confidentielle. Le directeur exécutif de TikTok, Shou Zi Chew, a ordonné de recueillir des informations sur ses employés et même de ceux qui avaient abandonnée l'entreprise. En plus, il a informé que ByteDance utilise un système d'audit connu comme "chaîne verte", avec lequel il obtient des données d'employés et anciens employés américains, qu'il envoie par la suite à Pékin.

S'il est vrai que les directifs de ByteDance ont informé publiquement que les données des usagers américains sont stockées dans leur pays d'origine et non dans le géant asiatique, en juillet 2022 se sont filtrés des enregistrements de plus de 80 réunions de travail de Tik Tok, où les employés ont raconté que la compagnie en Chine accède à l'information privée des usagers américains.

La populaire plateforme a fait face pendant longtemps au scrutin des législateurs américains, qui ont mis en question la protection des données des usagers de la part de cette application.

La tension est arrivée à son point le plus élevé en 2019, quand le président Donald Trump a exigé que ByteDance de vendre l'application à des entreprises américaines pour pouvoir continuer d'opérer dans le pays, décision qui ne s'est jamais concrétisée.

De toutes façons, TikTok continue sous l'évaluation du Comité des Investissements Etrangères aux Etats Unis, un tribunal de révision gouvernementale qui réunit plusieurs juridictions aux effets d'évaluer les risques des investissements étrangers pour la sécurité nationale.

Pour éviter les sanctions américaines, TikTok a déménagé son quartier général à Singapour et a apaisé le ton de ses rapports avec ByteDance, même si *The Wall Street Journal,* soutient que ses liens sont forts et difficiles à délier.

Une enquête du média remarque en qualité d'exemple, que les ingénieurs qui travaillent dans les algorithmes de TikTok continuent d'être engagés en Chine.

Le Comité d'Intelligence du Senat américain a demandé aussi à la Commission Fédérale de Commerce d'enquêter ponctuellement l'usage que les ingénieurs et fonctionnaires chinois pourraient faire des données recueillis par TikToK.

"Les mises à jour récentes de la politique de privacité de TikTok, qu'indiquent qu'on peut recueillir des données biométriques telles que les empreintes faciales et les registres de voix, augmentent la préoccupation pour les données des usagers américains pouvant être vulnérables à l'accès extra-judiciaire de la part des agences de sécurité chinoise ", signalent depuis le Senat.

La Chambre des Représentants des Etats Unis est allée plus loin et en décembre 2022 elle a interdit d'utiliser TikTok dans les dispositifs de ses membres.

Selon Reuters l'ordre d'éliminer l'application et basée sur le "risque élevé de sécurité ". Les autorités ont même informé qu'elles prendront contact avec chacun des législateurs et leur personnel pour s'assurer qu'ils effacent l'outil et qu'ils prendront des mesures pour éviter des téléchargements futurs.

Suite à la mesure, Brooke Oberwetter, porte-parole de l'entreprise chinoise, a assuré qu'ils "étaient déçus ". Dans des déclarations à *Engadget,* la directrice a remarqué qu'il s'agissait d'un "geste politique qui ne servira à rien dans la promotion des intérêts de la sécurité nationale ".

Dans une position plus extrême, en janvier 2023, le sénateur républicain Marco Rubio a demandé d'avancer avec l'interdiction de TikTok dans tout le territoire américain. Dans une lettre adressée au leader de la majorité démocratique au Senat, Chuck Schumer, le congressiste lui a demandé de propulser de manière prioritaire la législation pour être votée et considérée le plutôt que possible.

Dans le Capitole même, et dans une ligne plus conciliatrice qui reconnaît le pouvoir et la présence de cette application, un groupe de législateurs cherche une voie intermédiaire ne rendant pas nécessaire ce type d'interdictions.

Le plan est que TikTok effectue des modifications ponctuelles concernant la sécurité de ses données et sa gestion.

En consonance avec le législatif, entre la fin 2022 et le début 2023, au moins 14 étants ont bloqué TikTok dans les dispositifs administrés par le gouvernement.

Nebraska a été le premier à prendre l'initiative en 2020.

Au milieu de cette initiative, TikTok et l'administration de Joe Biden négocient une convention préliminaire pour résoudre de manière urgente les préoccupations de sécurité nationale. Parmi les points les plus importants, il y a l'engagement de la part de l'entreprise de changer la manière dont elle stocke et conserve l'accès aux données des usagers américains.

"Je ne sais pas, mais ce que je sais c'est que je ne l'ai pas sur mon portable", a dit Biden en février 2023 en réponse aux questions de la presse.

Un mois plus tard, la Maison Blanche a averti les agences fédérales qu'elles disposaient de 30 jours pour garantir que leurs travailleurs n'avaient pas l'application sur aucun des dispositifs du gouvernement.

Dans les 90 jours, les agences doivent inclure dans leurs contrats une clause disant que l'application ne pouvait pas être utilisée dans des dispositifs et qu'ils devraient annuler tout contrat demandant son utilisation.

La Commission Européenne a interdit aussi l'utilisation de TikTok dans ses téléphones et dispositifs officiels. En février 2023, l'organe exécutif de l'UE a justifié sa décision dans l'intention de "préserver l'institution".

L'interdiction implique que le personnel de la Commission ne peut plus utiliser l'application depuis leurs dispositifs personnels, y compris les téléphones ayant déjà installées des applications officielles de communication de l'UE, et ceux les ayant déjà installées devront l'éliminer avant le 15 mars 2023.

"En tant qu'institution, la Commission Européenne a été centrée depuis le début dans son mandat en cybersécurité, la protection de nos collègues et, bien sûr, de tous ceux qui travaillent ici dans la Commission", a manifesté à la presse Thierry Breton, Commissaire de l' Industrie de l'UE.

Dans le domaine académique, la quantité d'écoles et universités américaines interdisant TikTok augmentent.

L'Université d'Oklahoma, celle d'Auburn à Alabama et 26 autres publiques de Georgia ont déjà bloqué l'application dans les réseaux Wi-Fi de leurs campus. Le gouverneur de Montana a demandé récemment au système universitaire de l'Etat de l'interdire.

Certains centres d'enseignement primaire et secondaire ont bloqué aussi l'application. Les écoles publiques des régions de Stafford, Prince William et Loudoun, Virginie, ont interdit TikTok sur les dispositifs scolaires et dans les réseaux Wi-Fi des collèges. Le responsable de l'éducation de l'Etat de Louisiane a conseillé aux écoles de sa juridiction de l'éliminer des dispositifs publics et de la bloquer des dispositifs scolaires.

Selon une recherche de NBC News citée par *Infobae*, au

moins 20 universités publiques ont pris la décision d'interdire l'application dans leurs serveurs ou ont conseillé leurs étudiants de l'éliminer de leurs dispositifs personnels. Dans le cas de Texas A&M, une des plus grandes universités publiques du pays ayant environ 75.000 étudiants, TikTok a été complètement interdite.

Certains étudiants mécontents avec la mesure essayent d'entrer dans leurs dispositifs personnels se servant des données mobiles ou des réseaux Wi-Fi personnelles, mais ils admettent que le véto complique l'accès.

Nir Kshetri, professeur de l'Université de Caroline du Nord-Greensboro, ayant douze livres et plus de 200 articles académiques publiés, considère que les centres éducatifs n'exagèrent pas avec la mesure.

A son avis, TikTok capture les données des usagers d'une façon plus agressive que d'autres applications.

Kshetri signale aussi que la version de TikTok qui suscite toutes ces préoccupations n'est pas disponible en Chine elle-même. C'est un effort pour protéger les étudiants des effets nocifs des réseaux sociaux, le Parti Communiste Chinois a promulgué une norme qui limite à 40 minutes le temps qu'on peut consacrer à TikTok. Et ils peuvent seulement voir des vidéos à thématique patriotique ou des contenus éducatifs, tel que des expériences scientifiques et expositions de musées.

Toutes les grandes plateformes de réseaux sociaux posent des questions de privacité et causent insécurité aux usagers.

Le problème est que la configuration de privacité de TikTok, par défaut, permet à l'application de recueillir beaucoup plus d'information que celle vraiment nécessaire pour fonctionner.

Heure après heure, elle accède aux listes de contact et calendriers des usagers et recueille la localisation des dispositifs utilisés pour avoir accès au service et peut numériser les disques durs connectés à n'importe lequel de ces dispositifs.

Si un usager essaye de changer la configuration de privacité pour éviter cette intromission, TikTok demande avec insistance de rétablir cette permission. D'autres applications de réseaux sociaux telle que Facebook, ne demandent pas aux usagers de revoir leur configuration de privacité s'ils bloquent leur information.

Dans son livre *Trafic de données : Comment la Chine gagne la bataille pour la souveraineté numérique*, Aynne Kokas, professeur associée des études des médias à l'Université de Virginie, analyse comment certaines entreprises de technologie profitent du manque de politique gouvernementale et recueillent des informations sur les citoyens, mettant en risque les personnes, la compétitivité économique et la sécurité nationale.

Dans son livre, recueillant plusieurs années d'observation de première main sur la relation entre les médias et la technologie, il y a des exemples de reste concernant la sécurité des données dont les usagers ignorent la prise.

"Les fonctionnaires de l'Etat et locaux représentent seulement une partie de ce portefeuille de risques plus large. Les données recueillis nous concernant sont disséminés. Pourtant, la protection des usagers n'ont pas été maintenues ", signale Kokas.

L'auteur divise le trafic de données en trois niveaux de risque : sécurité personnelle, économique et nationale.

"Le trafic de données affecte les usagers individuels, qui font face aux violations de la privacité ou risquent d'être surveillés. Le risque personnel surgit non seulement des données qu´une personne partage sur une plateforme, mais aussi de l´information que les données de cet usager peuvent créer quand elles sont combinées avec d´autres sources de données ", assure-t-elle.

Elle signifie aussi une menace pour la compétitivité économique des entreprises et des pays. Les grands ensembles de données créés par les consommateurs sont utilisés pour entraîner des algorithmes d´apprentissage automatique qui encouragent le développement de l´intelligence artificielle.

Les Réseaux sociaux tels que TikTok et WeChat, utilisées massivement en Chine, "opèrent avec des algorithmes opaques que peuvent élever la désinformation et recueillir une grande quantité de données des consommateurs. Comme les plateformes sont essentielles pour les communications actuelles et sont aimées par plusieurs usagers, ces risques deviennent de plus en plus généralisés ".

Pour l´experte, "avec chaque nouvel usager, les plateformes deviennent plus attirantes. L´augmentation de la popularité élargit non seulement la portée actuelle, mais aussi son interdépendance croissante des politiciens et les agences gouvernementales. Comme leurs entreprises matrices ont leur siège en Chine, elles renforcent aussi les efforts de recueil d´intelligence de Chine, elles censurent le contenu considéré sensible pour le Gouvernement chinois et améliorent non seulement leurs propres algorithmes, mais aussi le riche mosaïque de données des usagers accessibles pour le Gouvernement chinois ".

Le scénario virtuel est en mouvement constant. YouTube vient d´ajouter les "YouTube Shorts" au style de TikTok, et Twitter vient d´instaurer sa propre version de l´algorithme

For You, de TikTok aussi.

L'écrivain britannique-indien Gurwinder Bhogal affirme que : "Le marché est un accélérateur plus grand que ce que la Chine pourrait vouloir être".

Zoom dangereux

Pareil que pour TikTok, la plateforme Zoom a explosé pendant la pandémie, pour passer de 10 à 200 millions d'usagers par jour.

Son créateur, Eric Yuan, un entrepreneur chinois de 50 ans expert en mathématiques et sciences informatiques, a passé d'être inconnu à occuper le poste 184 de la liste Bloomberg qui recense les 500 personnes les plus riches du monde.

En quelques mois, la cotation de son entreprise a atteint les 2.000 millions de dollars en 2020 fait face à la nécessité des gens de communiquer par visio-conférence pendant une quarantaine qui avait paralysé le monde. Une des plus grandes et rapides augmentations de fortunes de l'histoire s'était produite.

Cette plateforme a démontré aussi une dépendance étroite avec Pékin, et ceci a été prouvé quand elle a collaboré avec des actions directes de censure.

Le 31 mai 2020, des activistes du groupe des droits de l'homme Humanitarian China ont organisé un évènement par Zoom pour commémorer la violente répression des protestions civiles sur la Place de Tiananmen en 1989.

Zoom a fermé les comptes de ceux qui ont organisé l'évènement, ainsi que d'autres programmes pour commémorer la prouesse de Tiananmen qui incluaient des citoyens chinois résidant aux Etats Unis.

Sur son site web officiel, l'organisation Amnistie Internationale a critiqué durement Zoom et a affirmé qu'elle "ne doit pas devenir un instrument de censure sous les auspices de l'Etat ".

Depuis l'organisation on a remarqué que "le Gouvernement chinois fait tout ce que possible pour garantir que personne en Chine ne commémore ou ne mentionne même pas les personnes assassinées du 3 au 4 juin 1989. En acceptant la pétition de Pékin de finir les réunions sur la répression de Tiananmen, Zoom risque de contribuer à ces attaques à la liberté d'expression. Zoom a dit qu'elle prendra des mesures pour que les usagers 'hors de la Chine continentale' ne se voient pas affectées par des telles interventions dans l'avenir, mais en ce faisant, on dirait qu'elle ferme les yeux face à la répression des usagers sur le territoire continental chinois ".

Dans la même ligne, le Département de la Justice des Etats Unis a accusé un ancien employé de Zoom qui réside actuellement en Chine de finir les réunions mais la compagnie n'a pas été accusée.

"Les entreprises technologiques qui opèrent dans les pays doivent équilibrer leurs intérêts corporatifs face à la possibilité de pression du Gouvernement chinois. Les sanctions peuvent inclure des interdictions de marché, des incitations à des boycotts de consommateurs et des révisions de sécurité ainsi que de la responsabilité civile et pénale. Quand les corporations dans des nations démocratiques cachent la manière dont ils administrent les données des consommateurs, non seulement ils désautorisent les usagers mais aussi les nations qui leur fournissent un entourage commercial stable ", ont averti depuis le Département de Justice.

Les conséquences de cette conduite ont eu bientôt des effets.

Google a averti à ses employés de ne pas utiliser cette application de bureau dans leurs ordinateurs de travail "à cause des vulnérabilités de privacité et de sécurité ". SpaceX, le Senat des EE. UU, le district scolaire de la ville de New York, le Bank of America et la NASA ont cessé de s´en servir.

Nous avons appris récemment que Zoom pourrait violer certains des protocoles de sécurité, voilà pourquoi la compagnie a effectué des modifications dans le service. Pourtant, l´application maintient la tâche des visio-conférences enregistrées sans autorisation des usagers et cachées à la surveillance.

En plus, le service installe certains softwares dans les dispositifs des usagers sans leur consentement. Evitant lesdites mesures de sécurité, Zoom peut rester installé dans un ordinateur même après avoir désinstallé l´application.

Quoique Zoom offre un service chiffré d´extrême à extrême (E2EE), l´option n´est pas habilitée de manière prédéterminée. Sauf si on le fait manuellement, les sessions utiliseront seulement le « chiffré amélioré», qui est un protocole beaucoup moins sûr.

CHAPITRE V

Le bras exécuteur

Si, comme on dit habituellement, "un exemple explique tout", imaginez plusieurs exemples. C´est ce qui arrive quand on revoit le casier judiciaire de la méga entreprise de l´état Communications Construction Company (CCCC), bras exécuteur du Parti Communiste Chinois dans le monde. Ses scandales de corruption, au-delà de son historique d´irrégularités et ses multiples travaux échus marquent un côté sombre de présence chinoise à échelle globale.

Selon sa page web, la compagnie qui a occupé en 2020 le poste 78 dans Fortune 500, est spécialisée principalement dans le dessin et la construction de ports, routes et ponts, dragage, fabrication de grues pour des containers, et dessin de plateformes de pétrole d´haute mer à niveau mondial.

Elle est définie aussi comme "la plus importante entreprise internationale de sous-traitance d´ingénierie et l´investisseur le plus important en autoroutes de Chine".

CCCC, avec ses quatre compagnies de l´état chinois, ont représenté le 68% du montant total des projets d´infrastructure en Amérique Latine pour la période 2005-2020, seulement ce méga-groupe d´entreprises a créé le 32.55% du total d´emplois, conformément aux données fournis par le Moniteur de l´Infrastructure Chinoise en Amérique Latine et les Caraïbes 2021 du Réseau ALC-Chine.

La formule est toujours la même : ils offrent de faire les travaux, mais ils apportent aussi les capitaux pour les financer. Le reste n´a pas d´importance.

Le cercle ferme de tous les côtés. Qui prête les fonds peut être le CCCC Finance Limited, l´institution financière non bancaire du Groupe : l´ Exim Bank of China ; le China Development Bank (CDB) ; l´Industrial and Commercial Bank of China (ICBC), dépendants de la Commission Centrale des Affaires Financiers et Economiques ; et, en dernière instance, le secrétaire général du Parti Communiste Chinois qui possède des facultés déléguées pour ce faire.

Les firmes locales ont des difficultés pour mesurer des forces dans les appels d´offre contre cette structure colossale. Le déséquilibre se produit parce que les firmes privées sont en compétence avec l´Etat chinois. En plus, plusieurs de ces appels d´offre pour des travaux d´infrastructure ont lieu dans le cadre des engagements effectués de gouvernement à gouvernement qui incluent déjà le CCCC dans le forfait.

Ce qui est certain et incontestable c´est que la Chine, à travers des compagnies publiques, fait la concurrence déloyale partout dans le monde. Et les aides de l´Etat aux entreprises de cette nature sont interdites par l´Organisation Mondiale du Commerce.

"Toutes ses entreprises sont de l´Etat. Nous trouvons que leur liquidité est brutale et c´est une compétence féroce. Non par le plafond des Prix, qui sont réglés ici, mais par le fait de leur capacité économique", a remarqué José Luis Santa Isabel, président de la Fédération des Sous-traitants des Travaux de la Comunitat Valenciana (Fecoval).

Le directif espagnol a montré comment ces entreprises

"s´introduisent dans les travaux publics en général, à travers l´achat de firmes espagnoles, à partir d´une capacité économique infiniment majeure parce qu´ils ont une source de financement pratiquent illimitée que nous n´avons pas ".

Son opinion coïncide avec la nouvelle publiée dans le journal *Expansión* le 6 janvier 2020 qui communique l´acquisition de la part d´une filiale de China Railway Construction Corporation (CRCC) et une autre de CCCC, les deux contrôlées par l´Etat chinois, de la plupart des actions de la constructrice de Madrid Aldesa et du groupe Grupo Puentes, de Galice, respectivement.

Au Mexique, beaucoup de personnes ont été surprises par l´achat de Zuma Energía, une des éoliques les plus importantes du pays, par l´entreprise chinoise State Power Investment Corporation pour un montant non révélé.

"Il y a certaines nuances qui attirent l´attention ", a dit au journal *El País* Claudio Rodríguez-Galán, avocat de la firme Thompson & Knight, spécialisé dans le domaine de l´énergie.

"Pour moi, particulièrement, qui suis dans le secteur depuis 20 ans, ce qui m´a beaucoup frappé c´est que, ayant plusieurs rejets d´autres entreprises, principalement américaines et européennes à la vente, que ce soit une entreprise chinoise celle qui a dit 'aucun problème, je t´achète'. Ils voient quelque chose que les autres ne voient pas. Ou, peut-être, au contraire, il y a quelque chose que les autres ont vu et c´est pour cela qu´ils n´ont pas investi ", a manifesté l´avocat.

Dans un monde où plusieurs pays ayant difficulté d´accès à des prêts et autant de gouvernements avides de montrer à leur peuple qu´ils font des travaux, la formule est parfaite. Et s´il s´agit des pays qui ont des crises ponctuelles, mieux encore.

Au Brésil, en 2014, le sous-traitant Odebrecht était prêt à planter le drapeau partout dans le monde. Avec des travaux dans 21 pays, et des ventes pour 46 mille millions de dollars, elle s'approchait des 55 mille millions qui facturait son concourant de l'époque CCCC, qui avait était entré en Amérique Latine quelques années avant.

Toute cette structure est tombée avec la fragilité d'un château de cartes quand l'emblématique enquête connue comme Lava Jato a parcouru les couloirs de la corruption d' Odebrecht, jusqu'à atteindre des politiciens et des entrepreneurs de toute l'Amérique latine.

Et puisque les espaces vides sont occupés par quelqu'un, CCCC a profité la conjoncture, a appuyé sur l'accélérateur à fond et en peu de temps, elle facturait déjà 90 mille millions, avec quelques 50 travaux dans 21 pays de l'Amérique Latine et les Caraïbes.

Charles Tang, président de la Chambre de Commerce et de l'Industrie Brésil-Chine, explique mieux que personne ladite situation : "Il y a des années, pendant la pire étape de la crise économique du Brésil, les chinois ont été ceux qui ont misé pour le Brésil".

En Argentine on a vécu un phénomène similaire. Le 22 février 2012 s'est produit l'accident ferroviaire appelé "La tragédie d'Once".

Lors du sinistre, qui a eu lieu à Buenos Aires, 52 personnes ont perdu la vie, dont l'une était enceinte, et 789 ont été blessées.

Le choc s'est produit à 8 h33, quand le train n.° 3772 de la ligne Sarmiento, identifié avec le numéro 16, ne s'est pas arrêté et s'est heurté contre les parachutes d'endiguement en arrivant à la plateforme numéro deux de la station terminale Once.

Face à la gravité des faits et les preuves qui montraient des graves défaillances à cause du manque d'investissement en infrastructure et matériel rodant, le gouvernement de la présidente Cristina Fernández de Kirchner a retiré la concession à l'entreprise Trains de Buenos Aires (TBA).

L' Etat argentin a pris en charge la ligne Sarmiento dans l'intention de s'occuper en toute urgence d'une mise à jour du système ferroviaire autant de passagers que de charge face à la pression des usagers attisée par les médias.

Il fallait montrer une réaction rapide, mais ceci impliquait une dépense économique immédiate des caisses presque vides du Gouvernement argentin. Dans ce contexte apparaissent les entreprises chinoises.

Presque immédiatement, une convention entre le Ministère de Transport de l'Argentine et la Corporation Nationale d'Importation et Exportation de Machines et Equipement de Chine (CMC) est mise en marche. Elle consistait à un prêt chinois de 2.400 millions de dollars, financés principalement par l'Industrial and Commercial Bank of China Limited (ICBC) et soutenue par la compagnie d'assurances Sinosure.

"Il est nécessaire d'interpréter la situation pour comprendre la décision de faire appel à la Chine. Ils ont répondu vite, ils avaient le matériel nécessaire pour moderniser les trains et en plus ils le finançaient. Ce fut une excellente occasion pour donner réponse aux réclamations", a signalé Daniel Vispo, ferroviaire ayant 34 ans d'expérience dans le domaine.

Le directif, qui a occupé des postes de Chef de Circulation et gérant d'Opérations de la ligne Belgrano, et qui préside actuellement l'entreprise de l'Etat Trains Argentins Charges (TAC), a reconnu que la Chine, plus que de financer l'Argentine, ce qu'elle a fait c'est de financer sa propre industrie. C'est ainsi parce que l'argent du prêt ne pouvait être utilisée que pour acheter des produits ferroviaires fabriqués en Chine.

CCCC a plus de 60 subsidiaires à propriété totale ou partielle, et ses produits et services circulent dans plus de 150 pays.

Dans un écrit dénommé "Normes de comportement", le président du conseil d'administration du CCCC établit ce qui pourrait être défini comme une sorte de code d'éthique professionnelle.

Parmi les points les plus remarquables, on trouve :

- "En tant qu'entreprise propriété de l'Etat on s'engage à fournir des services de haute qualité à des clients, à garantir l'honnêteté et à accomplir les responsabilités sociales ".

- "CCCC est décidée à prendre au sérieux toutes les questions concernant l'accomplissement d'ordre légal, y compris la lutte contre la corruption ".

- "Nous sommes consacrés à créer un système compatible pour tout domaine commercial international et à garantir sa supériorité et son influence dans l'objectif de démontrer l'emphase et l'insistance mise par CCCC dans l'éthique d'entreprise ".

Face à cette déclaration, il est intéressant de faire un tour rapide par le monde pour voir jusqu'à quel point ces principes sont accomplis.

Iles Caïmans

Evan Ellis, dans son travail *Défis des entreprises chinoises qui opèrent en Amérique Latine*, met l'accent sur la corruption comme sujet récurrent des projets de construction conduits par la CCCC. Et il cite le cas du contrat entre le Gouvernement des Iles Caïmans et l'entreprise China Harbour, subsidiaire de la CCCC pour construire une terminale maritime. L'accord a été arrêté par le Gouvernement de Grande Bretagne, qui contrôle d'administration de l'île, pour des accusations d'impropriété dans l'appel d'offre. Il nous rappelle aussi la disqualification de CCCC de la part de la Banque Mondiale, pour des accusations de corruption dans plusieurs pays de l'Amérique Centrale et les Caraïbes.

En effet, le site web de la Banque Mondiale indique que la CCCC a été inhabilitée depuis le 12 janvier 2009 jusqu'au 11 janvier 2017, pour des pratiques frauduleuses, concrètement pour tergiverser des faits pour influencer des acquisitions ou des contrats, y compris la collusion anti-concurrentielle dans l'établissement des prix.

Tanzanie

L'ancien chef de l'Autorité Portuaire de Tanzanie a été accusé d'adjuger frauduleusement un contrat volumineux de plus de 523 millions de dollars à China Communication Construction.

L'ampliation du port a été abandonnée 2012 après que les fonctionnaires ont informé que les coûts de la firme chinoise appartenant au Groupe CCCC doublaient ceux des projets portuaires similaires.

Kizito Makoye, dans un rapport complet publié dans Foundation of Thomson Reuters, remarque qu'Efraim Mgawe, ancien directeur exécutif, et son adjoint Hamid Koshuma ont été condamnés par le tribunal de Dar es Salaam accusés pour fraude et abus d'autorité pour avoir adjugé illégalement un appel d'offre en décembre 2011 à l'entreprise chinoise sans obtenir des offres compétitives.

Le ministre de Transport de Tanzanie, Harrison Mwakyembe, dans la présentation au Parlement des prévisions budgétaires pour l'exercice 2014/15, a déclaré que les coûts de l'entreprise chinoise étaient exorbitants.

"Nous avons découvert aussi que plusieurs autres choses n'étaient pas inclues dans le plan, ce qui nous avait fait nous rendre compte que le sous-traitant n'avait pas des bonnes intentions ", a manifesté le fonctionnaire.

Les autorités judiciaires de Dodoma ont perquisitionné aussi en 2013 les installations de CCCC, pour faute de paiement de canon présumée.

Selon la note publiée dans le *Tanzania Daily News* par From Sylivester, l'Agence Nationale de Autoroutes de Tanzanie avait engagé en 2013 la firme chinoise pour construire une route de 260 kilomètres entre Dodoma et Iringa. Les lois de l'Etat exigeaient au sous-traitant le paiement de 100 mille dollars en concept de canons à la fin du projet, ce que la CCCC n'a pas fait.

Bolivie

Les entreprises chinoises ont été accusées d'effectuer des

travaux avec des prisonniers amenés du pays asiatique.

La nouvelle parue dans l'émission de télévision *Cabildeo* de la remarquable et exigeante journaliste Amalia Pando, s'est fait écho de la dénonce de l'ingénieur Antonio Angulo. Le professionnel a accusé l'entreprise chinoise Sociedad Accidental CCCC, qui s'est adjugée 140 kilomètres de la route San Borja – San Ignacio de Moxos.

"Cette firme utilise la main d'œuvre des prisonniers condamnés amenés de Chine, probablement dans des conditions de semi-esclavage et en marge de tout respect des droits de l'homme et du travail qui ne sont pas accomplis non plus en Bolivie avec les travailleurs nationaux", a dit l'ingénieur.

En avril 2022, ces travaux ont enregistré aussi le blocage des chauffeurs de camions qui exigeaient le paiement pour le transport de suppléments dus depuis décembre 2021, selon des informations du représentant syndical Eduardo Churqui.

Philippines

Avant la fusion, China Road and Bridge Corp a un grand échec. Produit des irrégularités dans l'exécution d'un contrat de travaux en Philippines, elle a été mise en 2009 sur la liste noire de la Banque Mondiale accusée de pratiques frauduleuses. Le Projet d'amélioration et gestion d'autoroutes nationales de Philippines avait été conclues sept ans avant.

Guinée Equatoriale

L'année d'entrée en vigueur de l'interdiction de la Banque Mondiale, la même China Road and Bridge Corp est censée avoir payé 19 millions de dollars à Teodorin Nguema, un enfant du président de Guinea Equatoriale pour gagner le contrat d'une route. Teodorin a été condamné en absence le 27 octobre 2017 pour la Justice française pour s'approprier de douzaines de millions d'euros de fonds publics de son pays et essayer de blanchir cet argent en France.

Malasie

Depuis janvier 2023 on fait des recherches pour savoir si CCCC a fait une perception excessive pour un chemin de fer qui unit Kuala Lumpur avec les villes de la côte est, et si une partie de cet argent est destinée à payer les dettes engagées avec le fonds de développement du gouvernement Malasia Development Bhd.

Les documents en étude décriraient un plan proposé par les fonctionnaires de Malasie avec les entreprises de l'état chinois pour construire deux grands projets financés par des banques chinoises. L'un d'eux, le East Coast Rail Link de 16.000 millions de dollars, est un chemin de fer qui traverse la Malaisie mettant en contact deux ports et selon une estimation de l'entreprise consultante de Malaisie su coût réel serait de seulement 7.250 millions de dollars.

Sivarasa et le site web Sarawak Report, siégeant à Londres, affirment que prix élevé du projet ferroviaire a suscité des doutes concernant les fonds, si une partie de ceux-ci ont été destinés à compenser les fortes obligations de financement de de Malaysia Development Berhad (MDB), un fonds de l'Etat malais que les autorités américaines et suisses accusent d'avoir blanchi des milliers de millions de dollars. Par exemple, dans la Cour d'Arbitrage Internationale de Londres, International Petroleum Investment Co, un fonds souverain d'Abu Dhabi, réclame 6.500 millions de dollars à MDB, selon informe le média *MLex*.

Les faits ont eu lieu lors de l'administration de l'ancien premier ministre Najib Razak (2009-2018), qui fait face à un procès pour corruption.

Pakistan

En 2022, les autorités du pays ont fermé la centrale hydroélectrique Neelum-Jhelum après avoir détecté des fissures dans un tunnel qui transporte de l'eau à travers une montagne pour propulser une turbine.

Selon l'information parue dans *The Wall Street Journal*, le directeur de l'entité de régulation de l'électricité du pays, Tauseef Farooqui, a dit par devant le sénat de Pakistan qu'il était préoccupé parce que le tunnel pouvait collapser à seulement quatre ans de la mise en opérations d'une centrale qui produit 969 MW. "Ce serait un désastre pour un pays déjà frappé par l'augmentation des Prix de l'énergie", a dit Farooqui. La fermeture de la centrale, en juillet 2022, coûte à Pakistan quelques 44 millions de dollars mensuels pour l'augmentation des coûts énergétiques, a signalé l'entité de régulation.

Uganda

Le même *The Wall Street Journal*, dans un article de recherche dénommé "Les mégaprojets globales de la Chine qui échouent peu à peu ", remarque que l'entreprise de production électrique a dit avoir détecté plus de 500 défauts dans une centrale construite par la Chine dans le fleuve Nil qui produit 183 MW et subit des défaillances régulières depuis sa mise en fonctionnement en 2019.

La China International Water & Electric Corp., qui a conduit la construction de la centrale hydroélectrique d'I-simba, n'a pas construit une barrière de contention flottante pour protéger le barrage des plantes aquatiques et autres déchets, ce qui a provoqué des obstructions dans les turbines et des coupes de la provision électrique. Des filtrations se sont produites aussi dans le plafond de la centrale, où sont situés les générateurs et les turbines. La construction de la centrale a coûté 567,7 millions de dollars et a été financée principalement par un crédit de 480 millions de dollars de la Banque d'Exportation et Importation de Chine.

Bangladesh

Une publication hindoue a informé qu'en 2011 les tribunaux ont décidé que China Harbour Engineering Compan (CHEC), du groupe CCCC, a payé des pots de vin au fils de l'ancien premier ministre, Khaleda Zia, qui a été condamné par la suite en absence à six ans de prison.

Sept ans après, en janvier 2018, CHEC a été accusée aussi d'offrir 60.000 dollars en qualité de pot de vin à un fonctionnaire concernant un accord établi entre les gouvernements des deux pays pour élargir l'autoroute Dhaka-Sylhet. Le gouvernement a placé CHEC sur la liste noire et a indiqué que l'entreprise aurait offert le pot de vin non pour obtenir des nouveaux travaux, mais pur voler le projet en cours.

Panamá

Bnamericas a publié 2019 le rapport "Irrégularités entourant le contrat se pont sur le Canal de Panamá".

Panamá Cuarto Puente, consortium composé par China Communications Construction Company et CHEC, les deux appartenant à CCCC, s'est adjugé un contrat de 1.420 millions de dollars pour le dessin et la construction d'un quatrième pont sur le Canal de Panamá.

Parmi les irrégularités hypothétiques, on trouve l'adjudication même du contrat : le Gouvernement de Panamá a octroyé les travaux même quand la ponctuation obtenue par le consortium chinois dans l'évaluation technique a été considérée relativement basse, et son offre a été majeure que celle de son compétiteur le plus proche.

"Les résultats de l'enquête montrent que l'adjudication du contrat n'a pas satisfait aux règles en vigueur et que le processus aurait pu être effectué de manière à bénéficier le participant le moins qualifié de l'appel d'offre", a remarqué le député Roberto Ábrego de l'Assemblée Nationale de Panamá.

De toutes façons, le projet a continué. Il a démarré le 2 mai 2019 et le calendrier établissait comme date de délivrance le mois de juin 2023. Lesdits délais n'ont pas été accomplis du tout et on parle déjà d'une finalisation des travaux pour 2027.

"Depuis des mois le projet avançait à rythme lent et le sous-traitant qui dirige certains travaux préliminaires était financé par le paiement initial de 67,9 millions de dollars que le consortium a reçu en mai 2019 de la part du Gouvernement de José Carlos Vartela", a reconnu publiquement le ministre des Travaux Publics, Rafael Sabonge.

A cause de ce retard, le ministre de l'Economie et des Finances, Héctor Alexander, a reconnu que ce projet était décalé et a proposé sa mise à jour.

Equateur

L'immeuble Senescyt dans le campus de l'Université Yachay Tech a été adjugé sans concours à l'entreprise du groupe CCCC, Road and Bridge Corporation CRBC Ecuador. Celle-ci s'est présentée comme étant un consortium avec la firme privée Sevilla Martínez Ingenieros (Semaica).

Conformément à une recherche du journal *El Comercio*, la sous-traitance a été autorisé sous un régime spécial, c'est à dire sans concours et dirigée à des entreprises publiques. Ce changement s'est effectué sans considérer le plan annuel de sous-traitances (PAC par ses sigles en espagnol). Sept jours après l'appel, le contrat lui a été adjugé pour 10 millions de dollars.

Le Contrôleur signale dans son rapport que les gérants n'ont pas accompli les arts. 4 et 99 de la Loi de Sous-traitance Publique car ils n'ont pas établi la convenance et la viabilité de cette modalité de sous-traitance.

Si ceci n'est pas suffisant, la construction a dû être arrêtée pendant plus de deux ans pour des déflexions et des fissures dans des poutres, dalles et escaliers.

Ceci a motivé le Contrôleur à déterminer des responsabilités pénales et, en 2018, à envoyer le cas au Procureur pour entamer une enquête pour préjudice à l'Etat. Elle a obligé aussi à déloger les infrastructures jusqu'à correction de ces défaillances et pour sauvegarder ainsi ses quelques occupants.

Lors de son discours pendant la 49e. Conférence sur les Amériques en avril 2019, Kimberly Breier, sous-secrétaire du Bureau des Affaires de l'Hémisphère Occidental, a dénoncé le cas du barrage de Coca Codo Sinclair dans la jungle équatorienne.

"Le barrage, construit par une entreprise de l'état chinois, devait résoudre les nécessités énergétiques de l'Equateur. Actuellement elle fonctionne à moitié de sa capacité. Le projet a inclus des prêts du Gouvernement chinois. La Chine a reçu aussi le 80% du pétrole de l' Equateur à un prix réduit et puis il l'a revendu obtenant des revenus. Presque tous les hauts fonctionnaires de l'Equateur sont impliqués dans la construction de ces travaux sont en prison ou ont été condamnés pour des pots de vins par la justice de l'Equateur. L'Equateur cherche actuellement l'assistance pour annuler ou acheter la dette chinoise ", a remarqué la fonctionnaire.

Das son exposé, Breier a marqué la différence entre les entreprises chinoises et américaines opérant à l'étranger.

"Les nôtres sont toujours atteintes par la Loi sur les Pratiques Corrompues à l'Etranger. Elles ne se présentent pas avec des sacs pleins d'argent et des fausses promesses de grands projets d'infrastructure à bas prix. Nos tribunaux de justice exigeraient aux transgresseurs de répondre pour ces actions. Nous avons des institutions solides, des inspecteurs reconnus et une société civile qui exige que les fonctionnaires et le secteur privé rendent des comptes. Les entreprises chinoises n'observent simplement pas les mêmes standards de conduite".

Chili

Carolina Pizarro et Miriam Leiva, dans leur article dénommé "Le côté B de l'attaque Chinoise au Chili", publié dans *La Tercera*, remarquaient en 2018 que, au Chili, "la seule expérience négative reconnue jusqu'à présent a été celle vécue par CHEC, la deuxième constructrice la plus importante de ce pays ".

La firme construisait le barrage Las Palmas, impulsée par le Ministère des Travaux Publics avec un investissement de 171 millions, "mais en 2014 elle était la responsable de la construction d'un quai au port de San Vicente - travaux qui ont marqué son entrée dans le pays – et où elle a été accusée de mauvaises pratiques de travail ".

Selon les travailleurs de la terminale maritime, la firme maintenait 80 travailleurs chinois vivant à l'intérieur d'un conteneur et travaillant de lundi à dimanche de 8.00 heures à 22 heures. Si la situation a provoqué du tapage, c'est jusqu'à présent le seul cas qui a été reconnu.

L'arrivée des containeurs avec des ouvriers dont les conditions de travail et de rémunération sont méconnues c'est une question qui souligne le sénateur José Miguel Insulza (PS), qui nous rappelle que les Caraïbes ont déjà fait face à un problème similaire.

"Ils investissent partout dans le monde (la Chine) et c'est magnifique, mais il y a un problème avec la manière dont ils font venir leurs travailleurs. Au Chili il y a une limite à la quantité d'étrangers ; les travaux d'infrastructure, construits pas les travailleurs chinois, n'est pas une chose qui nous intéresse. Si aux Bahamas ils ont été capables de le leur dire, je ne vois pas pourquoi ne pouvons pas le faire ", a manifesté le législateur.

Sri Lanka

En 2006, la Chine a prêté à Sri Lanka 1.080 millions de dollars pour construire le port de Hambantota, sur sa côte méridionale. La condition était toujours la même : qu'elle soit construite par le groupe CCCC.

Toutes les études de factibilité déterminaient que le port n'allait pas fonctionner. Néanmoins le président Mahinda Rajapaksa a accepté le prix milliardaire et a engagé CHEC pour sa construction. Puis, en 2014, il a ajouté un autre projet dans la ville de Colombo. Les autorités ont enquêté par la suite pourquoi la firme chinoise a transféré 8,1 millions de dollars de ses fonds à des membres du personnel de Mahinda Rajapaksa justement pendant les six semaines préalables aux élections de janvier 2015, quand celui-ci se présentait pour le troisième mandat.

Le pronostique des entreprises consultantes se sont vus confirmés et même si le port était sur l'une des routes les plus sollicitées pour les affaires maritimes, seulement 34 bateaux sont arrivés au quai en 2012.

Commerce qui commence mal finit mal ; en 2017 le Gouvernement de Sri Lanka a cessé de payer les prêts chinois.

La réponse de Pékin a été immédiate. Elle a exécuté l'hypothèque et s est charge des opérations du port avec un contrat de location de 99 ans.

Tel que Lauren Frayer signale dans son article "Pourquoi l'arrivée d'un bateau chinois à Sri Lanka a causé l'alarme en

Inde et en Occident", les critiques de Pékin présentent depuis longtemps Hambantota comme l'exemple classique de ce qu'ils appellent un piège de la dette chinoise. "Maintenant que Sri Lanka est en banqueroute et politiquement instable, il est signalé comme un exemple préoccupant de comment la Chine pourrait utiliser ladite infrastructure à des fins militaires".

Ses peurs ont augmenté quand un bateau de reconnaissance a accosté au port. Même si depuis la Chine ils ont assuré qu'il s'agissait d'un bateau de recherche scientifique, la nef a fait sauter les alarmes en Occident et en Inde, qui maintien des relations tendues avec Pékin.

"Les critiques disent que ce que la Chine fait à Hambantota avec ce bateau peut être un signal ce qu'elle pense faire dans tous les ports, autoroutes, ponts et autres infrastructures qui ont été construites partout dans le monde dans les dernières décennies, dans l'un des plus grands efforts de construction de l'histoire de l'humanité. Ils ont peur que ce réseau colossal d'infrastructures devienne un réseau de bases militaires sans précédents, occupant des parties des pays où la Chine n'a jamais eu des bases à l'étranger", a écrit Frayer.

Un autre projet redoutable et à l'encontre de l'avis de tous les experts, a été la construction de l'Aéroport International Mattala Rajapaksa en 2008. Lest travaux ont été à charge de CHEC et financés par l'Exim Bank of China pour 200 millions de dollars.

L'aéroport qui n'avait pas le trafic nécessaire pour continuer actif, a finalement cessé d'opérer commercialement.

Colombie

Dans une recherche remarquable de Luisa Reyes et Santiago Villa dénommée : "Le pouvoir de la China dans l'infrastructure colombienne", concernant le cas du Métro de Bogotá on présente une situation qui a "provoqué la méfiance parmi les citoyens" : autant le maire Enrique Peñalosa que le président de Colombie sont allés en Chine quelques mois auparavant l'adjudication du contrat au consortium chinois.

"Prouver une collusion est très compliqué. Lors de la visite du président, des accords pour vendre à la Chine des bananiers, des avocats et des fleurs, ont été annoncés parmi d'autres, mais en réalité ce qu'il est allé négocier c'est le métro", a assuré Juana Afanador, leader de l'inspection citoyenne du métro.

Lesdites hypothèses pourraient s'approcher de la réalité étant donné qu'Apca, le groupe qui a gagné l'appel d'offre, est composé par CHEC, mais il possède aussi Xi'an Metro Company, dont les directifs ont fait partie d'un scandale de proportions.

Le site web Chinese Judicial Documents a publié en avril 2017 le jugement pénal en première instance contre Chen Dongshan, directif de Xi'an Metro Company, pour avoir accepté des pots de vin, révélant des détails des illicites commis pendant cinq ans.

Le tribunal chinois a déterminé que l'accusé "a utilisé la convenance de son poste pour accepter illégalement des biens d'autrui concernant sa participation dans des appels d'offre et des demandes des entreprises de construction".

Le 6 décembre 2018, le Tribunal Populaire Intermédiaire

de la ville de Xianyang, province de Shaanxi, a décidé que Chen Dongshan était coupable d'avoir accepté des pots de vin et a été condamné à dix ans de prison et à une amende de 80.000 dollars ; les biens obtenus illégalement par l'accusé Chen Dongshan ont été confisqués et remis au trésor public.

En même temps, un article publié au blog des annonces en ligne dénommé "Tu oses voyager dans la ligne 3 du métro ? ", une personne qui affirmait être employé de Shaanxi Aokai Cable Co Ltd affirmait que l'entreprise avait utilisé des matériaux de mauvaise qualité dans la production des câbles de la ligne de métro. Ce qui "représentait un grave danger pour la vie des passagers".

L'auteur, qui est resté anonyme, a dit aussi que le gérant de l'entreprise "a offert des pots de vin à maintes reprises au bureau de supervision de qualité pour que les câbles soient qualifiés comme bons"-

Dans l'article susmentionné de Luisa Reyes et Santiago Villa, on aborde aussi les conditions de travail, du maniement de l'environnement et des standards de qualité dans la construction de l'Autoroute à la Mer 2, de la part de CHEC.

Une personne qui a travaillé pour ladite firme chinoise et qui a préféré l'anonymat, a indiqué qu'il n'y avait ni des colombiens ni des femmes dans des postes de direction, et que la manière de s'adresser aux employés chinois était quelque chose de bien différente : "ils étaient trop asservis, c'était horrible. Ils travaillaient 24 heures, il y avait des camps où un lit était utilisé par deux ou trois personnes à tour de rôle. Là-bas vous voyiez qu'ils s'endormaient à cause de la fatigue". En plus, ils n'avaient pas de vacances, "les chefs allaient une fois par an en Chine, les autres non. Je connais des chinois qui ne sont pas sortis depuis leur arrivée (il y a deux ou trois ans) ".

Concernant le maniement de l'environnement, une ancienne employée de CHEC a dit qu'ils "ne respectent pas l'environnement. Si par exemple il avait un écroulement, ils le versaient directement dans la gorge. Les zones de disposition des ordures étaient très mal menées", et face à la question sur ce que les autorités de l'environnement faisaient concernant le sujet, la réponse a été : "ils résolvaient tout avec de l'argent. Les entités arrivaient et ils s'en occupaient, ils leur offraient des cadeaux, alors ils cachaient tout".

En ce qui concerne la qualité, elle a indiqué qu'il y avait beaucoup de mécontentement, que parfois les directifs arrivaient voir les travaux et ils demandaient de faire des modifications qui n'avaient pas beaucoup de sens mais ils ne pouvaient pas les contredire, voilà pourquoi beaucoup de professionnels ont démissionné.

"Beaucoup de gens ne supportaient pas cela, ils disaient 'j'ai mon éthique' et ils partaient, il y avait des professionnels qui restaient un ou deux jours. Chaque semaine il y a un ingénieur qui part", elle a dit.

Un autre exemple des défaillances qui ont présenté les travaux selon la source consultée, est celui des tunnels. Selon son témoignage, deux d'entre eux ont collapsé pendant l'excavation.

Mexique

En décembre 2018, lors de la prise du pouvoir au Mexique d'Andrés López Obrador, il a fait 100 promesses : la numéro 68 a été la construction du Train Maya, mais la numéro 78, était qu'on n'allait pas permettre qu'aucun projet productif, commercial ou touristique affectant l'environnement soit admis. Les deux serments sont incompatibles face au projet du Train Maya qui est sévèrement critiqué par les communautés locales et par les écologistes.

A la fin avril 2020, on a su que celui qui avait gagné l'appel d'offre pour la construction du premier trajet du Train Maya était le consortium composé par Mota-Engil México, CCCC, Grupo Cosh, Eyasa et Gavil Ingeniería. L'investissement proposé est calculée en 630 millions de dollars.

Pablo Hernández, dans son article "L'entreprise chinoise à charge du Train Maya a un historique de corruption", publié dans *Dialogo Chino* en juin 2020 cite Sergio Madrid, directeur du Conseil Civil Mexicain pour la Silviculture Soutenable (CCMSS).

El directif de ladite institution qui collabore avec des organisations paysannes dans la défense de son territoire, a signalé que ce projet dans la Péninsule de Yucatán "est accompagné d'un processus de dépouillement de terres aux communautés natives moyennant divers mécanismes qui finissent par expulser les populations de leurs territoires".

Les peurs sont concrétisées en août 2022, quand l'expropriation de terrains à Quintana Roo, pour les destiner au Train Maya a été annoncée.

L'article de Pablo Hernández cite aussi Salvador Anta Fonseca, responsable du domaine forestier de l'organisation Politique et Législation de l'Environnement (POLEA par ses sigles en espagnol), qui a considéré que "le train lui-même n'est pas à mon avis le plus compliqué du projet, mais ce qui est derrière, plusieurs populations nouvelles avec un dessin de villes moyennes qui vont créer une pression forte sur certains sites qui ont une importante biodiversité".

La réserve de la Biosphère de Calakmul est un de ces sites d'importance pour l'environnement auxquels fait allusion cet expert, un parc national qui abrite une des ruines mayas les plus emblématiques de l'Amérique Centrale, qui est un modèle de conservation administrée par des communautés locales.

Plusieurs organisations de l'environnement ont accusé aussi les travaux d'affecter le réseau de cénotes au sud du pays. Les plaintes ont découlé dans la présentation de nombreuses recours légales pour empêcher les avances de l'étape 5 des travaux. Qui vont de Playa del Carmen à Tulum, Quintana Roo.

En mai 2022, le Tribunal Premier du District de Yucatán a admis l'arrêt définitif des travaux de l'Etape 5 Sud, même si par la suite le Gouvernement de López Obrador a obtenu les mandats de protection pour continuer les travaux.

Les coûts du projet effraient aussi. Le Train Maya a dépensé en 2022 un 185% de plus de ce qui avait été estimé par la Chambre des Députés.

Le budget autorisé par le Congrès était de 3.434 millions de dollars 2022, mais vers la fin de l'année, les frais étaient de 9.804 millions de dollars, selon les données fournies par le quatrième rapport trimestriel du Secrétariat du Trésor Public et du Crédit Public (SHyCP par ses sigles en espagnol).

Face à cette réalité López Obrador lui-même s'est vu obligé de reconnaître que le coût total des travaux serait d'entre 15 mille et 20 mille millions de dollars, ce qui signifie une augmentation d'environ 14 mille millions concernant le budget original.

Ethiopie

En 1978, le pays a adopté le modèle marxiste-léniniste, qui serait abandonné en 1991, après la chute du Mur de Berlin. Mais il l'a fait pour embrasser immédiatement le modèle proposé par le Parti Communiste Chinois.

La façade d'Ethiopie est celle d'une démocratie parlementaire, même si en réalité il y a toujours eu un parti unique, le Front Démocratique Populaire d'Ethiopie (ERPDF). Il a été conduit pendant plusieurs années par Meles Zenawi, qui a été premier ministre depuis 1995 jusqu'à son décès en 2012.

Ce scénario, terre fertile pour les ambitions chinoises, a été témoin de nombreux projets d'infrastructure pour CCCC, toujours financé depuis Pékin.

L'un d'eux, l'hydroélectrique "Grand barrage de la Renaissance d'Ethiopie" construit sur le fleuve Nilo Bleu, cause une grande préoccupation entre les pays voisins.

Depuis le commencement de sa construction en 2011, les travaux sont considérés comme une épée de Damoclès sur la stabilité régionale au nord-est africain.

Pour les égyptiens ils s'agit d'une menace colossale parce que le cursus sera affecté lors des temps de remplissage du barrage, et parce que l'eau aura un taux d'évaporation supérieure.

L'Egypte dépend du Nil pour près du 96% de sa consommation hydrique, et Le Caire craint que le barrage réduise considérablement son débit d'eau douce disponible dans les prochaines décennies.

Avec ce cumul d'investissements, la dépendance d'Ethiopie envers la Chine est devenue évidente et est reflétée dans des chiffres concrètes. En 2007, la dette envers le régime de Xi Jinping représentait le 9% de son PBI. Une décennie plus tard, elle avait atteint le 17%.

Gloria Sicilia Lozano, dans son étude "La résilience du modèle économique extérieur de la Chine : Sri Lanka et Ethiopie, deux pays test du modèle", remarque que l'Ethiopie devient essentielle pour protéger les intérêts de la Chine dans son pays voisin, Yibuti, qui effectivement fait partie de la Nouvelle Route de la Soie, ainsi que pour la défense de la libre circulation maritime par la mer Rouge, entrée au Canal de Suez, et où la Chine a construit sa première base militaire d'outre-mer".

L'auteur explique aussi que l'"Ethiopie est un pays stratégique pour la pénétration et le contrôle du nord-est et le centre d'Afrique. Au-delà de sa situation privilégiée, c'est le deuxième pays le plus peuplé du continent, il auberge le siège de l'Union Africaine ayant une histoire d'indépendance et africanité".

Pays de Gales

En 2015, l'entreprise chinoise d'ingénierie CHEC a gagné l'appel d'offre pour un contrat de 460 millions de dollars destiné à la construction d'une digue à Tidal Lagoon Swansea Bay. Les travaux contiendront le premier lac artificiel du monde où fonctionnera une plante d'énergie marémotrice.

Après des longues négociations, CHEC a accordé avec les autorités britanniques que seulement la moitié du montant du contrat sera dépensée pour la sous-traitance des travailleurs et fournisseurs britanniques alors que l'autre moitié serait ouverte pour sous-traiter des entreprises et des travailleurs chinois.

Angola

Une décennie après l'inauguration, les propriétaires du colossale projet immobilier Kilamba Kiaxi, situé dans la périphérie de Luanda, ont manifesté leurs plaintes par la brèche des murs, la rouille des plafonds et la mauvaise qualité des constructions.

Selon les informations de l'*The Epoch Times*, les travaux effectués par le groupe chinois CITIC a coûté 2.500 millions de dollars, a été financé au début par la Banque Industrielle et Commerciale de Chine. Plus tard, la Banque de Développement de Chine a dû agir pour refinancer le prêt.

Venezuela

Jeanfreddy Gutiérrez, dans son article "L'investissement chinois dans le réseau électrique ne parvient pas à éviter les pannes d'électricité au Venezuela" du 16 janvier 2020, a remarqué qu'une partie importante des 5.691 millions de dollars que la Chine s'est engagé à investir en 2014 au Venezuela auraient dû renforcer le système électrique du pays. Même si plusieurs de ces projets ont été entamés, autant en énergie hydrique que thermique, peu de vénézuéliens semblent en voir les bénéfices.

Quand l'Assemblée Nationale a formé une commission spéciale de députés pour étudier la crise électrique, que finalement a montré un détournement de fonds pour 26 mille millions de dollars, tous les sous-traitants privés des travaux effectués depuis l'année 2000 ont été convoqués.

Le 4 mai 2016, Julio Peng Wei a assisté au nom de l'entreprise China CAMC Engineering, pour expliquer des détails sur les modifications du budget de la thermoélectrique Luis Zambrano.

Dans son rapport final de janvier 2017 on a révélé que, selon Peng Wei le coût total du projet a été de 1.045 millions de dollars, à cause de l'incorporation d'une ligne de transmission de 56kv, à l'emploi de technologies plus avancées et à l'enchérissement des travaux de construction par les conditions géographiques dans une zone d'installation de montagne.

Par devant les législateurs, l'Exécutif chinois a admis aussi que la thermoélectrique n'avait pas l'entrée de gaz, même si ceci figurait dans le dessin original, alors il utilisait le diésel et ceci demandait des entretiens plus fréquents. La Commission a trouvé un surprix du 60% dans les travaux, équivalent à 317 millions de dollars.

Un autre article intéressant écrit par Roberto Deniz, Sol Borja en octobre 2017 dans *Dialogo Chino* a expliqué que la même entreprise chinoise a présenté des irrégularités en 2003 dans la construction de l'Aqueduc Bolivarien de l'Etat Falcón. Des défaillances dans le planning ont été observées et aussi dans les processus administratifs, ce qui a entraîné la réduction de la portée des travaux et des frais supplémentaires. Ceci s'est vu reflété dans le retard de 352 jours dans sa conclusion et dans des omissions dans les clauses du contrat.

Le portail de journalisme de recherche *Armando.info* a détaillé la grande quantité de contrats obtenus par CAMC Engineering depuis 2003. Evidemment, ses défaillances techniques répétées, le fait d'avoir seulement 20 employés et un petit bureau à Caracas, ne lui a pas empêché d´obtenir 3.000 millions en projets électriques, agricoles et industriels, parvenant même à faire partie de la liste des entreprises de certification des réserves minières quand elle ne possédait aucune expérience dans le domaine.

L´agence Reuters s´est occupée aussi de la question, en mettant en lumière une procédure suivie à Andorre contre plus de vingt personnes de différentes nationalités, y compris une douzaine de vénézuéliens, pour le paiement de pots de vins millionnaires effectués par Sinohydro et China CAMC Engineering pour obtenir les juteux contrats publics tels que la construction de la plante thermoélectrique de TermoCarabobo et l´agrandissement de la sous-station La Cabrera, les deux placées dans la région centrale du Venezuela.

Selon cette recherche, "les pots de vin étaient payés à Diego Salazar Carreño, un cousin de l´ancien président de la pétrolière de l´Etat PDVSA et ancien ministre du Pétrole, Rafael Ramírez".

Cas emblématique

Avec la firme Shanghái Dredging CO., LTD (SDC), du groupe CCCC, on pourrait écrire le Manuel de ce qu´on ne doit pas faire.

Auto définie comme "l´entreprise de dragage la plus importante du monde", la firme détient un actif total de 2.963 millions de dollars, avec 22 grands dragues à succion en marche à trémie de technologie de pointe, 15 grands dragues à succion à coupeur, et 67 embarcations auxiliaires.

"Sur le terrain on voit les chevaux", c´est un refrain originaire de la campagne argentine selon lequel les chevaux vraiment bons démontrent leur qualité lors de la course.

Ce dicton pourrait être utilisé pour les aventures de Shanghái Dredging en Amérique du Sud.

Au début de 2022, l'**entreprise** chinoise s'est présentée pour l'appel d'offre convoquée par le Gouvernement argentin pour le maintien de la Voie Navigable Principale du fleuve Paraná, par lequel circulent plus de 80% des exportations du pays.

Pour des défaillances de tout type dans sa présentation, Shanghái Dredging a été disqualifiée et elle est restée en dehors du processus de sélection. Face à cette situation, l'entreprise a publié un article **à page complète dans l'un des journaux les plus important**s de l'Argentine, où elle a affirmé que la déclaration d'inadmissibilité de sa proposition pourrait "donner lieu à l'adjudication des travaux au sous-traitant actuel (Jan De Nul) **à un prix** 40% plus élevé que celui qui pourrait être obtenu ".

Quelques mois plus tard, dans un autre appel d'offre, cette fois-ci pour le dragage du fleuve Uruguay, au lieu du 40% plus économique que le belge Jan De Nul, sa proposition a fini par être 40% plus chère.

La mise de Pékin pour la Voie Navigable Principale a commencé en 2014, quand l'entreprise de l'Etat China National Cereals, Oil & Foodstuffs (COFCO) a acheté le 51% des paquets actionnaires de Nidera et de Noble Agri pour 2.800 millions.

L'acquisition de Nidera a garanti à COFCO l'accès à un réseau de provision, stockage et logistique dans des régions productrices stratégiques au-delà du contrôle des deux principales entreprises de céréales du monde.

Noble opérait dans deux ports : un à Lima, Buenos Aires, et l'autre à Timbúes, Santa Fe, où elle possédait aussi une plante de traitement de soja et d'élaboration de biodiesel. A celles-ci il faut ajouter les plantes de stockage à Piquete Cabado, Salta, et une division d'engrais ayant trois terminales : Timbúes, Santa Fe, Necochea, Buenos Aires, et Río Paraná, Santa Fe. Ladite infrastructure permet à COFCO de contrôler directement le 14,5% du volume des exportations de grains et de se placer parmi les premières exportatrices de grains, farines et huiles d'Argentine.

Dans ce domaine clé, l'entreprise multinationale Syngenta, d'origine Suisse et qui est installée en Argentine depuis plus de deux décennies, a été acquise aussi par la somme colossale de 43.000 millions de dollars en 2016. Elle a été achetée par China National Chemical Corporation (ChemChina), qui a été fusionnée par la suite avec SynoChem pour coter dans la Bourse de Shanghai.

Si au-delà du contrôle et de l'embarquement des céréales, la Chine parvient à avoir sa propre voie navigable, elle aura dans sa main l'un de ses principaux fournisseurs. A son tour, et tel qu'elle l'a déjà fait dans d'autres parties du monde, elle pourrait circuler avec beaucoup plus de tranquillité et sécurité par ces eaux avec ses bateaux de guerre pour des "tâches de reconnaissance ".

Dans son ambition de prendre le contrôle de la Voie Navigable Principale, Shanghai Dredging a fait appel à tous les outils à sa portée, même si ceci impliquait de mettre en évidence une série d'irrégularités.

Par exemple, en avril 2022, le procureur Guillermo Marijuan a ordonné de séquestrer de documentation dans l'Administration Générale de Ports (AGP), le ministère de Transport de la Nation et les entreprises de dragage. La mesure judiciaire a eu pour but d'enquêter si l'ambassadeur argentin en Chine, Sabino Vaca Narvaja a exercé le trafic d'influences en faveur de la firme Shangái Dredging.

L'accusation a été présentée par devant le tribunal à charge de Julián Ercolini par les députés nationaux Mariana Zuvic, Paula Oliveto, Juan Manuel López, Maximiliano Ferraro et Marcela Campagnoli.

Les plaignants ont présenté à la justice une lettre où l'entreprise chinoise "décrit les points sur lesquels allait avoir effet la résolution favorable envers l'entreprise chinoise dans l'appel d'offre : Influence politique ; coopération multilatérale pour profit partagé et épargne en divises pour le Gouvernement argentin».

Les législateurs ont défini le fait comme "un scandale que non seulement confirme le rôle de lobbyste de Vaca Narvaja défendant les intérêts de la Chine, mais qui porte préjudice aussi aux relations internationales fragiles, nous plaçant comme une nation servile et soumise au régime chinois ".

L'histoire de l'entreprise chinoise dans la région n'est pas la meilleure.

En 2015, la Commission d'Administration du Río de la Plata (CARP) a convoqué des entreprises privées pour récupérer les stratégiques Canales à Martín García pour une période d'un an, renouvelable.

L'appel d'offre a été gagné par l'Union Transitoire d'Entreprises (UTE) aux capitaux chinois, formée par Shanghai Dredging Corporation et Servimagnus S.A., SDC do Brasil,

Servicios Marítimos LTDA. Suc. Argentine, qui s´est chargée des travaux en novembre 2015.

Le consortium adjugé a reçu les canaux ayant un tirant d´eau de 30 pieds en moyenne, et huit mois après le commencement des travaux les conditions n´avaient pas amélioré. On pourrait même dire que celui-ci était dans une situation plus grave.

Comme la proposition initiale du groupe chinois minimisait les mètres cube à remuer, l´équipe technique apportée n´avait pas la production journalière adéquate aux demandes. On prévoyait une deuxième drague qui n´est jamais entrée en production parce qu´il travaillait dans l´entretien du Canal d´Accès à Buenos Aires et il y a continué.

En voyant que le consortium n´accomplissait pas ce qu´il avait promis, puisqu´il s´agissait d´un contrat de dragage à objectif et délai déterminé, huit mois après, l´Argentine et l´Uruguay en tant qu´Etats contractants ont exigé une compensation pour des volumes majeurs, qui a été refusée par la concession chinoise.

Après une série de négociations, on a seulement reconnu aux gouvernements les montants équivalents aux dépenses de combustible. Ce qu´on cherchait et que finalement on a obtenu c´est la résolution du contrat sans des réclamations mutuelles et sans pratiquement aucun coût pour les Etats.

A l´époque, le concessionnaire chinois a expliqué que la profondeur n´a pas été atteinte à cause de la crue et de la sédimentation extraordinaire attribuable au phénomène d´El Niño. Pourtant, à la même date, Jan De Nul, à charge du dragage du réseau principal du fleuve Paraná, effectuait un investissement supplémentaire estimée en 60 millions de dollars pour contrecarrer cette situation. Sa flotte normale de six dragues s'est vue à l'époque renforcée par deux unités additionnelles à technologie de pointe et à taille jamais vue en Argentine. Jan De Nul a mobilisé l'ultra moderne drague à succion en marche Pedro Álvares Cabral ayant capacité de chargement de 14.000 m3. Cette seule équipe quintuplait la capacité de la drague Hang Jun 3001, utilisée par le consortium chinois à Martín García. Jan De Nul a apporté aussi la drague de coupe et succion construite en 2011 Niccolo Machiavelli, ayant une puissance totale installée d'environ 25.000 kw. Ces deux dragues au-délà de l'Alvar Núñez Cabeza de Vaca, Niña, Vespucci, James Ensor, Sanderus ont permis à Capitán Núñez d'opérer avec un total de huit équipes pour maintenir en sécurité la navigation et le service qui a garanti le tirant d'eau navigable de 34 pieds, qui a rendu possible une exportation efficace de la récolte.

Le souvenir laissé par les chinois en Colombie n'est pas bon non plus.

En juillet 2021, Shanghai Dredging a échu dans ses travaux pour approfondir le canal d'accès au port de Barranquilla et son manque de capacité a mis en échec la logistique colombienne.

Le consortium Shanghai-Ingecon, formé par la firme chinoise CCCC Shanghai Dredging Co (propriétaire du 70%) et la colombienne Ingecon S.A. (30%), s'était engagé à draguer 1.865.000 de mètres cube de sédiments dans le canal d'accès du port de Barranquilla pour atteindre un tirant d'eau minimale de 31 pieds. A ces effets, la terminale portuaire colombienne, à travers Cormagdalena, a payé 9,5 millions de dollars, mais presque deux ans après le commencement des travaux, la profondeur n`atteignait pas les 20 pieds, voilà pourquoi l´activité portuaire était complètement en risque.

Le gérant du Port de Barranquilla, René Puche, a dénoncé alors que "la drague chinoise à charge du Consortium Shanghai-Ingeco n´accomplit pas le contrat et se moque du Gouvernement National". Après avoir signalé que les responsables du dragueur manifestent qu´ils ne font pas les travaux parce qu´il y a des fortes brises, le fonctionnaire a assuré qu´ "il y a des heures du jour où ils n´y a pas des vents forts et pourtant le drague ne fait pas de travaux non plus ".

Face aux fortes demandes des syndicats, des opérateurs et des dirigeants politiques qui considèrent que le consortium chinois n´a pas accompli le contrat et face à la paralyse éventuelle d´un des ports les plus importants de Colombie, Jaime Alberto Pumarejo Heins, Maire du District de Barranquilla, a sanctionné le Décret 0135 de 2021 qui établissait "la calamité publique pour la crise du canal d´accès".

Immédiatement, Cormagdalena a convoqué en urgence la compagnie Jan De Nul, qui, immédiatement a envoyé depuis Jamaica la drague Taccola pour faire les travaux et a mis immédiatement le canal en condition opérative.

À l´autre coin du monde, ceux qui ont pu freiner les activités de Shanghai Dredging c´est les fonctionnaires de Thaïlande. Dans ce pays, ils ont bloqué un projet chinois de dragage du port du lit du Mékong pour permettre la navigation de grands bateaux de charge.

Pour justifier la décision le Gouvernement thaïlandais a souligné que "les autorités chinoises n´avaient pas n´avaient pas présenté un plan de financement pour mener à terme des nouvelles recherches sur les travaux à faire ".

Néanmoins, une raison essentielle est arrivée du côté de l'environnement. La devise "Fleuve partagé, avenir partagé", diffusé depuis Pékin par la presse amie, s'est heurté contre l'intransigeance des organisations écologistes selon lesquelles on pourrait mettre en danger les habitats des espèces sous-marines. Il faut penser que, avec l'Amazonas, le lit de ce fleuve abrite la biodiversité aquatique la plus importante du monde, avec 1.300 espèces de poissons.

Pour sa part, Pianporn Deetes, de la ONG International Rivers, a avancé que "cette petite section du fleuve Mékong aura un rôle très important dans la conservation de la partie basse du lit en amont".

D'autres groupes d'activistes de l'environnement et des représentants de la population locale ont aussi accusé Pékin d'avoir transformé profondément le Mékong avec la construction des plusieurs barrages hydroélectriques en Chine et au Laos pour approvisionner une population et une économie en expansion rapide. A leur avis, ces travaux d'infrastructure ont un impact direct sur le cours d'eau, une ressource alimentaire essentielle pour environ 60 millions d'habitants du sud-est asiatique.

Du point de vue géopolitique ou même du point de vue de ses ambitions militaires, la mesure a signifié un coup difficile à digérer pour le Parti Communiste Chinois.

Depuis des années, Pékin poursuit le dragage des environ 100 kilomètres du Mékong du côté thaïlandais pour permettre la circulation de grandes nefs marchandes, mais surtout de bateaux de guerre. Pour ce faire, il est essentiel d'unir par voie fluviale la province chinoise de Yunnan avec les eaux en dispute de la Mer de la Chine Méridionale, obtenant ainsi une circulation sans interruptions ni contretemps à travers la Thaïlande elle-même, mais aussi d´accès direct vers la Birmanie, le Laos, le Cambodge et le Vietnam.

La zone de conflit

Pourtant, le travail le plus préoccupant de Shanghái Dredging c´est la récupération du terrain dans la mer de la Chine méridionale.

Ce programme de dragage impulsé depuis Pékin a déjà créé une demi-douzaine de nouvelles îles dans la mer de la Chine Méridionale et des ports d´eaux profondes, des plages de sable et au moins une piste d´atterrissage, où plusieurs avions de combat peuvent opérer.

Depuis cette piste de trois kilomètres, située dans le Récif Fiery Cross, la Chine fonde sa demande sur l´espace aérien.

Pour l´année 2015, elle avait déjà récupéré quelques 8.000 mètres carrés, plus que ce qu´autres pays qui demandent des territoires ont obtenu en 60 ans, comme le Vietnam, la Malaisie et les Philippines. A l´époque, des images prises par satellite analysées par l´entreprise consultante de défense IHS Jane's reflétaient comment le sable du fonds marin était creusée pour la création des îles artificielles. L´entreprise à charge de grande partie de ces défauts est Tianjin Dredging, une des trois filiales de CCCC Dredging, qui opère la plupart des énormes barcasses qui ont creusé le sable du fonds de la mer.

La drague insigne pour ces travaux est la "Tian Jing Hao" de 127 mètres de longueur. Considérée comme la plus grande d´Asie, et construite par les chantiers navals du Groupe China Merchants, à un coût 130 millions de dollars, elle a la capacité d´extraire 4.500 mètres cube de sable par heure.

Pour affermir son activité, CCCC a annoncé en mars 2022 qu´elle intégrait ses trois actifs de dragage dans une nouvelle entreprise, CCCC Dredging, qui coterait à l´étranger dans l´avenir. L´entité a été configurée dans la Zone de Libre Commerce de Shanghai,

En août 2020, le Département de l´Etat des Etats Unis a imposé des restrictions de visa aux "individus de la République Populaire Chinoise responsables ou complices de la demande, construction ou militarisation à grande échelle de postes d´avancée dans la dispute de la mer du Sud de la Chine". Pour sa part, le Département américain de Commerce a ajouté 24 entreprises de l´état chinoises à sa Liste d´Entités, y comprises plusieurs subsidiaires de CCCC, telles que Shanghái Dredging.

L´action fait partie des efforts de Washington pour faire pression sur Pékin pour sa grande présence militaire dans des domaines de la Mer de la Chine Méridionale où la souveraineté est en dispute entre plusieurs pays.

"On ne doit pas permettre que la République Populaire Chinoise utilise CCCC et d´autres entreprises de l´Etat comme des armes pour imposer son agenda expansionniste. Les Etats Unis prendront des mesures jusqu´à ce qu´on verra Pékin arrêter son comportement coercitif dans la mer du Sud de la Chine, et nous soutiendrons nos alliés et associés pour résister à cette activité déstabilisatrice", a signalé le Département du Commerce dans une communication.

En réponse, depuis Pékin on insiste sur les fins pacifiques de la construction de ces îles.

Une autre action des EEUU pour freiner cette avancée a été celle d'encourager ou soutenir les manifestations des autres pays riverains comme les Philippines, le Vietnam, l'Indonésie, la Malaisie, le Brunei et le Taiwan sur cette mer que la Chine considère presque un lac intérieur. En même temps, elle maintien de manière provoquante l'activité de sa VIIe Flotte dans la zone et déplie ses batteries antimissiles THAAD en Corée du Sud. L'objectif primordial est de défendre la zone contre un éventuel attaque de la Corée du Nord, mais en même temps elles servent à neutraliser des dispositifs nucléaires en Chine continentale.

CHAPITRE VI

Un collier de ports

Je suis journaliste spécialisé en ce qui concerne les ports, le transport maritime et la logistique. C´est logique donc que j´ajoute la question clé de la géopolitique aux pages de ce livre.

Une première donnée : presque 30% du trafic mondial de containeurs enregistré en 2022 est arrivé à un moment donné dans l´un des ports opérés totalement ou partiellement par des entreprises sises à Pékin, Shanghai ou Hong-Kong.

La Chine détient actuellement 95 ports, dont 6 se trouvent parmi les 10 ports les plus importants du monde.

La China Ocean Shipping Company (COSCO) appartient au Gouvernement chinois et elle est soumise à Pékin. La compagnie est gérée par la Commission de Supervision et Administration d´Actifs de l´Etat, qui dépend à son tour directement du Conseil de l´Etat chinois, par conséquent, elle est sous le contrôle du Parti Communiste. Ses investissements sont décidés et validés par Pékin et elle est alors considérée une prolongation du pouvoir chinois dans le monde.

Aux effets de devenir la troisième compagnie maritime la plus importante du monde, COSCO s´est fusionnée avec China Shipping Group en février 2016 et a acquis Orient Overseas Container Line (OOCL) en juillet 2018.

Elle est consacrée principalement aux services de transport maritime de containeurs nationaux et internationaux et aux affaires s'y rattachant, comme le secteur commercial principal du groupe.

La compagnie possède plus de 1.100 bateaux, et elle opère 332 routes maritimes nationales et internationales qui recouvrent 254 ports dans 79 pays et régions du monde. Discrètement au début, mais à visage découvert, le Gouvernement chinois a dressé un collier de ports autour du monde.

D'autres entreprises de l'Etat liées aux leaders du Parti Communiste de Chine opèrent aussi dans le secteur portuaire. Tel est le cas de la firme de construction d'infrastructure Communications Construction Company (CCCC); et China Merchants, une corporation de l'Etat chinois, qui administre 36 ports dans 18 pays.

Celui qui répond aussi à Pékin est Hutchison Ports, la division de ports et des services rattachés de CK Hutchison Holdings Limited (CK Hutchison). Il s'agit du principal investisseur et développeur au niveau mondial ayant un réseau de 52 ports qui embrasse 26 pays de l'Asie, le Moyen Orient, l'Afrique, l'Europe, l'Amérique et l'Australie.

The Economist estime que, dans les dix dernières années, la Chine a consacré 20 mille millions de dollars aux ports étrangers.

En principe on a pensé que la stratégie d'investissement dans plusieurs des principaux nœuds de communication maritime de la planète avait des fins exclusivement commerciales, pour se disputer l'hégémonie américaine. Le temps a démontré par la suite que tous ses ports pourraient servir de bases militaires dans l'hypothèse d'un éventuel déploiement de la marine chinoise.

En Afrique

Il y a le cas concret de la pêche dans le continente africain, où la Chine est propriétaire ou opère dans 58 ports dans 27 pays.

En Mauritanie, la National Bureau of Asian Research (NBR) et le Center for Strategic and International Studies (CSIS) ont révélé trois installations portuaires construites, financées ou projetées par le capital chinois. Au-delà de l´élargissement du quai de Nuakchot et des minéraux de Nouadhibou, il y a celle exécutée par Fuzhou Hong Dong (Poly Hongdong) dans cette dernière ville.

"Il s´agit d´un énorme terre-plein privé qui sert de base pour environ 170 bateaux chinois. Il est à eux seulement, et pour eux seulement", constate le directif d´une pêcherie de Vigo, dans la note publiée dar le site Faro de Vigo.

Après cet investissement chinois, estimé en 300 millions de dollars, le Gouvernement de Mauritanie a informé que la pêche de poulpe était surexploitée, et il a expulsé 21 bateaux de la zone de pêche de Galice. Il a autorisé pourtant les nefs chinoises à continuer de pêcher et vendre le produit à l´Europe depuis Poly Hondgong.

Celui de Mauritanie est seulement un autre exemple. On pourrait affirmer aujourd´hui que la pêche africaine est entre les mains du capital chinois. La Gambie, la Libéria, la République du Congo, le Bénin, la Somalie sont les seuls territoires libres, à présent, de cette expansion débridée impulsée depuis Pékin.

Ayant accompli le premier objectif, il y a la deuxième étape, celle de l´établissement militaire.

"Le succès incontestable de la Chine dans l´obtention des

contrats pour construire, financer ou opérer les ports maritimes d´Afrique élargit son influence économique, politique et militaire dans le continent ", souligne le chercheur Rahul Karan. En fait, une grande partie des ports appartiennent à des entreprises publiques ou parastatales comme la China Merchants Group Limited, contrôlée par le ministère de Transports de Xi Jinping.

Une autre voix intéressante est celle d´ Isaac Kardon, professeur dans la China Maritime Studies Institute et auteur du rapport spécial de la National Bureau of Asian Research, divulgué en mai 2022.

"Même si la Guinée Équatoriale n´est pas parvenue à un accord pour abriter une base militaire chinoise dans la ville de Bata, où elle gère déjà un port de pêche et de marchandises, d´autres pays africains pourraient le faire dans l´avenir. La stratégie de la Chine est de faire un pas conséquent vers la concurrence stratégique directe avec les Etats Unis en Afrique".

Au-delà de la rubrique pêche, la Côte d´Ivoire a fini en novembre 2022 la construction d´une deuxième terminale de containeurs dans son port principal d´Abidjan.

Selon les autorités portuaires, le projet a été fait avec un investissement de 953 millions de dollars dont un 85% a été financé par l´Eximbank de Chine et un 15% par l´Etat de Côte d´Ivoire.

La nouvelle terminale de containeurs peur accueillir maintenant des grands bateaux venant de l´Afrique, l´Asie et l´Amérique qui devaient précédemment débarquer leurs marchandises en Afrique du Sud et les transférer dans des bateaux plus petits pour arriver en Afrique Occidentale.

Le temps dira si dans l'avenir ce port continuera entre les mains des ivoiriens ou s'il passera dans celles de la Chine.

Cette affirmation est en rapport avec ce qui se passe au Kenya, où des coûteux projets ferroviaires seraient avalisés par un port.

Peter Fabricius, directeur de l'Institut Africain d'Etudes de Sécurité (AISS), a remarqué qu'"il paraît que le gouvernement a offert le port comme garantie pour le prêt de la Chine pour construire le chemin de fer Mombasa-Nairobi, dénommé Chemin de Fer à Voie Standard (SGR), en 2014".

Pour sa part, le Fonds Monétaire International (FMI) a exprimé aussi sa préoccupation parce que la grande dette du Kenya envers la Chine peut amener le créancier à détenir le contrôle de deux actifs clé : le chemin de fer à largeur standard entre Mombasa et Nairobi et le port d'eaux profondes de Mombasa.

La stratégie chinoise avait été déjà dénoncée par le président américain Donald Trump, qui a parlé de la "diplomatie de la dette", qui permet aux chinois de conditionner ses prêts aux garanties basées sur la cession d'infrastructures stratégiques.

Un rapport exhaustif dressé par le Centre de Ressources et Information sur l'Intelligence Economique et Stratégique (IE par ses sigles en français) sous le titre "Les ports africains, convoités par Pékin", recueille le cas du port de Doraleh, à Djibouti. Après deux décennies d'investissements, la Chine possède le 70% de la dette de Djibouti, ce qui réduit la marge de manœuvre politique de ce petit pays.

L'ancien opérateur du port, DP World, a dû subir la résolution unilatérale du contrat de concession de la part du Gouvernement de Djibouti, pour céder son opératoire à la China

Merchants Bank, actionnaire minoritaire du port. La décision d´un tribunal britannique rendue en faveur de DP World, car il le considérait le principal actionnaire de la terminale de containeurs, a été inutile.

Pour Pékin, le port de Djibouti est la clé pour accéder et approvisionner ainsi l´Ethiopie, pays à grande dimension et population qui n´a pas d´accès maritime et dépend principalement de Djibouti pour ses importations. La richesse naturelle du pays et ses nombreuses ressources, principalement le gaz et les minéraux, attirent le poulpe chinois, qui continue d´y investir massivement.

Pourtant, son principal objectif est militaire. Placé dans ce qu´on appelle le "Corne de l´Afrique", et faisant partie du Canal de Suez, une des routes maritimes les plus transitées du monde, Djibouti possède un enclave stratégique privilégié.

Il y a toujours une excuse pour le débarquement chinois. Selon ses autorités, l´installation de ses bases militaires à l´étranger a pour objet la lutte contre le piratage, autant dans les côtes de Somalie et du Golfe d´Aden lui-même, comme dans le reste de l´Océan Indique. Depuis cette position, aussi, le combat contre le terrorisme international sera renforcé.

A un moment donné, le porte-parole du Ministère aux Affaires Etrangères de la Chine, Geng Shuang, a décrit la base comme faisant partie des efforts en cours pour contribuer à la paix et la sécurité de la région.

La réalité est que près du port de Doraleh, ayant une superficie de 360.000 mètres carrés et un quai de 600 mètres de longueur, la base dessinée par l´ingénierie chinoise a été officiellement inaugurée au mois d´août 2017. Elle y a assigné un escadron de l´Armée Populaire de la Libération de Chine

(EPL) ayant capacité maximale pour 400 marines. Elle possède aussi un héliport, une piste d'atterrissage courte, un dépôt pour munitions et armement, et des bureaux administratifs.

Les dernières nouvelles parlent sur la possibilité de construire dans la zone une base de lancement spatial, avalisée par l'entreprise chinoise Hong Kong Aerospace Technology, à environ 1.000 millions de dollars d'investissement.

Le Centre d'Etudes Stratégiques et Internationales (CSIS par ses sigles en anglais) a publié son étude "Influences et infrastructures : Ce qui est en jeu dans les projets extérieurs ", où il identifie 46 terminales portuaires de l'Afrique subsaharienne qui ont des liens avec la Chine.

"Ces ports sont situés au long de toutes ces côtes, donnant à la Chine l'accès aux principales routes maritimes et points de passage. Il y a des indices que Pékin pensé utiliser ces investissements portuaires pour augmenter sa portée militaire et politique ", a souligné Judd Devermont, directeur du Programme d'Afrique du CSIS.

Le Centre d'Etudes a remarqué dans son rapport qu'"au moins six ports figurant parmi ces données ont été visitées par des bateaux de guerre chinoise, ce sont des ports à double usage, civile et militaire. A son tour, sept des onze ports gérés par des entreprises chinoises c'est des entreprises d'eaux profondes, ce qui les rend capables d'accueillir de grands bateaux commerciaux mais aussi de guerre ".

Kevin Rudd, de l'Institut Politique de la Société Asiatique (ASPI par ses sigles en anglais), remarque dans le rapport la "faim apparemment insatiable de la Chine pour les ports de tout le monde».

Le directif dit que "les soupçons concrets font allusion à

des ports à taille apparemment excessive, mais infra-utilisées, se trouvant dans des routes commerciales de l'océan Indien. Ces ports semblent plus adéquats pour des possibles bases navales que pour des opérations commerciales".

S'il y a un cas emblématique, s'il existe un "modèle terminé" de la stratégie chinoise, c'est celui du port d'Hambantota à Sri Lanka.

Depuis le commencement, la décision de construire un deuxième grand port dans un pays de la taille de la Grande Bretagne et ayant une population de 22 millions d'habitants a été mise en question. Surtout quand le port principal de la capitale s'élargissait et elle avait plus de place pour l'expansion.

Une grande partie des problèmes économiques qui subit actuellement l'ancienne Ceylan est expliquée par la construction de ce port que tout le monde a condamné à l'échec d'avance. Tous sauf son financier et principal propulseur : le Gouvernement de la Chine.

Les présages se sont accomplis, le port a été un échec, la dette a augmenté jusqu'à devenir impossible de payer et la Chine s'est fait payer la dette avec le port, qui lui a été cédé pour une période de 99 ans avec 607 hectares voisines pour la construction d'une zone industrielle.

Le transfert lui a permis le contrôle du territoire à quelques centaines de kilomètres des côtes de l'Inde, un de ses rivales, et un point d'appui stratégique au long d'un canal commercial et militaire critique.

Certains fonctionnaires et analystes chinois insistent sur le fait que l'intérêt de la Chine dans le port d'Hambantota est purement commercial, les visites récentes de bateaux de guerre dans ses quais indiquent le contraire.

Il est difficile de croire, par exemple, que l'arrivée du "Yuan Wang 5", plein d'antennes et paraboliques, soit comme dit la Chine, celle d'un "bateau de recherche et scientifique ". Plusieurs experts coïncident d'affirmer qu'il s'agit d'une des nouvelles nefs de suivi spatial de pointe, capable de surveiller les satellites, et les lancements de fusées et des missiles balistiques intercontinentales. On spécule sur le fait qu'ils portent une flotte de drones sous-marins et que, autrement, c'est une formidable équipe de surveillance.

L'escale de la nef à Sri Lanka a ignoré les plaintes de l'Inde et l'Occident sur les ambitions chinoises dans l'océan Indien.

Officiellement, le "Yuan Wang 5" a accosté à Hambantota pour charger du combustible et s'approvisionner d'autres provisions, même si Sri Lanka, qui est en banqueroute, en a très peu.

Ayant conscience du mauvais résultat de cette aventure, le Gouvernement de Myanmar a décidé de réduire de manière drastique l'envergure d'un projet portuaire financé par la Chine dans la baie de Bengale. Les fonctionnaires ont expliqué qu'il existe un risque élevé de dette insoutenable pour le pays.

L'objectif est de réduire la taille du développement portuaire, conçu au début en 7.300 millions de dollars, à 1.000 millions.

À l'autre bout du monde, une situation similaire s'origine.

Depuis avril 2021, la Terminale 5 du port de Buenos Aires, en Argentine, ne reçoit pas des bateaux ni n'a un seul mouvement de charge. Néanmoins, la concessionnaire Buenos Aires Container Terminal Services S.A. (Bactssa), contrôlée par l'opérateur chinois Hutchinson Ports, continue de payer le salaire de ses 500 travailleurs et les canons à l'Administration Générale de Ports au-delà du maintien de l'infrastructure de grues et quais.

Même dans cette situation de perte économique, la Chine a disposé de toute son artillerie de lobby pour rester dans cette enclave placée au cœur de la capitale argentine.

Son contrat de concession finissait le 15 mai 2021, mais ils ont obtenu une mesure de précaution par devant le Tribunal au Contentieux Administratif Fédérale N° 1, qui a donné rapidement cours à la demande de prolongation du délai.

Ce jugement a été ratifié en deuxième instance par la salle IV de la Cour Nationale d'Appel au Contentieux Administratif Fédérale.

Face à ce scénario, le Ministère du Transport a dicté la Résolution 193/2022 qui prolongeait le délai de concession de la Terminale N° 5 jusqu'au 31 mai 2024, date où échouaient aussi les concessions de la concurrence, Terminales Río de la Plata (Dubai Ports) et la Terminale 4 (APM Terminals).

La question est de savoir pourquoi la Chine a effectué un mouvement pareil pour un port qui ne produit que de dépenses.

L'Argentine est le 4e pays de l'Amérique Latine ayant financement chinois, de 17.000 millions de dollars. Ces données sont prises de la base de données de la Chine dressée à partir des informations de la Banque de Développement, la Banque d'Exportations et Importations et l' ICBC. A ce chiffre il faut ajouter environ 20.000 millions de dollars pour l'échange de monnaies de la Banque Centrale avec la Chine, qui, à son tour, justifie près de la moitié des réserves internationales brutes du pays.

Ce n'est pas par hasard non plus que ce soient justement le Sri Lanka et l'Argentine les deux des trois récepteurs principaux des prêts de sauvetage financier de la Chine, avec le Pakistan, à 32.830 millions depuis 2017.

La possibilité de répéter en Argentine l'histoire de Sri Lanka et son port de Hambantota pourrait être proche : la Chine annule une partie de la volumineuse et presque impayable dette de l'Argentine et en contrepartie elle obtient la concession pour 99 ans de la Terminale 5.

Qui sait si en peu de temps on ne verra pas la silhouette des bateaux militaires chinois au port de Buenos Aires, et Pékin dira qu'ils sont là pour la recherche scientifique.

Le Vieux Monde

En Europe, le débarquement de la République Populaire s'est produit au port du Pirée, en Grèce, ça fait plus d'une décennie.

Dans les années 90, l'armateur de l'Etat chinois COSCO avait commencé ses investissements dans les terminales de ce port qu'à l'époque était une escale marginale.

En 2009, lorsque la Grèce passait par une dure récession économique, COSCO a profité pour acheter d'occasion un paquet important d'actions. Il a juste payé 393 millions de dollars, il a obtenu le 67% du capital et a pris le contrôle du port.

Le scénario a été alors idéale pour cette première incursion. Situé plus près de Pékin que les ports du nord, le sud européen présente les meilleures conditions pour ses opérations logistiques.

Tout a changé à partir de ce moment. Le Pirée est devenu sa tête de plage dans la Méditerranée, nœud de distribution des produits chinois qui arrivent de la Mer Rouge et centre logistique à l´intérieur de l´Europe.

Sa soudaine croissance a entraîné un hypothétique préjudice à l´environnement et a déjà provoqué des actions légales de la part des organisations écologistes locales contre COSCO. Les plaintes évoquent le dragage sans contrôle du lit maritime et la pollution toxique, ainsi que l´augmentation du trafic autant par mer que par terre.

"Ceci ne bénéficie pas Le Pirée. Ceci bénéficie d´autres personnes qui ne vivent pas ici ", a remarqué l´avocate Anthi Giannoulou à la BBC.

De toutes façons, c´est à partir du Pirée que la Chine a commencé à tisser un réseau de ports secondaires, mais toujours à haute valeur stratégique, dans une patiente avancée.

Près de la Grèce, en Italie, COSCO, en société avec la terminale portuaire chinoise de Qingdao, a acquis le 49,9% des actions du port italien de Vado Ligure, à Savona. Dans ce cas, le pas a été significatif, puisqu´il s´agit de la terminale frigorifique la plus importante de la Méditerranée. Puis la Chine va élargir sa présence au port de Trieste, endroit clé pour accéder aux pays balkaniques sans littoral. A Gênes, où COSCO possédait déjà une partie d´un de ses quais en concession, un accord souscrit en 2019 dans le cadre de la Nouvelle Route de la Soie a stimulé son activité.

Par l´achat du 51% des actions de Noatum Ports en 2017, COSCO a pris le contrôle des ports de Valence et Bilbao, en Espagne.

A Barcelone, Hutchinson Ports est devenu le seul actionnaire de la Barcelona Europe South Terminal (BEST).

La République Populaire a fait des courses en France. La compagnie de l'Etat China Merchants Port Group, a accédé en 2013 au 49% des actions de capital de Terminal Link, opérateur des terminales de containeurs de Marseille, Malte-Marsaxlok, Tanger-Med et Casablanca.

China Merchant possède aussi le 25% de participation dans Eurofos, à charge du port de Fos-sur-Mer, depuis 2018.

En Belgique, presque 90% de l'entreprise de manipulation de containeurs CSP Zeebrugge Terminal est propriété de COSCO. L'entreprise maritime de l'Etat chinois est aussi actionnaire du 20% de la Terminale Gateway d'Anvers.

China Merchants Port Holding (CMP), une autre entreprise contrôlée par le Parti Communiste Chinois, participe aussi dans ladite terminale de Anvers avec le groupe maritime français CMA CGM. Elle est actionnaire aussi depuis plusieurs années de Maersk Container Industry, qui opère dans les ports belges. A son tour, la chinoise Hutchison Ports opère dans la terminale du port intérieur de Willebroek.

De toutes façons, et conformément à l'opinion exprimée dans *Trends* par Cind Du Bois, professeur de la Royal Military School, "nous ne devons pas exagérer le cours des évènements. Au port grec du Pirée, les chinois ont le contrôle. Pourtant, les actionnaires chinois de la terminale d'Anvers ne peuvent pas interférer activement dans sa gestion ni diriger les flux du commerce. Pareil pour le cas de Zeebrugge".

Pour sa part, CCCC a aussi des participations dans des nombreux ports français comme Dunkerque, Le Havre, Marseille, mais aussi à Marsaxlokk, Malte et Istamboul.

Toutes les alarmes ont sonné en 2022 quand la Chine a exprimé son désir de débarquer à Tollerort, une des trois terminales de l'entreprise logistique HHLA à Hambourg, le principal port commercial d'Allemagne et le troisième d'Europe, après Rotterdam et Anvers.

Connu comme "la porte de Chine en Europe", Hambourg est responsable du 40% du trafic entre l'Asie et le Vieux Monde.

Ce qui semblait être, à un moment donné, encore une autre opération d'achat de la Chine en Europe, est devenu un vrai problème pour l'administration allemande du Chancelier Olaf Scholz.

La dure et en même temps proche expérience de dépendance du gaz russe a changé l'attitude de l'opinion publique et de plusieurs politiciens concernant les investissements stratégiques étrangères. Le Gouvernement a craqué dans son sein et le Ministère aux Affaires Etrangères était si gêné par l'approbation qu'il a rédigé une note sur la réunion du cabinet où le refus a été documenté, selon des informations de deux sources du gouvernement à Reuters.

"Cet investissement large et disproportionné va élargir l'influence stratégique de la Chine dans les infrastructures de transport allemandes et européennes, ainsi que la dépendance allemande de la Chine. Les risques qui surgissent sont considérables quand les éléments de l'infrastructure de transport européenne sont influencés et contrôlés par la Chine, alors que la Chine elle-même ne permet pas que l'Allemagne participe dans les ports chinois ", remarque le document, diffusé par Reuters.

Cinq autres ministères fédérales tels que l'Economie, l'Intérieur, la Défense, les Finances et le Transports ont émis aussi une décision défavorable à cette cession. Sans parler des services d´intelligence et contre-espionnage, qui se sont montrés réticents aussi à accepter la vente, selon des informations des chaînes NDR et WDR.

Des législateurs de deux des partis qui gouvernent l´Allemagne ont rejoint les protestations, critiqué les plans de COSCO, et averti que ceux-ci "représentent un risque pour la sécurité nationale ".

Marcel Emmerich, député du Parti Vert, a accusé Scholz de vouloir "apporter des parties du port de Hambourg en Chine, à tout prix ".

De l´autre côté de l´Atlantique, l´ancien commandant de l´Armée des Etats Unis en Europe a dit que "les ports sont plus importants pour l´OTAN que les systèmes de missiles Patriot", et en même temps, il a averti sur le danger qu´impliquent les investissements chinois en infrastructure critique d´Europe.

Dès qu´elle a appris sur l´intention chinoise, la Commission Européenne a émis un avertissement à l´Allemagne. Selon ce qui a informé à l´Agence France-Presse une source proche du dossier, l´Exécutif européen a délivré un avis négatif car il considérait que des informations sensibles concernant l´activité portuaire pourraient entre transmises en Chine. Depuis l´invasion russe en Ukraine, l´UE met plus l´accent dans la protection des infrastructures critiques.

Finalement, l´Allemagne a décidé d´autoriser le polémique investissement, mais limitant la partie vendue dans l´intention d´apaiser les voix critiques de ce projet qui a divisé profondément la majorité d´Olaf Scholz.

COSCO a seulement été autorisé à acquérir une portion "inférieure au 25%" dans ladite terminale, au lieu du 35% prévu, qui empêcherait une participation stratégique ", a informé le ministre de l'Économie allemand sous l'invocation de la protection de "la sécurité et l'ordre public ".

Ce n'est pas tout. COSCO ne pourra pas non plus exercer le contrôle sur les opérations de la terminale portuaire, ni ne pourra exercer le droit de véto sur les décisions stratégiques ou de personnel. Sa participation, en concret, sera réduite exclusivement au financier, selon communication du Gouvernement allemand.

Henry Ford disait que le « meilleur accord est celui qui laisse les deux parties également mécontentes ». Et il paraît que c'est le cas ici.

Le Chancelier Scholz n'a pas pu apaiser les eaux en Allemagne ni dans l'Union Européenne. Il n'a pas pu éviter non plus la colère du régime de Xi Jinping, avec lequel il maintient des liens commerciaux étroits.

"Nous espérons que les parties impliquées considèrent une collaboration pragmatique entre la Chine et l'Allemagne de manière rationnelle et qu'elles arrêtent de faire du scandale sans fondement ", a dit Wang Wenbin, porte-parole du Ministère aux Affaires Etrangères de Pékin.

"Il est mieux de vendre le 24,9% que plus du 30%, mais la décision n'est pas correcte", a dit Anton Hofreiter, président de la Commission Parlementaire des Affaires Européennes.

Celui qui a aussi qualifié de "pas correcte" la décision a été Friedrich Merz, leader de l' opposition conservatrice d'Allemagne.

L'Amérique Latine

Une étude du Centre pour une Société Libre et Sûre (SFS par ses sigles en anglais), du dernier trimestre de 2022, a indiqué que quelques 40 ports en Amérique Latine depuis le Pérou jusqu'au Mexique, combinés avec 11 stations terrestres satellitales en Argentine, Brésil, Bolivie et Venezuela, concèdent à la Chine une place stratégique dans l'hémisphère occidental.

Plusieurs des entreprises de l'Etat chinois impliquées dans les projets d'investissement et développement de ces infrastructures ont des liens avec l'Armée Populaire de Libération Chinoise (EPL), dit SFS, sise aux Etats Unis.

Eleanor Hadland, de l'entreprise de consultation internationale Drewry, dit dans un article de BBC Monde que, même si les opérations des entreprises chinoises en Amérique Latine ont augmenté, elles se trouvent bien au-dessous du phénomène qui s'est produit ailleurs.

"Les terminales de containeurs ont été placées dans la première vague de privatisations de ports vers la fin des années 90 et le début de 2000", signale l'expert.

Celui qui a joué fort dans la région a été Hutchison Ports, avec plusieurs actifs dans plusieurs ports de l'Amérique Latine. COSCO et China Merchants sont entrés par la suite, mais de manière plus prudente et prenant l'Amérique Latine comme un marché secondaire.

Les nouvelles privatisations portuaires impulsées au Brésil peuvent être un espace intéressant pour les opérateurs chinois. Lancés lors de l'administration de Jair Bolsonaro (2019 – 2023), actuellement le président Luiz Inácio Lula da Silva a annoncé son intention d´étudier chaque cas en particulier. Il faut voir ce qui pèse d´avantage : le lien économique et même idéologique de Lula avec la Chine ou ses principes pro-Etat qui sont contraires aux privatisations.

Parmi les grands ports à investissements chinois qui opèrent en Amérique Latine et les Caraïbes, il y a ceux d´Ensenada, Manzanillo, Lázaro Cárdenas et Veracruz, au Méxique.

Aux Bahamas, Freeport ; à Jamaïque, Kingston ; au Panama, Balboa et Colón ; au Brésil, Paranaguá ; et en Argentine, Buenos Aires.

Plusieurs terminales privées opèrent aussi avec des capitaux chinois, telle que celles de Nidera et de Noble Agri sur le fleuve Paraná, en Argentine. Dans les deux cas, le 51% du capital actionnaire a été acquis par l´entreprise de l´état chinois China National Cereals, Oil & Foodstuffs (COFCO) pour 2.800 millions de dollars.

Un des ports où la Chine investit fortement est la Terminale Portuaire Multi-propos de Chancay, au Pérou.

Sise à 80 kilomètres au nord de Lima, cette méga infrastructure vise à devenir un centre d´échange et de distribution dans la région, pour mobiliser une grande quantité de marchandises de passage depuis et vers le Pacifique, surtout en ce qui concerne les produits miniers.

La construction de ce port, à charge de COSCO, va consolider la présence déjà solide de la Chine au Pérou, et va la projeter partout en Amérique Latine. Conformément aux projets d´ingénierie en cours, elle aura quatre sites d´accostage pouvant les augmenter à 15 dans l´avenir. Pour sa profondeur naturelle, sur le Pacifique, elle sera à même de recevoir les bateaux porte-containeurs les plus grands du monde.

La dépense est colossale : 3.600 millions de dollars, selon les projections officielles, pour développer des travaux complexes d'ingénierie déjà en cours avec lesquels le Gouvernement péruvien compte attirer environ 50% des presque 580.000 millions de dollars produits annuellement par le commerce entre la Chine et l'Amérique du Sud.

Guillermo D. Olmo, correspondant de BBC News au Pérou, dans son article "Chancay, le méga-port stratégique construit au Pérou pour le commerce avec l'Asie que la Chine " remarque que ce projet si ambitieux est, pourtant, entouré de polémique. Ses promoteurs, principalement le Gouvernement chinois et le péruvien, assurent qu'il va stimuler le développement de la zone, l'emploi et les échanges, mais ses détracteurs alertent sur son impact social et dénoncent les préjudices portés à l'environnement.

Une des critiques les plus importantes concerne la démolition d'une des collines de la zone de la côte centrale du Pérou. Mais le tunnel de presque deux kilomètres qui se perfore sous le centre peuplé de Chancay, pour connecter le port avec la Route Panaméricaine qui est tout près, est aussi préoccupant. Elle aura quatre voies pour la circulation de véhicules, deux tapis roulants pour le transport de charge en vrac solide et de tuyaux pour les liquides.

En 2018, un groupe d'organisations a présenté un recours contre l'étude d'impact écologique effectué par l'entreprise COSCO.

Le rapport dressé par le biologiste marin allemand Stefan Austermühle, a dénoncé que la construction du port causerait des dommages irréparables à la zone humide de Santa Rosa. Das ce site voisin de 77 hectares il y a le sanctuaire de près de cent espèces d'oiseaux, affectées à présent par les explosions et le travail des camions et des machines lourdes.

L'étude critique aussi l'érosion des côtes à cause des immenses glissements de terres et l'impact sur la faune marine de l'intense trafic de bateaux à grand tirant d'eau qui viendront au port.

Míriam Arce, présidente de l'Association en Défense des Habitations et de l'Environnement du Port de Chancay, a dénoncé aussi que "plusieurs voisins ont vu comment des fissures apparaissaient dans leurs maisons et il y des quartiers entiers qui doivent être évacués tous les jours à cause des explosions".

Vers la Antarctique

Dans l'extrême sud du continent, la Chine cherche depuis des années et par différents chemins, la possibilité d'avoir un port pour projeter ambition territoriale sur l'Antarctique.

Déjà consolidé dans l'Arctique, Pékin a fait savoir par des faits concrets son intention d'élargi ses domaines sur l'Antarctique. N'étant pas satisfaite avec les quatre bases scientifiques dans le continent austral, deux permanentes et deux autres opératives pendant l'été, elle a construit en 2022 sa cinquième installation, cette fois-ci dans la mer de Ross, avec laquelle elle est en égalité de conditions avec les Etats Unis dans la zone.

Un rapport de l' Université de Navarre dénommé "La Chine augmente sa présence dans la Antarctique" remarque que depuis l'arrivée au pouvoir de Xi Jinping en 2013, la République Populaire cherche à créer une Zone Antarctique

Spécialement Administrée, pour la protection de l'environnement autour de la base de Kunlun, action à laquelle résistent ses voisins régionaux, car ceci donnerait à Pékin le contrôle sur les activités qui s'y déroulent. Celle-ci est la base chinoise à plus grand protagonisme, essentielle pour ses études en matière astronomique, et par conséquent, pour le développement du BeiDou, système chinois de navigation satellitale, essentiel pour l'expansion et modernisation des forces armées et qui rivalise avec les systèmes GPS (Etats Unis), Galilée (UE) et Glonass (Russie). Concernant cette question et vues les implications militaires qui possède l'Antarctique, le Traité a établi la possibilité que tout pays effectue des inspections à toute base s'y trouvant, comme une manière d'assurer l'accomplissement des dispositions de l'accord (article VII). Pourtant, le danger et le coût de ces inspections a provoqué la réduction considérable de celles-ci, pour ne pas dire que la base de Kunlun se trouve dans l'une des régions climatologiquement les plus hostiles du continent.

La Chine a actuellement deux brise-glace, le Xue Long I et le Xue Long II, le deuxième a été construit intégralement dans le territoire chinois avec l'assistance de la finlandaise Aker Arctic. Les experts considèrent que Pékin pourrait être près de construire des brise-glace à propulsion nucléaire, quelque chose qu'actuellement seulement fait la Russie et qui aurait des conséquences à portée globale.

Le problème pour le régime de Xi Jinping est que Antarctique est loin de la Chine continentale, par conséquent, il lui faut des associés dans la région. Elle a pensé d'abord à l'Australie, mais les liens détériorés entre Pékin et Canberra lui ont fait tourner les yeux vers l'Argentine.

Ushuaia, la ville la plus australe du monde, connue comme "la porte d'entrée à l'Antarctique", est l'objectif qu'elle poursuit.

Construire un port dans la zone serait idéale pour ses projets expansionnistes, même si jusqu'à présent elle n'a pas fait des avancements significatifs.

Le premier essai a été promu en 2022, quand le China Shaanxi Chemical Industry Group a proposé la construction d'un port multi-propos à Río Grande, Terre du Feu. La tâche serait à charge de HydroChina Corp., "une entreprise contrôlée évidemment par l'Etat chinois et qui est représentée en Argentine par Shuiping Tu, un bureaucrate du Parti Communiste Chinois", a signalé à *Infobae* un spécialiste ayant accès à information sensible sur le projet, en strict off the record.

Immédiatement, le portail français *Intelligence Online*, spécialisé dans des sujets stratégiques, a affirmé que la fin ultime de cette proposition était de construire une base navale pour projeter la Chine vers l'Antarctique, contrôler le pas entre les océans Atlantique et Pacifique, et monitorer les communications dans toute l'Amérique du Sud.

En décembre 2022, le gouverneur de Terre du Feu, Gustavo Melella, a signé un mémorandum avec China Shaanxi Chemical Industry Group pour la construction d'un port ayant une capacité annuelle de 600 mille tonnes d'ammoniaque synthétique, 900 mille tonnes d'urée et 100 mille tonnes de glyphosate.

A différence de ce qui s'est passé avec une convention précédente souscrite en septembre de la même année avec Powerchina, cette fois-ci Mellea n'a pas diffusé l'accord portuaire dans ses réseaux sociaux parce qu'il en pressentait sûrement les répercussions négatives.

Le gouverneur ne s´est pas trompé dans ses prévisions. Malgré l´accord de la Présidence et des pressions constantes de Sabino Vaca Narvaja, ambassadeur argentin à Pékin et principal lobbyste du Gouvernement chinois, les critiques se sont fait entendre.

Lors de son exposition au Congrès National, au moment de donner des détails du Budget 2023, le ministre de l´Economie et homme fort du Gouvernement argentin Sergio Massa a écarté complètement le projet.

A l´occasion il a dit : "Nous incorporons une donnée additionnelle que nous considérons une réaffirmation de souveraineté. C´est l´investissement en matière antarctique de la construction de la Base Navale Ushuaia pour qu´elle soit de souveraineté argentine, autant le développement du Pôle Logistique Antarctique que le développement du fonctionnement de nos forces armées en matière antarctique ", a manifesté Massa au mois de septembre 2022.

"Le Budget prévoit aussi la récupération de la Base Petrel. Il faut 125 millions de dollars pour mener à terme la construction du quai, les installations et les habitations du service du personnel. Evidemment, on va continuer les investissements en radars parce que nous considérons que ça fait partie de l´espace aérien ".

Il est possible que la Chine ait pris cette initiative au mauvais moment. Entre 2010 et 2020, le déploiement des Forces Armées argentines s´est orienté d´avantage vers la frontière nord, visant à combattre les vols irréguliers et l´avancée du trafic de drogue. Actuellement, pourtant, l´axe prioritaire se trouve au sud.

Selon l'article de Mariano De Vedia au journal *La Nación*, la création de plus d'unités au sud s'ajoute au projet de la Base Navale Intégrée à Ushuaia et au Pôle Logistique Antarctique, que favorisera la possibilité de prêter des services d'assistance à d'autres pays. Et en mai 2022 le radar tactique de défense aérienne RPA-170M a été mis en marche à Rio Grande, développé par l' Invap, à portée moyenne et à technologie de pointe, pour renforcer la capacité de surveillance et contrôle de l'espace aérien dans l'Atlantique du Sud.

Actuellement pour l'Argentine, Río Gallegos et Ushuaia sont considérées des localisations stratégiques, étant donné que chacune de ces villes se trouve à 670 kilomètres de distance des Malouines. Même si l'Armée participe des campagnes dans l'Antarctique, elle n'avait jamais eu une garnison en Terre du Feu.

Dans le cadre de la stratégie pour renforcer la présence dans l'Atlantique du Sud, le Commando Conjoint Maritime mène depuis juin 2021 le contrôle et surveillance de la Mer Argentine, spécialement pour combattre l'entrée irrégulière d'embarcations et la pêche illégale. A ceci s'ajoute le Commando Conjoint Antarctique, qui conduit les opérations de notre pays dans les bases antarctiques.

Evidemment les plaintes et les pressions contre sont venues aussi des Etas Unis. En 2021 le chef du Commando Sud à l'époque, amiral Craig Faller dans sa visite à l'Argentine, a voyagé spécialement à Ushuaia. À l'occasion, le gouverneur Melella a inventé un voyage pour éviter de le recevoir.

Depuis le secteur de la pêche, ils se sont scandalisés aussi. Le directeur Exécutif de la Chambre Armateurs Argentins de Turluttes (CAPA par ses sigles en espagnol), Darío Sócrate, a mis en question la construction du port à Río Grande parce qu'il "pourrait servir d'assistance et amarrage de la flotte d'embarcations à drapeau chinois qui pêchent du calamar dans la controversée et non respectée limite de la mille 201".

Par le biais d'une note envoyée au sous-secrétaire de Pêche et Aquiculture, Carlos Liberman, six des principales chambres d'entrepreneurs de l'activité ont signalé que "c'est bizarre de devenir amis de ceux que nous devons accueillir et rendre service pour qu'elles puissent opérer plus facilement. Il s'agit d'entreprises qui n'accomplissent pas la normative argentine en matière de pêche et qu'effectivement font la concurrence aux produits argentins dans les mêmes marchés, plusieurs fois dans des situations de travail esclave, l'inaccomplissement des normes internationales et générales ".

Dans l'opinion des entrepreneurs, par la construction de ce port "nous encourageons une sorte d' usurpation du profit des ressources maritimes argentines, puisque ces bateaux dans plusieurs cas opèrent avec des licences octroyées par le Gouvernement illégitime des britanniques dans les Malouines".

Dans des déclarations au média *Pescare*, Socrate a affirmé que "l' intention hypothétique de Río Grande va favoriser la pêche illégale et rendra service aux voleurs, ni plus ni moins que ça. Encourager la pêche illégale à l'encontre de nos intérêts, qui porte préjudice à l'activité dans la mer à normative argentine ".

Une autre communication officielle, cette fois-ci de la Chambre Argentine Patagonique des Industries de la Pêche (CAPIP), a remarqué que le projet de construire un port à Río Grande va favoriser la "présence dans des eaux adjacentes à la Zone Economique Exclusive nationale d'une flotte de

350 à 450 bateaux étrangers, intégrée principalement par des bateaux à drapeau chinois, qui opère sans aucun type de régulation ni de considération des normes élémentaires de conservation, démontrant un mépris total par les intérêts et les droits de pêche argentins, ainsi que par les principes de la pêche responsable et soutenable".

Dans le même sens, Cesar Augusto Lerena, dans une colonne d'opinion publiée au site *Serindustria* remarque que "la réputation de la Chine dans l'activité de pêche est reconnue comme mauvaise et on lui attribue la pêche illégale dans des innombrables Etats riverains. Une douzaine de pays se sont manifestés contre la pêche illégale des bateaux chinois subventionnés : l'Equateur, le Chili, le Pérou, la Colombie, le Mexique, la Costa Rica, la Corée du Sud, le Vietnam, la Mauritanie, le Sénégal, la Guinée, la Sierra Leona, pour en nommer seulement quelques un, et ce pays a mis en évidence son intérêt au Pacifique et l'Atlantique Sud, après avoir pillé le monde. On ne peut pas ouvrir la mer à la Chine par son asymétrie économique et parce que ces embarcations ne respectent pas le droit de la mer et les autres normes internationales en vigueur".

Pour l'expert en l'Atlantique du Sud et la Pêche, et auteur de 25 livres, "la Chine ne vient pas contribuer au développement de l'Uruguay ou l'Argentine, pourquoi le ferait-elle ? Elle vient pour nos ressources naturelles, pour les matières premières à faible valeur ajoutée et ce qui est encore plus grave, pour installer une base d'opérations du géant asiatique à la tête de l'Atlantique du Sud. Si innocent que l'achat de plantes de traitement d'aliments, des minières ou des champs d'exploitation agricole en Argentine ou l'installation d'une

Station Spatiale de la Chine à Neuquén, qui dépend du Commandement de l´Armée Populaire, un territoire de souveraineté chinoise, à charge de fonctionnaires chinois et inaccessible aux argentins".

A critère d´Armando Cabral, journaliste de recherche renommé siégeant à Terre du Feu, "avoir le port à Río Grande pourrait ouvrir à la Chine une grande porte d´entrée a tout ce qui concerne l´économie dans l´Antarctique, tout ce qu´on peut faire au-delà du scientifique.

L´intervention des capitaux chinois ou russes au port, nous complique et ne colle pas pour une question de souveraineté plus particulièrement dans un endroit comme celui-ci, où les Malouines sont à 600 kilomètres et l´Antarctique qui est stratégique et hyper importante parce qu´elle fait partie de notre province".

CHAPITRE VII

Voyage dans les étoiles

En 2014, le Gouvernement d´Argentine a signé un Accord qui a permis à la Chine d´installer et construire une station spatiale, la première en dehors de son territoire, dans la province de Neuquén, plus précisément à Bajada del Agrio, à 40 kilomètres du village de Las Lajas, de 7.000 habitants.

Sa localisation n´est pas hasardeuse. Elle se trouve à moins de 100 kilomètres de Vaca Muerta, la formation géologique de schiste argileux située dans l´embouchure du Neuquén. On ajoute à son potentiel pour obtenir du gaz (308 TCF) les sources colossales de pétrole qui atteignent les 16.200 millions de barils, ce qui signifie de multiplier pour dix les réserves actuelles de l´Argentine.

La Loi 27.123, de seulement deux articles, sanctionnée aux effets établit "la construction, l´établissement et l´opération d´une station spatiale loin de la Chine… dans le cadre du Programme Chinois d´Exploration de La Lune, passé à Buenos Aires, le 23 avril 2014".

Ce programme crée carrément une enclave souveraine de la Chine en Argentine.

La base, établie sur un terrain de 200 hectares cédés gratuitement, est exemptée d´impôts et charges de douane y compris les impôts nationaux à la consommation, tels que la TVA pour une période de cinquante ans, avec la possibilité de la prolonger.

La démarche accélérée et préférentielle des visas de migrations pour les citoyens chinois travaillant dans la base ; il est autorisé également l'utilisation des fréquences de communication du spectre radioélectrique national pour que sa gigantesque antenne fonctionne.

Il octroie en faveur de la Chine une zone d'exclusion qui embrasse un radio de 100 kilomètres autour de la base pour les bandes au-dessous de 10 GHz et de 50 km pour celles supérieures aux 20 GHz.

La protection contre différents dispositifs de radiocommunications, tels que des appareils domestiques, des dispositifs automobiles, résultants de zones voisines est assurée aussi, et on détaille quel est le niveau d'"interférences pour radiofréquences" qu'ils doivent atteindre.

Pour entrer, il faut une autorisation expresse du Gouvernement chinois, "moyennant requête écrite remise avec, au moins trois mois d'avance". En fait, depuis 2017, date de fin de la construction de la base, il n'y a aucun argentin dans le terrain, seulement 30 membres du personnel chinois qui travaillent et habitent la station spatiale.

Les travailleurs venant de Chine seront régis par les lois de travail de ce pays, même s'ils prêtent service en Argentine.

L'Argentine renonce aussi à sa juridiction et souveraineté quand on signale que "toute controverse concernant l'interprétation du présent accord ou qui surgira pendant l'exécution de celui-ci, sera résolu à l'amiable à travers les voies diplomatiques correspondants".

La contrepartie que l'Argentine a obtenu pour avoir autant cédé est ridicule : les hommes de science de la Commission Nationale d'Activités Spatiales (CONAE) peuvent visiter la station après communication et obtention de données de l'antenne pendant une heure par jour.

Civile ou militaire ?

Néanmoins, la principale mise en question concernant cette base passe par l'utilisation civique-militaire de ses capacités orientées à la domination de l'espace extraterrestre.

Camilo Gioffreda, dans son étude dénommée "La station spatiale chinoise et son incidence dans la défense nationale argentine", remarque que, même si les autorités chinoises argumentent que ses fins sont pacifiques, il est inquiétant que celle-ci se trouve sous l'orbite de l'Armée Populaire de Libération (APL). Sur cet aspect, il faut se demander si les infrastructures de cette base font partie du complexe Intercontinental Ballistic Missile (ICBM) de la République Populaire Chinoise. Si c'est ainsi, le géant asiatique aurait une capacité décisive à échelle de projection de pouvoir global.

D'autre part, l'existence d'une gigantesque antenne de 35 mètres de diamètre, 16 étages de haut et 450 tonnes, donne à la puissance asiatique la capacité de contrôler non seulement les corps célestes de l'espace, mais aussi la place et trajectoire des satellites américains qui parcourent l'hémisphère sud, intercepter les communications sensibles d'autres pays et même envoyer des messages encryptés.

La réalité est que, même si l'Argentine en a la volonté, elle ne peut pas prouver incontestablement que la station spatiale sera à utilisation militaire, tout simplement parce qu'elle y a accès pour un temps limité, il faut une autorisation explicite des autorités chinoises et l'utilisation des installations ne devrait pas interférer avec celle de la base. En même temps, comme il n´existe pas un mécanisme de vérification de la part des autorités politiques argentines, il ne reste qu´à confier dans la bonne volonté de ceux qui opèrent la base pour être invités à entrer, contrôler et vérifier les activités qui s´effectuent à l´intérieur. Par extension, toutes les activités effectuées sur ses fins seront toujours basées sur un certain degré de spéculation et d´incertitude.

Dans l´intention de freiner les critiques nationales et internationales, la CONAE a manifesté que ce projet est similaire à celui passé avec l´Agence Spatiale Européenne (ESA), qui opère depuis 2012 une base dans la localité de Malargüe à Mendoza, et compte aussi avec une antenne puissante, la Deep Space 3.

Dans le rapport public, la CONAE a expliqué que, comme dans le cas de l´antenne utilisée par ESA à Mendoza, il s´agit d´une technologie permettant d´effectuer des observations à distance.

La CONAE a oublié pourtant d´exposer une question qui n´est pas mineure : pendant que la base de l´UE dépend d´une organisation civile, celle de Bajada del Agrio reporte directement à l´Armée Populaire de Chine.

La CONAE a informé aussi que les émissions de radio de la station ont été contrôlées, mais les experts en radioastronomie assurent que les chinois pourraient cacher facilement les données illicites dans ces transmissions ou ajouter des canaux encryptés aux fréquences accordées avec l´Argentine.

L´agence argentine a signalé qu´elle n´avait pas le personnel à base permanente dans la station, mais qu´ils y ont fait des voyages périodiquement, sans spécifier la fréquence de ceux-ci.

Préoccupation

Pour les hauts fonctionnaires de défense de Washington, l'installation de la base est une tache en plus qui sombre les déjà complexes relations bilatérales.

"La station terrestre de la Patagonie, accordée en secret par un gouvernement corrompu et financièrement vulnérable il y a une décennie, est encore un exemple des Accord chinois opaques et déprédateurs qui sapent la souveraineté des nations d'accueil ", a affirmé Garrett Marquis, porte-parole du Conseil de Sécurité Nationale de la Maison Blanche.

Dans une solide exposition au Capitole, l'amiral Craig Faller, à l'époque leader du Commando Sud des Etats Unis, a alarmé les législateurs sur l'expansion accélérée de la Chine en Amérique Latine.

"Pékin pourrait être en train de violer les termes de son accord avec l'Argentine pour effectuer seulement des activités civiles et avoir la capacité de contrôler et éventuellement attaquer les activités spatiales des Etats Unis, ses alliés et associés. La Chine non seulement soutient les régimes autocratiques du Venezuela, Cuba et Nicaragua et utilise des pratiques de prêts abusifs dans toute la région, mais elle investit aussi en infrastructure clé tel qu'une installation de fouille dans l'espace profond en Argentine", a remarqué Faller.

La générale américaine Laura Richardson a été plus spécifique à l'occasion de la visite effectuée en Argentine.

"Moije le vois comme ça : c'est des installations d'un gouvernement autoritaire, qui ne permet pas l'accès aux argentins, sauf s'ils vont en visite. Qu'est-ce qu'ils fabriquent ? Ils n'ont pas les mêmes préoccupations que nous en termes de liberté et d'un hémisphère occidental libre, sûr et prospère. Je suis préoccupée. El c'est contrôlé par cette entreprise de l'Etat et de l'Armée Populaire de Chine. A quoi ils utilisent tout ça ?", a remarqué dans un entretien dans la revue *Infobae*.

Demande d'informations

Ces déclarations ont eu un tel impact qu'immédiatement le sénateur Julio Martínez a présenté un projet de communication pour que le Pouvoir Exécutif National informe en quoi consiste l'accord signé avec la République Populaire Chinois.

Le législateur a détaillé six points sur lesquels il exige au Gouvernement plus de détails sur l'accord :

— Quelle est l'évaluation du Pouvoir Exécutif National concernant les implications géopolitiques au niveau international provoquées par ledit Accord de Coopération et les bénéfices à caractère géopolitique, scientifique, technologique, et/ou économique produits par cet accord à la République Argentine.

— Quelles certitudes et/ou garanties possède le Pouvoir Exécutif National concernant la technologie utilisée (réseau de télémétrie, suivie et contrôle) : si elle est ou n'est pas double (civile et militaire), et si depuis l'antenne à installer on peut ou non effectuer des tâches de suivi de missiles.

— Si la Chancellerie argentine a essayé d'établir un type d'addenda à l'Accord établissant des mécanismes de supervision pour constater l'utilisation civile et pacifique de la technologie utilisée dans la Station.

— Quelle quantité totale de personnes sont employées dans la Station, avec spécification de nationalité argentine ou chinoise, militaire ou civile.

— Si parmi les questions migratoires à faciliter par l'Article 40 dudit Accord est compris le personnel militaire, dont l'entrée au pays doit se conformer au régime spécial établi par la loi 25.580 d'entrée et sortie de troupes.

— Détail de l'utilisation effectuée par la CONAE du minimum du 10% du temps d'utilisation de l'antenne de la Station, indiquant qui sont les scientifiques intervenant, la quantité d'heures utilisées par chacun d'eux et les projets auxquels sont rapportées lesdites observations.

Certains experts en radioastronomie ont dit que les préoccupations des Etats Unis sur espionnage étaient exagérées et que la station faisait probablement ce qui était annoncé, une entreprise scientifique en Argentine, même si le disque de 35 mètres de diamètre de la station pouvait épier des satellites étrangers.

Entre temps, la rumeur a circulé que le Gouvernement argentin avait offert à son pair chinois la construction du gazoduc San Jorge. Les travaux, évalués en 200 millions de dollars, pouvait transporter quelques 60 millions de mètres cubes de gaz supplémentaires par jour depuis Tratayén, Neuquén, à Saliqueló, dans la province de Buenos Aires.

Il faut ajouter à ceci la possibilité de construire le train pour connecter le port de Bahía Blanca avec le gisement de Vaca Muerta dont le coût est de 1.500 millions, au-delà du financement pour le barrage Chihuido I.

Evidemment, les intérêts sont nombreux et les dollars cotent fort face à un pays prêt à céder la souveraineté pour les obtenir. Il y a de la Chine pour longtemps dans les 200 hectares où elles ordonnent et décident.

Programme spatial

Depuis le IIIe siècle A.C. quand ils ont lancé les premières fusées à poudre, les chinois sont devenus pionniers dans la course spatiale.

Le programme spatial de Chine est opéré à travers l'Administration Spatiale Nationale Chinoise (CNSA). L'entité de l'Etat a fait ses premiers pas en 1956, mais seulement en 1999 elle a réussi à lancer à l'espace une fusée qui s'est défaite en mars 2000. En octobre 2003, la nef Shenzhou-5 est devenue la première à voler avec équipage. En 2007 le Chang'e-1était lancé, et le 27 septembre 2008 Zhai Zhigang tournait pendant 15 minutes par l'espace.

En septembre 2011 ils ont mis en marche le module orbital Tiangong-1, et le 16 juin 2012 a décollé la nef Shenzhou-9, avec Liu Yang, la première femme astronaute chinoise à bord.

Un des projets les plus ambitieux de la Chine est celui d'exploration lunaire. Il s'agit d'un programme intégré par exploration robotique et des missions conduites et gérées par la CNSA. Pour l'exploration robotique ils auront des orbiteurs lunaires, des robots lunaires et des sondes, que rapporteront des échantillons du sol lunaire à la Terre. Pour les missions équipées ils ont l'intention d'utiliser la nef spatiale Shenzhou, qui sera lancée avec une adaptation de la fusée Larga Marcha 3A.

Actuellement la Chine maintien en orbite la station spatiale Tiangong 1 (TG-1) depuis 2011. Construite en plusieurs étapes, elle pèse environ 70 tonnes et on espère qu´elle fonctionne pendant 15 ans, orbitant à quelques 400 kilomètres de la superficie terrestre.

Plusieurs nefs chinoises ont déjà visité ce laboratoire spatial, la Shenzhou 8, sans équipage, la Shenzhou 9, avec trois astronautes, et la nef équipée Shenzhou.

Le problème c´est que les lancements des deux derniers modules de la station spatiale ont entraîné des risques de réentrée dans la Terre : une fusée est tombée dans l´océan Indien le 8 mai 2021 et l´autre s´est défaite sur la Malaisie, l´Indonésie et les Philippines le 30 juillet 2022.

En 2022 le Long March 5B est tombé sans contrôle sur la Terre et a mis en danger des vies humaines et causé des dommages à des propriétés.

La nef, ayant la même hauteur qu´un immeuble de 10 étages et un poids de 21 tonnes, avait été utilisée pour envoyer la troisième et dernière section de la station spatiale Tiangong 1. Le problème a été que l´agence spatiale chinoise ne connaissait pas le trajet par lequel ferait sa réentrée dans l´atmosphère, voilà pourquoi la menace se cernait sur les grandes villes des cinq continents.

La principale critique que les différentes agences spatiales du monde ont effectué à l´époque c´est que la plupart des étapes des fusées doivent descendre avec les moteurs en marche pour les diriger quelque part, vers un endroit lointain de l´océan où leur chute n´aura pas des conséquences graves. Le Long March 5B n´avait pas ce système indispensable pour une rentrée contrôlée, situation qui démontre les défaillances dans le programme spatial chinois. Après avoir fait plusieurs tours autour de la Terre et de survoler l´Espagne, situation qui a obligé à la fermeture de plusieurs aéroports du pays, la nef est heureusement tombée dans l'océan Pacifique, près de l'île Pagasa, contrôlée par les Philippines.

Les restes ont été aperçus par un bateau de l'Armée philippine commandé par le vice-amiral Alberto Carlos, qui a donné l'ordre de les remorquer. Pourtant, la nef a été interceptée par un garde-côte chinois qui a été accusé de "récupérer par la force" l'objet flottant.

Le vice-amiral a déclaré que le bateau chinois a bloqué sa trajectoire deux fois avant de s'emparer finalement de l'objet. Les autorités chinoises n'ont jamais répondu aux accusations.

Pour la NASA, le programme spatial militaire de la Chine a pour objectif essentiel de s'emparer de la Lune.

"Nous devons être très préoccupés pour l'arrivée de la Chine sur la Lune pour affirmer : maintenant elle est à nous et tu es dehors ", a dit Bill Nelson, directeur de l'agence américaine dans un entretien récent pour le journal allemand *Bild*.

A critère de Nelson, il y a une nouvelle carrière spatiale pour arriver à la Lune, mais cette fois-ci avec la Chine.

Les Etats Unis ont un voyage prévu sur la Lune en 2025 et pour la première fois il y aura une femme. Pékin va plus loin et elle espère avoir une base lunaire opérative en 2035.

Quand on lui demande sur la présence chinoise dans l'espace, Nelson répond, enflammé : "Bon, qu'est-ce que tu penses qu'il arrive dans la station spatiale chinoise ? Là, ils apprennent à détruire les satellites des autres pays".

Concrètement, Nelson a averti que la Chine fait des recherches depuis plusieurs années sur les technologies pour "attraper des satellites avec des bras robotiques ou des réseaux ou les fait exploser, sous prétexte de nettoyer ses propres déchets spatiaux, mais ils pourraient être utilisés aussi pour attaquer d'autres pays ".

Le directif est même allé plus loin quand il a affirmé carrément que "le programme spatial de la Chine est un programme spatial militaire. La Chine est bonne, mais la Chine est bonne aussi parce qu'elle vole des idées et de la technologie d'autres pays ".

Dans les dernières années, le programme spatial chinois a pu aluner la sonde Chang'e 4 pour la première fois sur la face cachée de la Lune. Elle est arrivée en Mars aussi, devenant ainsi le troisième pays, après les Etats Unis et la disparue Union Soviétique, T, à atteindre la planète rouge.

CHAPITRE VIII

Des démons imaginaires

La Chine a parfois la vertu de faire coïncider les américains et les européens. Les deux blocs qui composent le plus puissant du monde occidental coïncident sur le fait que si la Chine prend le Taiwan par la force, elle produirait une secousse globale à grande échelle. C'est parce que le Détroit de Taiwan est une voie maritime critique que, si elle se voit affectée, non seulement elle compliquerait la région mais aussi une grande partie du monde.

La coïncidence est telle que récemment le directeur du FBI, Christopher Wray, et son pair britannique du MI5, Ken McCallum, ont effectué une présentation inouïe pour alerter le monde sur cette menace.

La réponse de Pékin ne s'est pas fait attendre. Zhao Lijian, porte-parole du Ministère aux Affaires Etrangères de Chine, a conseillé au titulaire du MI5 de "chasser dehors les démons imaginaires".

Le directeur du FBI a eu aussi sa réplique. "Vous exagérez la menace chinoise pour discréditer et attaquer la Chine avec une mentalité de Guerre Froide. Je vous demande d'arrêter vos commentaires irresponsables".

Une provocation, selon les chinois, s'est produite en juin 2021 quand un groupe de sénateurs américains est allé à Taiwan dans un avion militaire pour annoncer une importante donation de vaccins contre le Covid-19.

La réalité est que chaque signal de Washington envers Taipei reçoit invariablement une expression de la part de Pékin, comme quand Nancy Pelosi, à l´époque présidente de la Chambre des Représentants des Etats Unis a voyagé à Taiwan le 2 août 2022. Elle l´a fait dans le cadre d´un tour par Asie avec des brefs échelles à Singapour, en Malaisie, en Corée du Sud et au Japon.

Même si la Maison Blanche n´a pas soutenu officiellement la visite, l´agence de nouvelles chinoise *Xinhua*, a annoncé que le pays effectuerait une série d´opérations militaires à feu réel aux alentours de l´île. Seulement le 3 août, la Chine a envahi environ vingt fois l´espace aérien de Taiwan.

De cet exercice militaire ont participé aussi des bateaux de guerre et des avions de chasse qui ont exécuté des exercices dans des eaux proches de Taiwan par le lancement d´au moins 11 missiles de la série Dongfeng.

La nouveauté c´est que cette fois-ci les forces de l´Armée Populaire de Libération (EPL) chinoise ont traversé la "ligne moyenne", le point limite entre le Taiwan et la Chine continentale qui constituait jusqu´à présent une frontière de contrôle informelle mais strictement respectée par les deux parties.

L´armée taiwanaise, en réponse, a mis en état d´alerte les forces de patrouille aérienne, les bateaux de la marine et les systèmes de missiles en terre. Ils ont suivi ainsi des fusées de longue distance et des coups de feu de munitions dans des îles périphériques telles que Matsu, Wuqiu et Dongyin.

"Nos armées ont inclut du feu réel et ce fut la première fois que nous avons survolé le Taiwan", a dit à la télévision de l´Etat chinois CCTV Meng Xiangqinq, professeur de l´Université de la Défense Nationale, affiliée à l'Armée.

La version coïncide avec ce qui a été informé par le Ministère de la Défense du Japon : des neuf missiles détectés, "quatre auraient survolé l'île principale de Taiwan".

Le Ministère japonais a confirmé qu'ils en ont subi aussi les assauts. Lors des exercices, cinq missiles balistiques chinois sont tombés pour la première fois dans sa zone économique exclusive à l'est de Taiwan. Les analystes ont interprété ceci comme un double avertissement qui atteint les Etats Unis et le Japon sur ce qui peut se passer s'ils décident d'aider le Taiwan en cas de conflit.

Depuis longtemps, la Chine montre son pouvoir. En mai 2022 elle a envoyé sa troisième sortie la plus importante d'avions de guerre vers le Taiwan, avec 29 unités, y compris 6 bombardiers H-6 et un aéronef de recueil d'intelligence électronique.

Les chiffres annuels effraient par leur envergure. Pendant 2022 la Chine a envoyé 1.727 avions à la zone d'identification aérienne, selon une base de données de l'Agence France-Presse (AFP) dressée sur des mises à jour divulguées par le ministère de la Défense de Taipei.

On comprend alors pourquoi, face à une menace chinoise d'invasion qui est devenue plus évidente, le Gouvernement de Taiwan a décidé de prolonger le service militaire obligatoire de quatre mois à un an. Cette mesure va affecter les garçons taiwanais nés à partir de janvier 2005.

Face à toutes ces signales, les mots du président des Etats Unis, Joe Biden, qui a assuré que son pays allait répondre militairement si la Chine intervenait le Taiwan, deviennent plus éloquentes.

Cette ligne d´action est soutenue par le Congrès des Etats Unis, où est en cours ce qu´on appelle la "Loi de Politique de Taiwan 2022". Si elle est sanctionnée, la norme permettrait d´assigner 4.500 millions de dollar en assistance de défense au Taiwan pendant les prochains quatre ans. Elle désignerait aussi le Taiwan comme un allié important n´appartenant pas à l´ OTAN et elle établirait un "large régime de sanctions" pour pénaliser la Chine pour toute action hostile contre l´île, y compris celles développées dans le Détroit de Taiwan.

Ce conflit guerrier en puissance existe parce que pour Pékin, le Taiwan fait partie inaliénable de son territoire et parce que les eaux du Détroit de Taiwan ne sont pas internationales.

"Une seule Chine" est une position politique selon laquelle existe une seule nation-Etat dans le monde, voilà pourquoi la Chine continentale, le Hong Kong, le Macao et le Taiwan font partie d´une seule entité nationale indivisible.

Considérée alors comme une province séparatiste, le Taiwan, situé à seulement 130 kilomètres de la Chine, vit depuis des années sous la peur d´être attaquée, et l´invasion de la Russie en Ukraine a attisé d´avantage la peur.

En septembre 2022 la première réunion à Uzbekistán entre Vladimir Putin et Xi Jinping depuis le début de la pandémie, a provoqué pas peu de soupçons. Surtout parce que dans cette rencontre Putin a déclaré que "pour notre part, on adhère au principe d´une seule Chine. On condamne la provocation des Etats Unis et ses satellites dans le Détroit de Taiwan".

La Chine n´a jamais montré son support public à l´invasion russe, pourtant, les actions concrètes de Pékin pour serrer ses liens économiques et stratégiques avec Moscou depuis le début du conflit, font penser à l´existence d´un double discours.

Compte tenu de ceci, le Ministère aux Affaires Etrangères de Taiwan a averti que les liens entre la Chine et la Russie constituent une menace sérieuse pour la paix mondiale.

La Chancellerie de Taipei a condamné Moscou pour "avoir suivi le gouvernement expansionniste autoritaire de Xi Jinping" auquel il a accusé de "faire des déclarations dans des instances internationales qui dégradent la souveraineté du pays".

Dans une communication citée par l'AFP, depuis le ministère on a remarqué aussi que la Russie "appelle provocateurs à ceux qui maintiennent la paix et le statu quo, ce qui démontre en grande mesure le dommage que l'alliance des régimes autoritaires chinois et russe cause à la paix, la stabilité, la démocratie et la liberté internationale".

Ce qui préoccupe aussi Taipei c'est les ambitions nucléaires de la Chine. Historiquement, Pékin n'égalait pas l'arsenal des Etats Unis ni celui de l'Union Soviétique, les deux grands acteurs de la Guerre Froide. En plus, elle n'a jamais fait partie des régimes de contrôle d'armes que lors des dernières décennies ont réglé la relation nucléaire entre les américains et les russes, un fait auquel depuis Taiwan ils insistent à remédier dans l'avenir.

La proposition taiwanaise déjà reçue par les Etats Unis, est d'avancer dans un traité qui évite la prolifération nucléaire où l'on devrait incorporer les armes qui ne sont pas considérées stratégiques actuellement.

Antécédents

Pour comprendre cette situation complexe, il est inévitable d´avoir recours au passé.

L´île de Taiwan appartenait historiquement à la Chine et sa population a toujours été ethniquement de cette nation. Mais une série d´événements de guerre qui ont marqué la Chine pendant la première moitié du XXe siècle ont fait qu´elle s´éloigne du pouvoir de Pékin jusqu´à présent.

En 1912, lorsque le Taiwan était sous le gouvernement japonais, une révolution en Chine a renversé la dynastie Ming et a fondé une république. On enterrait ainsi des milliers d´années de gouvernement impérial dans le géant asiatique.

A la tête de la naissante république on a instauré le Kuomintang, qui a créé un régime à parti unique ayant des composants autoritaires évidents.

Le conflit civil entre le Kuomintang et le Parti Communiste Chinois n´a pas tardé à exploser. Entre 1927 et 1937, les communistes ont été défaits. Pendant la Deuxième Guerre Mondiale on a obtenu l´arrêt des hostilités pour que toutes les forces chinoises unies puissent faire face à l´invasion japonaise. Mais immédiatement après avoir expulsé les nippons, la guerre a recommencé jusqu´à 1949, quand les communistes guidés par Mao Zedong et ayant le support de l´Union Soviétique ont pris le pouvoir qu´ils maintiennent jusqu´à présent.

Pendant toute cette longue et changeante guerre civile, l´île de Taiwan semblait rester très loin de tout. Elle avait plus de 30 ans sous le pouvoir japonais et elle continuerait ainsi jusqu´à 1945, mais dans le temps, l´affrontement entre nationalistes et communistes serait essentiel pour comprendre ce qui est le Taiwan actuellement.

C'est ainsi parce qu'en 1949, quand les membres nationalistes du Kuomintang ont été défaits, ils se sont réfugiés à Taiwan, et c'est depuis lors que l'île fonctionne de manière indépendante de Pékin.

Malgré la défaite militaire dans le continent, les Etats Unis ont été fermes au moment de défendre leurs alliés du Kuomintang et ont déplié leur Armée dans le détroit de Taiwan dans l'objectif de dissuader la précaire Armée rouge de Mao. Le leader communiste chinois est parvenu à conquérir tout le territoire continental mais il n'a pas pu le faire avec le Taiwan.

Les chemins depuis lors ont été divisés. Mao a créé la République Populaire Chinoise et Chiang Kai-shek a déclaré son pouvoir sur la République Chinoise depuis le Taiwan dans l'objectif de revenir un jour reprendre le continent, ce que finalement n'est jamais arrivé.

Pendant les premières années, la communauté internationale a reconnu comme la seule Chine celle ayant base à Taiwan sous le pouvoir du Kuomintang. Pour les Etat Unis ou les Nations Unies, le Gouvernement de Mao à Beijing était illégitime. Chiang Kai-shek, par exemple, a signé l'adhésion de la Chine à l'ONU et a occupé un siège en qualité de membre permanent du Conseil de Sécurité de ladite organisation.

Pendant les années 60 et 70 l'île s'est réindustrialisé, axée dans la technologie. Ces années ont été témoins d'un rapide et remarquable développement économique et commercial qui a été appelé le "miracle du Taiwan". Dans ces années il a été le pays de plus grande croissance économique après le Japon.

Son développement économique a été renforcé par le boom des exportations, même si, dans la décennie des années 1980, l'appréciation de sa monnaie a obligé le Taiwan à abandonner la fabrication bon marché et à la substituer par des industries à haut contenu de capital et technologie.

Le panorama a radicalement changé à partir de 1971. Les Etats Unis et la République Populaire Chinoise de Mao ont unifié leurs forces pour neutraliser le pouvoir de l'Union Soviétique, qu'ils considéraient un adversaire commun. Ce n'est pas par hasard que cette même année les Nations Unies reconnait uniquement comme représentante légitime de la Chine à la République Populaire de Mao, et non à la République Chinoise de Chiang Kai-shek.

Ce processus d'isolement a été accentué en 1979, quand Washington a reconnu le Gouvernement de Pékin comme le seul légitimé. Néanmoins, et par corde séparée, les Etats Unis n'ont jamais cessé de miser sur la relation commerciale et militaire avec Taipei. Et dans toute rencontre bilatérale maintenue avec Pékin, ils ont averti que toute tentative d'invasion de la part de la Chine serait vue comme un défi grave aux intérêts américains.

A image de ce qui s'est passé avec le Hong Kong et le Macao, la Chine a essayé dans les années 80 de développer avec le Taiwan le modèle "un pays, deux systèmes" mais elle s'est heurté contre le refus catégorique de Taipei.

Pendant cette période et avec la mort du leader du Kuomintang, Chiang Kai-Shek, toute l'opposition au régime s'est unifiée. Dans les années 80 des réformes politiques et sociales ont été promues, jusqu'à ce que, au début des années 90, les premières élections du pays ont eu lieu.

En 1997 le Taiwan est devenu une démocratie et seulement trois ans après, le Kuomintang, parti qui était encore considéré chinois, a perdu les élections contre le Parti Progressiste Démocratique. La ligne politique triomphante, promeut un éloignement de Pékin et encourage le principe de l´autodétermination du peuple de Taiwan comme nation.

Les années se sont écoulés et les nouvelles générations de taiwanais ne se considèrent plus chinois, après tellement de temps éloignés de Pékin.

Actuellement le Taiwan, avec 23 millions d´habitants, est une République semi- présidentialiste, son PBI est le 21e du monde et il possède un indice élevé de développement humain qui le situe au poste 27, au même niveau que les principaux pays de l´Europe.

Les numéros ne cessent pas de nous surprendre et reflètent la puissance économique de l´île. Entre janvier et juin 2022, des compagnies de différents points du monde, spécialement de Finlande, d´Australie, de Singapour et de la Hollande y ont investi plus de 9.000 millions de dollars. Ces chiffres représentent une croissance interannuelle en investissements étrangers du 276%. En 2021 le PBI a augmenté au 6,57% et en 2022 est clos avec un 3,85%. En ce qui concerne l´index des Prix au consommateur (IPC), 2022 a fini à 2,67% annuel.

Elue en 2016 et réélue en 2020, la présidente actuelle Tsai Ing-wen refuse emphatiquement de reconnaître que l´île et le continent font partie « d´une seule Chine ». En fait, une lettre envoyée au pape François en janvier 2023, la chef de l´Etat taiwanaise a affirmé que la guerre avec la Chine "n´est pas une option" et qu´"une relation constructive avec Pékin va dépendre du respect à notre démocratie autonome ".

Tout ceci rend furieux les chinois, habitués depuis toujours à écraser toute situation qui menace le régime et le Parti Communiste gouvernant.

L'attitude guerrière de Pékin est aussi un boomerang qui porte préjudice à ses propres intérêts économiques.

Seulement pendant le premier semestre de 2022 les entrepreneurs taiwanais qui restaient depuis des années en Chine ont décidé de rentrer dans leur pays pour le refroidissement de ladite économie et parce que les garanties avec lesquelles ils comptaient n'étaient plus les mêmes. Ils sont partis avec leurs familles, mais aussi avec leurs entreprises et leurs épargnes. On estime que cette diaspora a rapatrié au Taiwan quelques 35 mille millions de dollars. Une hémorragie monétaire significative et de production de main d'œuvre pour le continent.

"La Chine ne peut pas permettre que son économie continue de montrer des symptômes d'affaiblissement et une guerre pourrait être internement catastrophique. Même si finalement il gagne, Beijing nécessite que sa production brute se maintienne dans les chiffres historiques de croissance, ce qui semble de plus en plus lointain à partir des politiques récentes de Covid Zéro imposées par le régime et qui fait fuir des millions en capitaux", a esquissé l'ancien amiral taiwanais Lee Hsi-min dans une colonne d'opinion dans *The Economist*.

Aux Etats Unis, il faut le dire, une possible invasion de la Chine au Taiwan les mettrait dans une situation trop inconfortable. Le cas échéant, il faudrait voir si Washington vient à l'aide d'un territoire qu'il ne reconnait pas comme nation indépendante.

Entre temps, Pékin tisse ses réseaux partout dans le monde pour que, de plus en plus, moins de pays reconnaissent l'autonomie du Taiwan. A portefeuille ouvert, profitant de la faiblesse, et utilisant tous les moyens à dispositions, il avance vers son objectif. Peu importe si elle le fait en profitant de la faiblesse ou du désespoir de tel ou tel gouvernement, tel qu´il s´est passé dans la pandémie, quand le Nicaragua, a tourné le dos à sa relation de 31 ans avec Taiwan et a embrassé Pékin ; en contrepartie elle a reçu 200.000 vaccins contre le Covid-19.

En 2017, El Salvador, Panamá et la République Dominicaine figuraient entre les 18 pays qui reconnaissaient la souveraineté du Taiwan. Quelques années plus tard, et à force de prêts généreux et des projets d´infrastructure, les trois Etats de l´Amérique centrale ont rompu les relations diplomatiques avec Taipei.

La stratégie semble donner des résultats. Le Taiwan, ou la République de la Chine, est parvenue à être reconnue par 71 pays, numéro qui est descendu à 14 en 2022. Ils sont : Bélice (1989), Guatemala (1960), Haití (1956), Honduras (1965), Paraguay (1957), San Cristóbal et Nieves (1983), Sainte Lucie (1984-1997, 2007), Saint Vincent et Las Granadinas (1981), Suazilande (1968), Cité du Vatican (1942), Îles Marshall (1998), Nauru (1980-2002, 2005), Palaos (1999), et Tuvalu (1979).

Même s´ils ne reconnaissent pas le Taiwan, l´Union Européenne et autres 47 pays maintiennent des relations diplomatiques non officielles avec Taipei. Ils le font à travers des bureaux économiques, commerciales ou culturelles qui fonctionnent de fait, en qualité d´ ambassades et consulats. C´est ainsi, par exemple, que l´Institut Américain de Taiwan accomplit, dans la pratique, les fonctions d´une ambassade américaine sur le sol taiwanais.

Même s'il a perdu son siège à l'ONU, sous différentes dénominations, le Taiwan est membre d'institutions internationales telles que l'Organisation Mondiale du Commerce (OMC), le Forum de la Coopération Economique Asie-Pacifique (APEC, par ses sigles en anglais), la Banque Asiatique de Développement (BAD) et le Comité Olympique International (COI).

La question est de savoir si finalement la Chine osera défier le monde occidental et prendre par la force l'île.

Quand et comment

Des rapports des services secrets américains, qui d'autre part, ont eu du succès avec l'invasion russe en Ukraine, remarquent que le régime chinois pourrait attaquer le Taiwan dans les prochaines années. William Burns, chef de la CIA l'a anticipé ainsi dans un entretien avec la chaîne PBG. Le fonctionnaire a insinué à l'occasion que "Xi Jinping se prépare pour une guerre" et que "dans son ambition d'unifier l'île au territoire chinois, il aurait donné des instructions à ses autorités militaires pour être prêts, en 2027, à initier une offensive éventuelle. La question n'est pas de savoir si elle va envahir mais quand et comment ".

Philip S. Davidson a été dans le terrain des faits, en 2018 il a été chef du Commando Indo-Pacifique. A son avis, la Chine serait en conditions d'envahir le Taiwan en 2024.

Le Center for a New American Security (CNAS) s'est aussi exprimé sur la question. Dans son rapport, "La stratégie de la grenouille empoisonnée" d'octobre 2021 Chris Dougherty,

Jennie Matuschak et Ripley Hunter augurent qu´en 2025, l´Armée chinoise pourrait envahir l´atoll Dongsha, une île en dispute dans la mer de la Chine Méridionale, où elle pourrait établir une base militaire.

D´autres voix plus modérées signalent que la Chine a décidé d´exercer plus de pression et coercition sur Taipei. Le plan passerait alors plutôt pour rendre plus difficile la vie des taiwanais que pour une action militaire concrète.

"La principale option militaire de la Chine actuellement est de faire une guerre de zones grises pour obliger le Taiwan à capituler. En premier lieu, ceci implique le blocage naval chinois des voies maritimes de communication de Taiwan. L´idée serait de priver l´économie taiwanaise du commerce et des importations d´énergie dans l´espoir de garantir un Accord favorable", a signalé à *El Confidencial* l´analyste politique et professeur universitaire Wen-Ti Sung, spécialisé dans les relations croisées entre la Chine, le Taiwan et les EEUU.

Selon l´expert, "le risque est que le Taiwan se trouve au cœur des voies maritimes internationales de communication qui connectent le nord-est de l´Asie avec le sud-est de l´Asie, ainsi que ceux de la Chine aux Etats Unis. Un blocage du Taiwan affectera la plupart des principales économies de l´Inde-Pacifique. En nuisant à l´économie du Taiwan, Pékin va nuire aussi aux économies de plusieurs autres pays en même temps. Les retraits diplomatiques et économiques en résultant seraient très difficiles à manier pour Pékin".

Il est évident que ce conflit géopolitique embrasse la totalité de ce qu´on appelle la Mer de la Chine Méridionale, depuis le Singapour jusqu´au Détroit de Taiwan. Ce sont 3,5 millions de kilomètres carrés, une mer par laquelle circule le

30% du trafic maritime mondial. En plus, c´est une zone qui possède des gisements de pétrole et de gaz, et un 10% des ressources de pêche du monde.

Dans ce théâtre d´opérations, se montrent la Chine, le Taiwan, les Etats Unis, l´Indonésie, le Vietnam, les Philippines, la Corée du Sud et le Japon avec des actions en demande de certains îlots clés où projeter une croissance de leurs zones économiques exclusives.

Cette dispute arrive au point que la Chine n´a pas hésité à construire des îles artificielles sur des récifs ou directement dans la mer pour mettre des bases d´exploitation ou même des bases de missiles. Pour ce faire, elle a le support d´entreprises de dragage de l´Etat dans le groupe China Communications Construction Company (CCCC).

Pour affirmer sa position hégémonique et dans l´objectif de la domination complète sur la mer de la Chine Méridionale, zone où existent des disputes territoriales sans solution, Pékin investit avec solvabilité dans sa marine de guerre. La mise à l´eau de son troisième porte-avions, le Fujian, qui prête déjà des services dans Inde-Pacifique en est la preuve.

En 2017, l´inauguration de sa première base navale à l´étranger, à Djibouti, a été une autre alarme. Elle n´a pas été construite n´importe où, mais dans le stratégique Corne d´Afrique. A son tour, elle fait des négociations avec la Guinée Equatoriale pour l´installation d´une deuxième, pour avoir accès à la côte atlantique africaine.

Ukraine

La guerre en Ukraine est un autre élément d´analyse ou

même de dissuasion pour Pékin.

Il est évident que Xi Jinping suit de près le développement de cette invasion et qu'elle apprend des nombreuses erreurs commises par la Russie et de l'impact des actions économiques produites par ses excès expansionnistes.

La monnaie est jetée et il faudra voir de quel côté elle tombe.

L'ancien secrétaire général de l'OTAN Anders Fogh Rasmussen a signalé qu'"on dirait qu'il est vrai que la défaite de la Russie dans la guerre actuelle en Ukraine serait un élément important de dissuasion contre une agression chinoise sur Taiwan. Mais si la Russie parvient à gagner du territoire et à établir un nouveau statu quo par la force, elle va créer un précédent. Partout dans le monde, les dictateurs comprendront alors que, à la limite, les agressions militaires fonctionnent ".

El cyberespace est un autre champ où la Chine se déplace comme un poisson dans l'eau. Selon des informations fournies par le département d'Etat des EE.UU., d'innombrables acteurs cybernétiques étayés par Pékin dont la mission est d'attaquer les hypothétiques vulnérabilités informatiques de Taiwan, pullulent. Ils sont axés surtout dans leurs dispositifs de et routeurs d'entreprises qui font des opérations commerciales millionnaires. L'objectif est réglé pour atteindre la cible des firmes privées où l'Etat dérive des rubriques clé telles que les télécommunications, comme une manière d'accéder à l'information essentielle du gouvernement et des Forces Armées. La méthodologie appliquée est celle de l'infiltration moyennant des codes d'exploitation pour charger ainsi contre les services des réseaux privés virtuels (VPN) sans avoir recours à ses programmes bien connus de malware, déjà identifiés et neutralisés.

La technologie de pointe est observée aussi au niveau des armements. Un cas à considérer est celui des armes hypersoniques, parmi lesquelles sont inclues les drones de reconnaissance WZ-8 et le missile DF-17, appelés aussi "Vent de l'Est". D'autres réussites de Pékin sont le nouveau système de suivi précis de cibles en mouvement et le bombardement orbital fractionné, mieux connu comme FOBS. Il s'agit d'une version d'avant-garde des missiles balistiques intercontinentales, mais à plus grande portée et vitesse. Il navigue dans une orbite très basse et quand il trouve son objectif il impacte à une vitesse qui est 27 fois celle du son et 9 fois plus rapide que celle de n'importe quel jet de combat.

Avec un budget de 230.000 millions de dollars, le régime de Pékin détient la deuxième dépense militaire de la planète. Ce chiffre représente moins d'un tiers du budget de la Défense américaine, qui est de 800.000 millions de dollars, mais la Chine vise à être le leader global en 2049, année du centenaire de la République Populaire.

Esteban Mercatante, en son écrit " La Chine et l'impérialisme : éléments pour le débat", signale qu'il y a des terrains tels que l'arsenal de ogives nucléaires où les EE. UU. a une supériorité accablante, avec 6.800 ogives nucléaires contre moins de 200 dans le cas de la Chine. Mais dans d'autres, la Chine a construit rapidement des avantages considérables.

Selon un rapport récent de *El País*, la Chine a développé "une industrie des armements et navale de premier ordre". Les fabricants chinois d'armements "excellent dans le domaine de l'intelligence artificielle et la production de drones et missiles ". Pékin a déplié au moins 2.000 missiles terrestres, conventionnels ou nucléaires, à portée intermédiaire (d'entre 500 et

5.500 kilomètres), selon les calculs des services d´intelligence occidentale.

L´auteur remarque aussi que Pékin registre des forces avancées avec son Armée. Et cite un rapport du Service d´Investigation du Congrès (CRS) des EE.UU., selon lequel l´Armée de la Chine est "de loin, la plus grande du tous les pays d´Asie de l´ Est, et dans les dernières années elle a dépassé les américains en quantité d´embarcations de combat ". Conformément à ce même rapport, le Bureau Naval d´Intelligence soutient que pour la fin de l´année en cours, la Chine aura 360 nefs de combat, comparées avec les 297 des EE. UU. Selon le document, l´Armée chinoise "pose un défi d´envergure à la capacité de l´ Armée des EE. UU., pour atteindre et maintenir le contrôle des zones d´eau océanique du Pacifique occidental". C´est la première fois que ceci se produit depuis la fin de la Guerre Froide.

Le pouvoir naval chinois est clé toute fois que du point de vue logistique et militaire, le Taiwan se favorise pour sa position insulaire.

Les options de la Chine passent par une guerre amphibie dans le Détroit de Taiwan pour essayer après de sauver les défenses les défenses côtières naturelles de l´île.

Il faut ajouter à cela le facteur climatique : les deux saisons de moussons limitent les fenêtres viables d´invasion militaire à seulement quelques mois de l´année.

Lin et Joel Wuthnow, académiciens spécialisés en Asie et des questions de défense, ont publié un article dans *Foreign Affairs Bonny* où ils ont révélé certaines faiblesses de l´Armée Populaire de Libération.

A l´avis des experts, une des plus remarquables est le

manque d'expérience en combat. Il n'y a pas eu une guerre depuis 1979 et il n'a pas d'expérience en opérations militaires conjointes modernes. C'est pourquoi il donne autant d'importance aux armées militaires.

"Pour l'instant, Xi semble comprendre que la Chine n'est pas encore préparée pour être la puissance militaire qu'elle désire. Mais cette précaution et modération peuvent ne pas durer indéfiniment, surtout si les loyaux dont elle s'est entourée, y compris les militaires, sont plutôt disposés à satisfaire leur leader qu'a informer honnêtement les défaillances de la Chine", ont assuré les spécialistes.

La conjonction de tous ces facteurs servirait à expliquer la position d'une Chine qui est plus près d'accomplir les préceptes du refrain qui dit : "chien qui aboie ne mord point ". Mais nous parlons de la Chine, du Parti Communiste, et de Xi Jinping alors tout est possible d'imaginer, même l'inimaginable. En fait, on observe que la Chine ne tient pas grande compte du fait que son stratégie d'isolement envers le Taiwan produira des désordres géopolitiques régionaux.

En 2019, le Gouvernement des Iles Salomon, historiquement associé stratégique de l'Australie, a modifié sa politique extérieure en abandonnant son alliance avec le Taiwan pour reconnaître la Chine. Le temps dirait que l'accord célébré allait bien au-delà. En mars 2022, les deux pays ont annoncé une entente macro qui embrassait des questions sensibles de défense pour la région du Pacifico.

Ayant un emplacement stratégique, ces îles sont situées à 2.000 et 3.755 kilomètres, respectivement, de l'Australie et la Nouvelle Zélande.

Conformément à ce qui avait été accordé, la Chine pourrait envoyer des bateaux de guerre et des équipes de sécurité à ces îles du Pacifique. Également, des policiers armés chinois sont autorisés à "aider au maintien de l'ordre social" dans les Îles Salomon, à demande des autorités. Ces forces pourront aussi "protéger la sécurité du personnel chinois " et celle des "grands projets dans les Îles Salomon".

Qui a d'abord mis le cri dans le ciel est celle qui était à l'époque la première ministre de la Nouvelle Zélande, Jacinda Ardern, pour alerter que cet Accord de sécurité ouvre la porte pour que Pékin ait une base navale aux Îles Salomon et que ceci impliquerait la militarisation de cette région stratégique du Pacifique.

Le premier ministre de l'Australie, Anthony Albanese, est allé au-delà quand il a averti que son pays répondra fermement aux mouvements effectués par la Chine dans l'intention d'augmenter son influence dans le Pacifique.

"Nous devons répondre parce que la Chine essaie d'augmenter son influence dans la région du monde où l'Australie a été l'associé en sécurité choisi depuis la IIe Guerre Mondiale", a dit Albanese dans un entretien à la télévision de l'Etat ABC.

Les peurs du premier australien sont fondées. La Chine a lancé une offensive diplomatique et économique à grande échelle aux effets de s'offrir comme alternative à la Stratégie Inde-Pacifique dépliée par les Etats Unis.

Lorsque l'administration de Joe Biden essaye d'avancer avec des structures conceptuelles telles que la "Quadrilatérale", avec l'Australie, l'Inde et le Japon ou le "Cadre Economique Inde-Pacifique pour la Prospérité", la Chine additionne des volontés par des actions concrètes.

Le ministre aux Affaires Etrangères chinois, Wang Yi, par

exemple, a obtenu que la Thaïlande s'engage à analyser de nouveau les travaux d'infrastructure, proposés pour une correspondance ferroviaire à haute vitesse reliant le pays avec la Chine à travers le Laos pour 5.200 millions de dollars.

La Chine a manifesté aussi sa prédisposition pour aider à la construction d'un nouveau pont pour le projet, à quelques 30 mètres du Pont de l'Amitié entre la Thaïlande et le Laos.

Xi Jinping a reçu Ferdinand Marcos Jr. Dans sa première visite en Chine depuis sa prise du pouvoir en qualité de président des Philippines et lui a exprimé sa volonté d'inaugurer un "Âge d'or " des relations bilatérales.

Le leader chinois a proposé de collaborer avec le développement agricole et rurale et a promis des investissements dans les domaines de l'infrastructure et la connectivité, telles que les télécommunications, les macro-données et le commerce électronique. On a analysé aussi la reprise des négociations sur l'exploration du pétrole, et du gaz, et la coopération dans des énergies vertes telles que la photovoltaïque et l'éolique.

"La Chine se trouve disponible pour élargir en permanence l'importation de produits agricoles et de pêche de haute qualité des Philippines et soutient les entreprises chinoises pour investir et faire des affaires dans les Philippines ", a remarqué le Ministère aux Affaires Étrangères de la République Populaire Chinoise dans une communication.

Le chancelier chinois a assisté aussi à un sommet régional à Myanmar, où gouverne une dictature militaire qui a accédé au pouvoir en février 2021 après avoir renversé un gouvernement civil par un coup d'Etat.

Depuis lors, selon l'Association d'Assistance aux Prisonniers Politiques, les forces de sécurité ont assassiné plus de

1.500 civiles et arrêté quelques 12.000, même si ceci n´a pas suffi à réprimer les foyers insurgés actifs dans les zones urbaines et rurales.

Celui-ci est sans aucun doute le meilleur scénario pour la Chine. La dictature militaire à Myanmar a reçu des sanctions économiques de la part des Etats Unis, du Royaume Uni, du Canada, de la Corée du Sud, du Japon, de la Nouvelle Zélande et de l´Australue paarmi d´autres.

Pékin apparait alors comme le régime dictatorial avec lequel ils accordent déjà le développement d´un Corridor Economique Chine-Myanmar, qui inclut des oléoducs et gazoducs, des routes et des correspondances ferroviaires pour 22.000 millions de dollars. A ceci il faut ajouter le port stratégique d´eaux profondes qui sera construit à Kyaukphyu, sur la côte occidentale de Myanmar, d´une valeur estimée en 7.000 millions de dollars.

Bryan Keogh, rédacteur en chef d´Economie et Entreprise du média *The Conversartion*, remarque que "l´influence de la Chine à Myanmar pourrait incliner la balance vers la guerre dans la Mer de la Chine Méridionale".

Le journaliste signale qu´ un Myanmar antidémocratique ne sert pas aux intérêts de personne. Sauf à ceux de la Chine, qui consolide son influence économique et stratégique chez son voisin plus petit aux effets d´obtenir la tellement désirée "porte-arrière " à l´Océan Indien.

Depuis le coup d´Etat, la Chine a été la principale source d´investissement étrangère à Myanmar. Ceci comprend 2.500 millions dans une centrale électrique de gaz qui sera construite à l´ouest de la capitale, Yangon, appartenant à des entreprises chinoises dans un 81%.

Le pouvoir déplié par Pékin pour soutenir le régime militaire n'est pas seulement économique. En mai 2022 il a utilisé son droit de véto dans le Conseil de Sécurité des Nations Unies pour empêcher une déclaration où on exprimait des préoccupations par la violence et la crise humanitaire croissante à Myanmar.

"En 2020, Avant le coup d'Etat, l'audit général de Myanmar, Maw Than, a averti sur l'endettement croissant avec la Chine, où les créanciers chinois percevaient des intérêts plus élevés que ceux du Fonds Monétaire International ou la Banque Mondiale. A l'époque environ le 40% de la dette extérieure de Myanmar, de 10.000 millions de dollars, était due à la Chine. Il est probable qu'actuellement le montant soit majeur. Tant que la dictature militaire sera dans le pouvoir, elle ne fera qu'augmenter, ayant peu de supports ou sources d'argent étranger, entraînant l'économie de Myanmar" signale Bryan Keogh.

Le spécialiste informe aussi que "l'actuel président à vie Xi Jinping a communiqué à l'Armée Populaire de Libération de se préparer pour la guerre. Un Myanmar soumis et endetté avec un port à eaux profondes contrôlé par des intérêts chinois fait pencher la balance vers ça ".

Il est évident que depuis la montée au pouvoir de Xi Jinping, l'élargissement du "cercle des amis " de la Chine est devenu une priorité absolue pour la diplomatie de Pékin.

Se servant de tout moyen à sa portée, et sans demander l'orientation politique ou la légitimité du gouvernement dans le pouvoir, on cherche à convaincre la plus grande quantité de pays pour qu'ils supportent la position de la Chine, autant au niveau individuel que collectif dans le domaine multilatéral, dans différentes questions d´intérêt fondamental, telles que Xinjiang, Hong Kong et autres affaires se rapportant aux droits de l´homme.

Du côté des Etats Unis on prend conscience de l´erreur commise pendant les dernières années d´avoir refroidi la relation qu´ils avaient historiquement avec la région. De même que pour l´Amérique Latine, ils constatent que le vide laissé par leur éloignement a été rapidement recouvert par la Chine.

"Nous reconnaissons que, dans les dernières années, il est possible que les îles du Pacifique n´ont pas reçu l´attention et le support diplomatique qu´elles méritent. Alors je suis ici actuellement pour vous dire directement que nous allons changer ça", a assuré en juillet 2022 la vice-présidente américaine, Kamala Harris, dans le Forum pour les Îles du Pacifique selon Europa Press.

Au-delà de l´ouverture de deux nouvelles ambassades à Tonga et Kiribati, les fonds américains pour le développement économique et la résilience des océans pour les Îles du Pacifique vont être triplés.

A quelques 2.100 kilomètres du Taiwan, le Japon est un voisin préoccupé par l´escalade guerrière.

A cheval de la menace chinoise, le premier ministre nippon, Fumio Kishida, et Natsuo Yamaguchi, leader du parti Komeito et son associé dans la coalition au gouvernement, ont réussi à doubler le budget militaire. Ils ont mis fin ainsi à l´ancienne restriction selon laquelle les dépenses militaires ne pouvaient pas dépasser le 1% du PBI. Cette dépense représente 296.300 millions pour la période 2023 à 2027. De ce chiffre, le récent achat de 500 missiles de croisière Tomahawk de fabrication américaine a déjà pris 38.000 millions de dollars.

Même si l'information officielle affirme qu'ils se dotent de "capacités pour contre-attaquer", pour contrecarrer des "installations militaires ennemies considérées comme une menace pour la sécurité nationale ", la réalité est que, par l'achat de cet armement, le Japon abandonne l'image d'un pays purement défensif du point de vue militaire.

Avec les Etats Unis, il planifie de construire à Okinawa, au sud du pays, une base qui sera le siège d'un des trois nouveaux régiments du littoral marin imaginés pour défendre la chaîne des îles Nansei, qui vont depuis Kyushu jusqu'à Taiwan, et bloquer ainsi le chemin des bateaux chinois.

Le défi est de voir comment régler la dépense militaire plus importante. Toutes les options envisagées par la coalition au gouvernement ont provoqué confusion et critiques à l'intérieur et en dehors du parti dans le gouvernement. Ce n'est pas pour rien, toute fois que les options proposées sont l'augmentation des impôts aux entreprises et de l'impôt sur le tabac, des réductions d'autres cargaisons ou l'émission de nouveaux bons de dette.

Pour la Chine, l'Asie continue d'être son grand pari pour sa proximité géographique et pour l'identité de sa population. Ce n'est pas par hasard que son mégaprojet de la Nouvelle Route de la Soie ait débuté dans le continente asiatique, pour être répandu par la suite partout dans le monde.

Derrière cette ambitieuse initiative, Pékin incarne ses ambitions de contrôle politique, technologique et de sécurité, elle profite pour accuser l' OTAN de "déstabiliser la région ".

"L'Asie-Pacifique n'est pas un champ de bataille pour la compétence géopolitique, et la confrontation et la mentalité de la Guerre Froide ne sont pas bienvenues dans la région.

La présence de l´ Alliance mériterait une grande surveillance de la part des pays asiatiques", a remarqué la porte-parole du Ministère aux Affaires Etrangères, Mao Ning.

L´OTAN, a remarqué Ning, "devrait considérer sérieusement le rôle joué dans le maintien de la sécurité européenne : d´un côté elle affirme que sa position comme Alliance régionale et défensive n´a pas changé, et de l´autre, elle continue d´aller au-delà de sa cour arrière traditionnelle, elle renforce en permanence les liens de sécurité militaire avec les pays de l´ Asie-Pacifique et elle exagère la menace chinoise ".

Ses voisins japonais ont eu ce qu´ils méritaient aussi. Elle leur a conseillé d´ "apprendre sérieusement la leçon de l´histoire, de suivre un chemin de développement pacifique et de ne pas faire des choses qui vont saper la confiance mutuelle des pays ou nuire à la paix et la stabilité de la région ".

Le Ballon espion

Le 4 février 2023, un avion américain de combat a détruit un ballon face à la côte de Carolina du Sud, sur l´océan Atlantique. L´objet, qui avait traversé grande partie du pays, a survolé des zones où les Etats Unis gardent des missiles nucléaires dans des silos souterrains et des bases de bombardiers stratégiques telles que la Base Malmstrom de la Force Aérienne à Montana.

Le général Pat Ryder, porte-parole du Pentagone, a dit en conférence de presse que le ballon a volé à une hauteur de 18.300 mètres sur le centre du territoire continental des EEUU.

Il s´agissait d´une unité du type ballon dirigeable, qui était maniable et, au-dessous de son dispositif de surveillance il avait un grand espace de charge dont le contenu n´a pas été précisé.

On a appris par la suite qu´il était équipé avec des panneaux solaires suffisamment grands pour produire l´énergie nécessaire pour opérer des multiples capteurs actifs de recueil d´intelligence.

La Chine a reconnu immédiatement que le ballon leur appartenait, mais qu´il s´agissait d´une équipe qui n´était pas utilisé pour épier.

La porte-parole du Ministère aux Affaires Etrangères chinois, Mao Ning, a affirmé que la Chine "n´a pas la moindre intention de violer le territoire et l´espace aérien d´aucun pays souverain " et a exhorté au calme pendant l´enquête des faits.

Selon le régime de Xi Jinping, il s´agit d´un "dirigeable civil aux fins de recherche, principalement pour des questions météorologiques", que celui-ci "s´est beaucoup détourné de sa trajectoire prévue » et que "elle regrettait ce qui s´était passé ".

Cette explication ne semble pas coïncider avec les faits : les images saisies par les avions espions américains U-2 quand le ballon survolait le pays démontrent qu´il était capable de recueillir d´intelligence avec des signales à multiples antennes et autres équipes pour saisir des données sensibles, ainsi que des panneaux solaires pour l´énergie.

D´autre part, de la même page web du fabricant de ballons surgit une relation directe avec l´ Armée Populaire de Libération chinoise.

Pour le Département de l´Etat, ce ballon fait partie d´un projet qui affecte la sécurité de plus de 40 pays dans cinq continents.

L'analyste David Pierson, dans une note publiée au *New York Times*, remarque que personne ne sait jusqu'à quel point l'évènement était évitable, mais qu'il se produit quand Xi est censé avoir plus de pouvoir que jamais, après avoir brisé toutes les normes pour s'assurer un troisième mandat, l'année dernière, ayant la question de la sécurité nationale comme pilier de sa gestion.

L'incident du ballon vient s'ajouter à d'autres apparentes erreurs de calcul de Xi, y compris l'abandon intempestif de la politique "Covid Zéro" pour les protestations généralisées contre les restrictions et son accord d'une amitié "sans limites" avec la Russie quelques semaines avant l'invasion d'Ukraine.

"Ce qui porte le préjudice le plus grand pour la Chine dans cet incident autant au niveau international qu'intérieur, c'est qu'elle suscite des doutes sur la concurrence du Gouvernement de Pékin et approfondit les doutes déjà existants sur le leadership de Xi Jinping à l'intérieur de son propre gouvernement ", dit Susan Shirk, sous-secrétaire d'Etat pendant le Gouvernement de Clinton et auteur d'un livre récent sur l'apogée de la Chine.

Une semaine après, le 11 février 2023, un autre objet aérien non identifié, d'origine chinoise aussi, était détruit au Canada.

"J'ai ordonné de faire tomber un objet non identifié qui a violé l'espace aérien canadien. Des avions canadiens et américains ont été mobilisés et un F-22 américain a tiré avec succès contre l'objet ", a communiqué sur son compte de Twitter le premier ministre du Canada, Justin Trudeau.

CHAPITRE IX

La ville des lumières

Peu d´endroits peuvent se distinguer depuis l´espace. L´un d´eux c´est Las Vegas. La fameuse "ville du péché" se montre comme une marque lumineuse au milieu de l´obscur désert de Nevada, aux Etats Unis. La grande quantité de lumières qui l´ornent est telle qu´on peut la diviser depuis les 400 kilomètres d´altitude où orbite la Station Spatiale Internationale.

Autre des sites visibles est placé à la limite de la Mer Argentine, dans une région où il n´y a ni établissements ni plateformes pétrolières. Cette "ville des lumières" est formée par les bateaux étrangers, surtout chinois, responsables de la prédation du calamar, qui est le recours de pêche le plus précieux des eaux de l´Atlantique du Sud. De toutes façons, ils vont ravager aussi les merlus et les goberges, les raies et les tiburons, éléphants et loups marins.

Dans cette zone prospère, une de zones de pêche les plus importantes du monde, le 70% des bateaux situés dans la limite des 200 milles nautiques sont chinois.

Une étude publiée en mars 2022 dans la revue *Science Advances* a relevé les délits rattachés à la pêche observés dans les océans du monde entre 2000 et 2020. Des 6.853 événements informant des délits en 18 catégories rattachés à la pêche, y compris la pêche illégale, les droits de l´homme, les abus et la contrebande, le rapport a trouvé qu´au moins le 33% de tous les délits enregistrés sont associés avec 450 embarcations industrielles et 20 entreprises, la plupart (59%) originaires de Chine.

La présence chinoise sans ces eaux lointaines de l'océan Atlantique n'est pas hasardeuse. Des décennies d'une pêche excessive dans ses mers ont poussé sa flotte de pêche chaque fois plus loin. Les gouvernements latinoaméricains ont peur que ces actions encouragent la pêche illégale d' espèces en danger et menace même des lignées abondantes comme le calamar géant.

Soutenue principalement par des allocations du gouvernement, sa croissance et ses activités ne sont pas contrôlées, en partie parce que la Chine elle-même a eu historiquement peu de règles pour les opérations de pêche. Le contrôle et l'ubiquité globale de cette flotte pose des questions plus larges sur comment la Chine est parvenue à placer autant de bateaux dans l'eau et ce que cela signifie pour les océans du monde.

Ayant une population de plus de 1.380 millions d'habitants, la Chine est le consommateur le plus important de produits de la mer et ses captures globales ont augmenté de plus de 20% dans les cinq dernières années. Plusieurs populations de pêche les plus proches des côtes de la Chine sont disparues à cause de la surpêche et l' industrialisation, c'est pourquoi le gouvernement chinois subventionne en grande mesure ses pêcheurs, qui naviguent par le monde à la recherche de nouvelles terres.

Les flottes de pêche de la Chine ont représenté du 50 au 70% des calamars capturés en haute mer dans les dernières années, selon une estimation du Gouvernement chinois. Souvent, ces bateaux pêchent illégalement dans des eaux nationales d'autres pays, conformément à l'analyse de C4ADS, une firme d´investigation marine. La mer du Japon inclue des patchs d´eau en dispute où les pays les entourant –la Russie, le Japon et les deux Corées– ne reconnaissent pas les frontières maritimes d´autres. L´incursion des chinois dans cette région n´a fait qu´intensifier les tensions locales.

Ce qui est vrai c´est que la flotte de pêche chinoise est plus qu´une simple préoccupation commerciale ; elle agit comme une projection du pouvoir géopolitique dans les océans du monde. Au fur et à mesure que la Marine des Etats Unis s´est retiré des eaux de l´Afrique Occidentale et du Moyen Orient, Pékin a renforcé sa présence navale et de pêche. Et dans des lieux comme la Mer de la Chine Méridionale et la Route de la Mer du Nord de l´Arctique, la China réclame depuis longtemps des routes maritimes précieuses, ainsi que des dépôts sous-marins de pétrole et gaz.

La Chine a la pire ponctuation du monde en ce qui concerne la pêche illégale, non déclarée et non réglementée (INDNR), selon un indice publié par Poseidon Aquatic Resource Management, une firme de consultation en pêche et aquaculture.

"L´échelle et l´agressivité de sa flotte mettent la Chine en position de contrôle. Peu de pays étrangers ont été prêts à la faire venir en arrière quand les bateaux de pêche chinois s´aventurent dans ses eaux nationales ", assure Greg Poling, directeur de l´Initiative de Transparence Maritime d´Asie dans le Centre d´Etudes Stratégiques et Internationales. Ce n´est pas que la pêche en elle-même n´est pas importante, La flotte est aussi une forme de parvenir à ce que plusieurs populations proches des côtes ont diminué à cause de la pêche excessive et l´industrialisation, voilà pourquoi les bateaux se voient obligés de s´aventurer plus loin pour remplir les réseaux. Le Gouvernement chinois dit qu´il a environ 2.600 embarcations de pêche dans des eaux distantes, ce que, selon un rapport récent du Stimson Center, un groupe d´investigation en sécurité, la rend trois fois plus grande que les flottes du Taiwan, du Japon, de la Corée du Sud et de l´Espagne toutes ensemble.

Des allocations millionnaires

"Pendant les deux dernières décennies, Pékin a investi des milliers de millions de dollars pour soutenir son industrie de pêche", dit Tabitha Grace Mallory, professeur de l´ Université de Washington, spécialisée en politiques de pêche de ce pays. En 2018, on a estimé que les allocations totales pour la pêche mondiale étaient de 35.400 millions de dollars, et la Chine représentait 7.200 millions de dollars. Ceci comprend les aides pour le combustible et la construction de bateaux nouveaux aux effets d´augmenter le volume de sa flotte.

La République Populaire subventionne aussi le coût pour acquérir des nouveaux moteurs et casques d´acier, plus résistants pour les bateaux chalutiers.

Nous savons que beaucoup de ces bateaux sont enregistré dans des entreprises d´autres pays, mais qu´ils opèrent subventionnés par le régime communiste au pouvoir.

Un cas emblématique est celui de Pingtan Marine, firme accusée de pêche illégale dans différentes mers de la planète comme celles proches de l´Afrique du Sud, du Timor Oriental, de l´Equateur et de l´Indonésie. Elle possède la deuxième flotte étrangère la plus grande de Chine, ses actions cotent au Nasdaq des Etats Unis et dans son port base de Fuzhou, face à

Taiwan, elle a construit une des usines de traitement de poisson les plus grandes du monde.

Joshua Goodman, dans son article dénommé "Le Grand Mur de Lumière : le pouvoir maritime chinois en Amérique du Sud", assure que "Zhou Xinrong, président et directeur exécutif de la compagnie, semble avoir construit l'empire de pêche grâce à des énormes prêts de l'Etat, des généreuses allocations et des connexions avec le Parti Communiste". Et cite aussi Susi Pudjiastuti, qui a été la ministre de la pêche de l'Indonésie entre 2014 et 2019 : "Ce n'est pas seulement une entreprise de pêche : c'est pratiquement un actif du Gouvernement chinois".

Cinquante-sept des bateaux de Pingtan, y compris les trois bateaux réfrigérés de transport, tous de sa propriété ou à travers une filiale, ont été enregistrés dans les dernières années pour pêcher dans le Pacifique du sud dans aucun problème selon le C4ADS, une organisation consacrée à fournir des analyses basées sur des conflits mondiaux et des problèmes de de sécurité transnationale.

Pingtan, dans son dernier bilan, a informé qu'elle avait 280 millions en prêts pendants de la Banque de Développement de Chine et autres financiers de l'Etat. Un des fonds d'investissement de l'Etat les plus grands du pays possède une participation du 8% dans une de ses subsidiaires. Pendant ce temps, les allocations de l'Etat chinois pour la construction de bateaux de pêche ont été au total de 29 millions de dollars dans les neuf premiers mois de 2021, environ un tiers de tous les achats de propriétés et équipes.

La ministre Susi Pudjiastuti a révoqué les licences des bateaux opérés par les deux filiales de Pingtan en Indonésie. Ceci s´est produit pour une série de délits hypothétiques qui vont depuis les faux rapports de pêche, des transbordements illégaux et de la contrebande d´espèces en danger d´extinction.

Lesdites subsidiaires, PT Avona Mina Lestari et PT Dwikarya Reksa Abad, sont administrées et en partie propriété de membres de la famille immédiate de Zhou, a informé la propre Pingtan dans des documents présentés par devant la Commission de Bourse et Valeurs des Etats Unis (SEC, par ses sigles en anglais).

Dans l´arrêt d´une cour d´Indonésie qui a ratifié la révocation de permis contre les filiales de Pingtan, apparaissent des durs témoignages fournis par les membres de l´équipage d´un de ses bateaux. Ils y décrivent comment leurs superviseurs chinois les ont fouettés en groupe, les ont soumis à des tortures et les ont frappés dans la tête avec une pièce en acier.

De la même manière, un bateau de transport à drapeau du Panamá, le Hai Fa, dont le propriétaire enregistré est une autre filiale de Pingtan sise à Hong Kong, a été saisi en 2014 avec 900 tonnes de poisson capturé illégalement, y compris des tiburons en risque d´extinction. Dans ce cas ils ont eu plus de chance parce qu´un tribunal tolérant a libéré le bateau de la garde après le payement d´une amende ridicule de 15.000 dollars.

D´autre part, les pêcheurs chinois ont accès à l´information de l´intelligence de pêche dirigée par le Gouvernement qui les aide à trouver les eaux les plus riches.

"Sans ses schémas d´allocations massives, la flotte de pêche des eaux distantes de la Chine serait une fraction de son volume actuel, et la plupart de sa flotte de la Mer du Sud de la Chine n´existerait pas du tout ", avertit Poling.

Daniel Pauly, chercheur principal du Projeto Sea Around Us à l´Institut des Océans et de Pêche de l´Université de Columbia Britannique, commente que ces allocations n´ont seulement augmenté les tensions géopolitiques, lorsqu´ils ont permis les bateaux d´entrer dans des régions en dispute, "mais qu´ils jouent aussi un rôle important dans l´épuisement des populations des poissons puisqu´ils maintiennent en fonctionnement des bateaux que, autrement, seraient radiés ".

Tant que les flottes auront l´assistance financière pour la pêche excessive les experts affirment que la pêche soutenable est impossible. A présent, le 90% des populations de poissons aptes au commerce identifiées par l´organisation des Nations Unies pour l´Agriculture et l´Alimentation (FAO) partout dans le monde, ont été pêchées en excès ou complètement exploitées, ce que signifie qu´ils ont dépassé la capacité pour se récupérer de manière soutenable, y comprises les 10 espèces commerciales les plus importantes de la planète.

Les bateaux chinois ont été responsables de plus du 39% de la capture mondiale informée en haute mer en 2019, plus que n´importe quel autre pays. Dans ce scénario, les allocations ne sont pas seulement une des raisons principales pour lesquelles les océans se trouvent rapidement sans poissons. En mettant trop de bateaux dans les mers du monde, les allocations entraînent aussi concurrence déloyale, les disputes territoriales et la pêche illégale au fur et à mesure que les capitaines se hâtent à trouver des nouvelles zones de pêche moins peuplées.

"Pour le dire sans euphémismes, c´est comme payer aux larrons pour qu´ils volent la maison du voisin", dit Peter Thomson, envoyé spécial du secrétaire général de l´ONU pour les océans, sur le rôle joué par les allocations dans la promotion de la pêche illégale.

Ian Urbina est un ancien journaliste de recherche du *New York Times* et directeur de The Outlaw Ocean Project, et il possède une organisation sans but lucratif sise à Washington, D.C. visant à informer les délits sur l'environnement et les droits de l'homme dans la mer. Depuis cette position, il a dressé un rapport remarquant comment avec une classe moyenne en croissance rapide et ayant pouvoir d'achat pour acheter du poisson, le Gouvernement chinois a encouragé son industrie d'aquiculture avec plus de 250 millions de dollars en allocations entre 2015 et 2019 dans un effort pour réduire la dépendance du pays du poisson capturé dans la nature.

Pourtant, cette mesure représente un nouveau problème : pour faire grossir ses poissons, la plupart des usines dépendent de la farine de poisson, une poudre riche en protéines élaborée principalement à partir du poisson capturé dans la nature, dans des eaux étrangères ou internationales. En plus, l'aquiculture demande beaucoup de farine de poisson : Avant même que le thon cultivé arrive au marché, par exemple, il peut manger plus de 15 fois son poids en poissons sauvages sous forme de farine de poisson.

Les conservationnistes de l'océan avertissent que la production vorace de farine de poisson accélère l'épuisement des océans, contribuant à la pêche illégale, déstabilisant la chaîne alimentaire aquatique et sapant les eaux des pays les plus pauvres des sources de protéines nécessaires pour la subsistance locale.

"La capture de grandes quantités de poissons sylvestres pour nourrir une demande croissante de poissons de culture a peu de sens. Au contraire, une fraction de ces poissons silvestres pourrait être utilisée directement, avec moins d´impact dans la vie marine ", remarque Enric Sala, explorateur de la National Geographic Society.

Pour satisfaire la demande de farine et d´huile de poisson, les autorités de la pêche chinoise on dit en 2017 qu´elles visaient à augmenter la quantité de krill recueillie dans les eaux antarctiques de 32.000 à deux millions de tonnes métriques, quoiqu´ils se sont engagés à rester en dehors des zones "écologiquement vulnérables". Le krill est une source principale de nourriture pour les baleines, et les écologistes sont déjà en alerte par les effets à la chaîne d´une récolte si élevée.

La pêche illégale, non déclarée et non réglementée constitue la sixième économie criminelle la plus lucrative du monde, avec des revenus estimés de 15.000 à 36.000 millions de dollars, conformément à un rapport publié par Global Financial Integrity en 2017.

D´autres délits

Selon un rapport récent du Secrétariat de la Marine (SEMAR) du Mexique, les bateaux de pêche sont utilisés aussi pour cacher le trafic de drogue. Dans la mer du sud du Mexique, les cartels de drogue ont monté des fausses coopératives de pêcheurs, dont les bateaux reçoivent de la cocaïne. Conformées par des membres des cartels et des pêcheurs, les équipages voyagent quelques 350 milles nautiques et restent en mer environ 10 jours pour recueillir les stupéfiants.

Conformément aux rapports de police, des bateaux de pêche chinois ont déchargé plusieurs corps décédés au port de Montevideo. En 2021, l´étude sur le trafic de personnes du Département de l'Etat américain a compté 17 morts de membres d'équipages associés à des bateaux taiwanais, chinois et d'autres drapeaux étrangers dans des eaux uruguayennes entre 2018 y 2020. Avant 2018, les observateurs ont reporté en moyenne 11 morts de membres d'équipage par an.

L'équipage est souvent soumise à des pratiques de travail inhumaines, parmi lesquelles on trouve le manque de salaire, la confiscation des pièces d' identité, l'abus physique et l'enfermement à bord. Selon ce rapport, il y a aussi des récits anecdotiques d'homicides en mer.

Au Brésil, les autorités ont démantelé un réseau international de trafic de cocaïne qui utilisait des bateaux de pêche industriels pour transporter les charges dans des eaux internationales pour effectuer après le transbordement dans des embarcations étrangères. Celles-ci simulaient des activités de pêche industrielle et engageaient des équipages spécialisés en navigation maritime, trafiquaient jusqu'à plus de six tonnes de cocaïne vers l'Europe et le sud de l'Afrique.

Les populations de pêcheurs de la côte ont été attrapées aussi au milieu de disputes territoriales des bandes de narcotrafiquants. Le village de Posorja, en Equateur, un point de sortie important de cocaïne vers le Pacifique, a subi une augmentation de la violence. Les pêcheurs ont reçu des coups de feu et leurs bateaux ont été volés pendant que d'autres embarcations incendiées illuminaient le ciel nocturne.

Pour sa part, le Département du Travail des EE.UU., affirme que l'industrie de la pêche chinoise dans des eaux distantes utilise le travail forcé pour capturer le calamar et le thon, qu'elle envoie en Chine pour la consommation intérieure et extérieure.

"La pêche INDNR est souvent associée aussi à beaucoup d´autres formes de délinquance organisée transnationale, telle que la traite de personnes, le trafic de drogue et le piratage", assure Tuesday Reitano, directrice adjointe de l´Initiative Globale contre la Délinquance Organisée Transnationale.

Milko Schvartzman, spécialiste en conservation marine qui étudie depuis des années la flotte chinoise qui opère dans l´Atlantique et le Pacifique du Sud, révèle un autre aspect grave associé à la pêche illicite de ces embarcations : les terribles conditions de vie des travailleurs à bord.

Schvartzman, qui est aussi membre de l´organisation argentine Cercle des Politiques de l´Environnement, assure que le port de Montevideo en Uruguay est le principal soutien de la flotte de l´Atlantique du Sud.

L´expert explique clairement qu´il ne s´oppose pas à ce que l´Uruguay reçoive des bateaux étrangers et met l´accent sur l´importance du contrôle de l´Etat, pour l´inaccomplissement des accords internationaux opportunément ratifiés.

"Ils reçoivent des bateaux ayant des antécédents en abus des droits de l´homme. Ceci est très grave et tout ceci est dit par le Département de l´Etat des Etats Unis. La chancellerie d´ Uruguay elle-même a fait des enquêtes sur l´affaire des membres d´équipage africain qui avaient des chaînes dans les chevilles et qui travaillaient asservis à bord d´un bateau chinois", a assuré Schvartzman.

"C´est très difficile de savoir quelle est la proportion de participation de l´Etat chinois dans les entreprises de pêche furtive et l´abus des droits de l´homme, parce qu´il y a une trame légale parfaitement dessiné par les entreprises pour qu´on ne sache pas ", dit Schvartzman.

Au-delà des conséquences dévastatrices de la pêche excessive pour l'environnement, tellement de bateaux dans la mer signifient plus de concurrence par les zones de pêche, et ceci peut déstabiliser les relations entre les pays et provoquer des affrontements violents.

En 2016, la Garde Côtière de la Corée du Sud a ouvert le feu contre deux bateaux de pêche chinois qui avaient menacé de charger les patrouilleurs dans la Mer Jaune. Un mois avant, les pêcheurs chinois ont chargé et fait couler un autre canot rapide de la Corée du sud dans la même zone. Cette même année, l'Argentine a fait couler un bateau chinois qui, selon elle a affirmé, pêchait illégalement dans ses eaux. L'Indonésie, l'Afrique du Sud et les Philippines ont eu récemment des affrontements avec des flottes de pêche chinoises. Dans la plupart des cas les bateaux chinois pêchaient du calamar, que représente plus de la moitié des captures de sa flotte en haute mer.

Il est évident alors que la colossale flotte chinoise a des fins qui vont bien au-delà de la pêche. En tant que partie de ce qu'on appelle la milice civile, des bateaux sont envoyés dans des zones de conflit dans la mer pour surveiller les eaux et en occasions, intimider et charger les bateaux de pêche ou d'application de la loi d'autres pays.

Au-delà des allocations à la pêche, la Chine, propulse un programme qui encourage ses bateaux à opérer dans les eux en dispute de la Mer de la Chine Méridionale dans l'intention de faire valoir ses demandes territoriales. Comme il s'agit d'une zone qui n'est pas économiquement rentable pour la pêche, les bateaux obtiennent presque les mêmes bénéfices que la flotte d'eaux distantes, et des paiements ponctuels en espèces.

Plus de 200 de ces bateaux de pêche de la milice occupent les eaux autour des Îles Spratly de la Mer de la Chine Méridionale en dispute, une zone riche en poissons, et probablement en pétrole et gaz naturel aussi, demandée par la Chine, les Philippines, le Vietnam et le Taiwan. Les images satellitales montrent que les bateaux de pêche chinois dans la région passent la plupart du temps ancrés et en groupes. Ils ne pêchent jamais, mais ils fournissent une couverture lorsque la Chine construit ses installations militaires dans certains des récifs en dispute, renforçant d´avantage ses demandes sur le territoire.

En première personne

Comme ils se déplacent en groupe et puisque la plupart des fois ils le font aussi avec de la sécurité armée, les bateaux de pêche chinois sont souvent agressifs avec la concurrence ou face à la perception de menaces. Ian Urbina l´a constaté personnellement en 2019 quand il s´est embarqué dans un bateau de pêche de calamar de la Corée du Sud qui a navigué vers la Mer du Japon. Son objectif était de documenter la présence de bateaux chinois illégaux de calamar qui opèrent dans les eaux de la Corée du Nord.

Voyons son récit en première personne:

> *Notre capitaine était un homme bas et à caractère sec, d´environ 70 ans, avec les yeux enfoncés et la peau tannée comme un éléphant. Le matin de notre départ programmé, l´équipage engagé a dit au ca-*

pitaine qu'ils n'allaient pas travailler pendant le voyage. Ils ont dit qu'ils étaient trop nerveux pour être associés à n'importe quel rapport concernant la Corée du Nord et pour le fait de s'approcher à des bateaux de pêche chinois.

Le capitaine a dit qu'on pourrait également aller en mer avec son premier officier, mais que le bateau serait difficile à conduire, qu'il serait plus sale que d'habitude et qu'on devrait l'aider quand il le demanderait.

Ayant l'odeur d'un chien mort et comme s'il s'agissait d'une piste de patinage glissante par la capture précédente, le pont du bateau en bois de 60 pieds de long était un désastre. Les chambres de l'équipage étaient détruites et le moteur du bateau a explosé sur nous à plusieurs centaines de milles de la côte, ce qui a produit des tensions pendant deux heures jusqu'à ce qu'il a été réparé.

Peu après la tombée du soleil de notre premier jour en haute mer, il est apparu dans notre radar la silhouette d'un bateau. Nous avons couru pour atteindre ce qui n'était non seulement un bateau, mais presque deux douzaines, tous en file indienne depuis les eaux de la Corée du Nord. Tous ondoyaient des drapeaux chinois et aucun n'avait les transpondeurs allumés, tel qu'il est demandé dans les eaux de la Corée du Sud.

En envoyant au préalable une armée invisible de bateaux industrielles pour pêcher dans des eaux interdites, la Chine a déplacé violemment les bateaux les plus petits de la Corée du Nord et s'est mis en premier rang en ce qui concerne la réduction des populations de calamar qu'autrefois ont été abondantes. Quand on leur demande à propos des trouvailles, documentés par une nouvelle technologie satellitale de Global Fishing Watch, confirmés par mon excursion de 2019, documentée par NBC, le Ministère aux Affaires Etrangères de la Chine a dit dans une communication "qu'il a fait accomplir à conscience" les résolutions du Conseil de Sécurité de l'ONU sur la Corée du Nord et qu'il "a puni systématiquement" la pêche illégale, mais il n'a pas confirmé ni nié la présence de bateaux chinois dans la région.

Nous avons suivi les bateaux, nous les avons filmés, nous avons documenté leurs numéros d'identification, et après quelques 45 minutes, nous avons mis un drone dans l'air pour les voir mieux. En réponse, un des capitaines a sonné le klaxon, a allumé les lumières, et après il s'est approché abruptement vers nous dans une nef d'assaut : un avertissement. Nous avons maintenu notre trajectoire, mais le bateau chinois a continué vers nous. Quand il a atteint les 30 pieds de nous, on a soudain viré pour éviter la collision.

C'était tout ce que notre capitaine voulait risquer. Il a décidé que c'était trop risqué de continuer, il s'est tourné vers *notre bateau* et on a commencé notre voyage de retour au port, pendant lequel il *est resté en silence de manière peu habituelle et un peu nerveux. "Ils sont très sérieux", il continuait de murmurer, faisant allusion aux pêcheurs chinois, qui, imperturbables, ont continué en direction des* eaux de la Corée du Nord.

Des efforts conjoints

Les Etats Unis, le Japon, l´Australie et l´Inde propulsent une initiative maritime destinée à freiner la pêche illégale dans l´ Inde-Pacifique. Ces quatre pays ont repris le Dialogue Quadrilatérale de la Sécurité connu comme Quad, suite à une parenthèse d´une décennie.

Le président américain Joe Biden, et les autres leaders du Quad, les premiers ministres Fumio Kishida du Japon, Narendra Modi de l´Inde, et Anthony Albanese de l´Australie ont relancé cette alliance stratégique avec l´objectif de contrecarrer la Chine, que, à leur avis, est responsable pour le 95% de la pêche illégale dans l´Inde-Pacifique.

Le Japon, pays qui occupe la présidence rotative du Quad, dénonce depuis longtemps les approches et incursions permanentes des nefs chinoises dans les eaux entourant l´archipel nippon, et en particulier autour des îles Senkaku, administrées par Tokyo, mais réclamées par Pékin.

Le système va offrir une "photo en temps quasi-réel" des activités maritimes dans les zones de pêche des quatre membres du Quad moyennant des systèmes d´identification automatique par radiofréquence, selon ce qui explique un haut fonctionnaire de la Maison Blanche.

Avec cette technologie satellitale on pourrait connecter les centres de surveillance qui existent à Singapour, en Inde et dans le Pacifique pour créer un système de suivi de la Pêche illégale depuis l'océan indien et le sud-est de l'Asie jusqu'au Pacifique du Sud.

Le système va permettre aux EE.UU. et à ses associés, de contrôler la pêche illégale même quand les bateaux de pêche ont éteint les transpondeurs que normalement sont utilisés pour suivre la trace des embarcations maritimes.

Ceci va élargir les capacités des associés pour surveiller les eaux du Pacifique, le sud-est asiatique et l'océan Indien, et permettra de combattre la pêche illégale et autres activités clandestines, ainsi que d'améliorer le déploiement d'aide en cas de désastres naturels ou humanitaires selon les pays membres du Quad.

Le contrôle des domaines maritimes est une "question essentielle pour la paix, la stabilité et la prospérité", remarquent les Etats membres du Quad dans une déclaration conjointe.

"On dirait que des idées pour faire les gros titres ne manquent pas. C'est comme l'écume de la mer dans le Pacifique ou dans l'océan Indien : ils peuvent attirer l'attention, mais bientôt ils vont être dissipés", a dit en 2018 le ministre aux Affaires Etrangères de la Chine, Wang Yi, en ton ironique, sur le Quad.

Plus de quatre ans après, le Quad est loin d'être dissipé. Au contraire, il a augmenté en propulsion, profil et influence.

Convoqués sur la devise de propulser un "Inde-Pacifique libre et ouvert", les quatre pays ont déjà effectué deux exercices navals depuis 2020, et ses leaders se sont réunis en trois occasions, y comprise un sommet en personne à la Maison Blanche.

En Amérique du Sud, on encourage aussi un effort conjoint contre la pêche illégale. Les Gouvernements du Chili, de l'Equateur, du Pérou et de la Colombie ont émis une déclaration conjointe condamnant ladite pratique frauduleuse et ont établi un engagement pour produite des politiques la combattant.

La coalition a manifesté la nécessité d'un échange d'information et la prise de mesures conjointes pour arrêter la pêche INDNR dans ses zones d'exploitation économique exclusive, à travers la Commission Permanente du Pacifique du Sud (CPPS), un organisme régulateur maritime où les quatre pays se trouvent en égalité.

Depuis l'Association Interaméricaine pour la Défense de l'Environnement (AIDA) on valorise positivement l'initiative. "C'est un problème qui affecte la région dans sa totalité et demande des efforts conjoints et coordonnées. Cette mesure est un pas important pour procurer la gouvernance adéquate de l'océan" ainsi que pour "avancer dans le maniement adéquat des ressources maritimes dans la région ", a dit à DW Magie Rodríguez Esquivel, avocate Junior du Programme de Biodiversité et Protection de la Côte.

Pour que ceci soit efficace, Bello vise à l'effort conjoint de tous les pays puisqu'il faut "couper toute aide permettant à ces flottes de continuer de pêcher, ou de remplir leurs cales ou décharger dans la mer, au port, ou même à obtenir du combustible pour pêcher dans la zone ". Dans ce sens, elle se rappelle que "le Pérou et l'Uruguay soutiennent o rendent toujours possible que ces bateaux déchargent dans leurs ports ".

En coïncidence, le directeur de Pêcheries de Oceana Pérou manifeste que "dans les dernières années, ladite flotte reçoit des maintiens dans des ports péruviens". Les directifs ont demandé aussi que ladite Déclaration comprenne parmi ses actions que le "Pérou modifie sa politique concernant la fréquence, la forme ou la facilité avec laquelle lesdites embarcations entrent ". Néanmoins, le Gouvernement péruvien a expliqué ´il "a dressé un Décret Supreme qui cherche à réduire ceci, mais il manque encore quelques aspects ".

L´Equateur et l´Union Européenne ont proposé dans la dernière réunion de l´Organisation Régionale de Classement de la Pêche du Pacifique du Sud (SPRFMO par ses sigles en anglais) des mesures demandant à tous les bateaux d´avoir des moniteurs à bord pour 2028, et de les autoriser à décharger leur capture seulement dans les ports au lieu de les transférer dans la mer dans des bateaux frigorifiques géants, outil clé pour limiter la pêche illégale, non déclarée et non réglementée.

Pourtant, aucune des mesures proposées n´a été adoptée pendant la réunion en huis clos. Ce qui a frustré les efforts des écologistes et quelques importateurs de produits de la mer dans les Etats Unis et l´Europe qui ont exercé des pressions pour parvenir aux restrictions à la pêche en haute mer qui embrasse la plupart de la planète.

Calamasur, un groupe intégré par des représentants de l´industrie du calamar du Mexique, du Chili, du Pérou et de l´Equateur, qui a assisté à la réunion virtuelle célébrée pendant quatre jours a déclaré d´être "déçu des résultats ".

En Argentine

Même si la présence de la flotte chinoise dans des eaux internationales de l´Atlantique du Sud n´est pas nouvelle, ce qui est vrai c'est que c'est préoccupant parce qu'à maintes reprises on a enregistré des bateaux chinois qui sont entrés dans des eaux juridictionnelles argentines pour y pêcher illégalement.

Dans les plus des deux décennies depuis la mise en place du patrouillage de la Mer Argentine, la Préfecture Navale a capturé 80 embarcations qui enfreignaient la zone d'exclusion. Une de ses réussites maximales a été d'obtenir, en 2016, que l'Interpol arrête dans un port indonésien le bateau de pêche chinois "Hua Li 8" qui avait traversé la ligne des 200 milles.

Selon les rapports, le 29 février 2016, un bateau garde-côte argentin a détecté le bateau Hua Li 8 à drapeau chinois, qui pêchait sans permission dans la ZEE. Après ne pas avoir obtenu une réponse de la part de l'équipage à l'avertissement d'arrêter l'activité de pêche illégale, un protocole qui régit pour les cas de désobéissance a été activé. Quelques minutes plus tard, on a effectué depuis le patrouiller des coups de feu contrôlés en guise de méthode persuasif.

Les coups de feu ont détruit tout le système de communications du bateau chinois, néanmoins, il s'est enfui, c'est pourquoi la Justice Fédérale argentine a dicté la demande de saisie internationale. Finalement, le bateau a été saisi dans des eaux d'Indonésie par les autorités de ce pays.

Le cinéaste Enrique Piñeyro a invité récemment un groupe de journalistes à survoler dans son avion particulier la mille 200 de la Mer Argentine, c'est-à-dire, la limite qui divise le territoire maritime du pays avec des eaux internationales, pour voir la déprédation depuis l'air. Les photographies des lumières de centaines de bateaux de pêche au milieu de la nuit ont circulé après par différents médias et ont causé un grand impact.

En 2021, environ 350 bateaux à drapeau chinois ont pêché face aux côtes argentines, étendant leur permanence moyennant des transbordements non réglés, une pratique controversée où la pêche est transférée dans une nef nourrice qui permet aux bateaux de donner apparence légale au poisson capté.

Un rapport élaboré par l'ONG conservationniste Oceana, signale que, entre janvier 2018 et avril 2021, des données satellitales démontrent que 400 bateaux à drapeau chinois —la plupart d'entre eux des turluttes utilisant des lampes à lumière intense pour attirer les calamars à la surface pendant la nuit— ont saccagé les eaux, juste en face du territoire argentin pendant plus de 621.000 heures.

En plus de 4.000 situations, ces embarcations sont disparues des systèmes de surveillance publique pour plus de 24 heures, et le plus sûr est qu'ils l'ont éteint leur système d'identification automatique (AIS) pour éviter la détection. Cette pratique controversée cache souvent des comportements illégaux tels que l'invasion des eaux souveraines pour pêcher illégalement, selon l'étude.

Cette période de trois comprend le mois d'avril 2020, quand quelques 100 bateaux turlutte, la plupart d'entre eux à drapeau chinois ont été surpris en train de pêcher illégalement dans des eaux argentines, apparemment avec ses dispositifs de suivi de la trace publique éteints, tel qu'il a été informé par *Pesca Con Ciencia*.

Une autre étude intéressante, d'InSight Crime, met l'emphase sur le fait que la flotte chinoise représente une menace sérieuse et permanente pour la souveraineté, l'économie et la biodiversité de l'Argentine. Un expert de cette entité a même défini le conflit comme une "guerre littérale" pour les milliers de millions de dollars en exportations en poisson et pour la survie de certains habitats marins.

Carlos Liberman, sous-secrétaire de Pêche et Aquiculture de la Nation, signale que "face à la Zone Economique Exclusive (ZEE) argentine, dans la mille 201, où les eaux sont internationales et libres, une flotte étrangère est positionnée, à prédominance de bateaux chinois consacrée en général à la pêche du calamar".

Entre novembre 2020 et mai 2021, un total de 523 bateaux de pêche, dont la plupart sont chinois, ont été détectés dans cette limite délicate dans les proximités de la ZEE de 200 milles nautiques d'Argentine, selon les données satellitales analysés par Windward, une entreprise d'intelligence maritime.

De cette quantité, le 42% avait éteint leurs transpondeurs de sécurité, obligatoires, au moins une fois.

En 2020 le Congrès argentin a sanctionné un projet de loi qui a durci le schéma de pénalités. Préalablement, l'amende maximale établie était d'AR$ 10 millions aux bateaux qui pêchaient illégalement dans leur mer territoriale ; l'actuelle établit trois types de sanctions : amende de trois millions de litres de combustible, ou de six millions si le bateau a des antécédents. En deuxième lieu, au-delà de l'amende, le bateau qui entre illégalement dans la ZEE devra payer en plus la totalité des dépenses encourues par l'Etat pour procéder à la capture et ceci n'est pas un montant mineur, parce que c'est des millions ce qui implique de déplacer des bateaux et des avions. En troisième lieu, toute la capture dans la cale du bateau est confisquée.

Le fonctionnaire ajoute qu´un quatrième bateau patrouiller océanique a été ajouté. Dans ces deux années quatre bateaux à technologie de pointe ont été incorporés, ayant grande capacité de déploiement dans la mer, qui sont quatre fois plus rapides que les bateaux de pêche. A ceux -ci s´ajoutent deux avions de la Préfecture Navale Argentine (PNA) qui ont été acquis en 2014, et prennent 25 images satellitales par jour avec position et placement. Toute cette information converge dans les bureaux de PNA et l´Armée, que tous les jours informent la société à travers ses pages web officielles. Carlos Liberman remarque que 25 images sont une grande quantité, parce que les bateaux se déplacent à vitesse lente.

"Pour pêcher, un bateau turlotte a besoin d´allumer les lumières. Parce que le calamar se protège dans le cône d´ombre et il peut y être capturé. Il doit être à vitesse zéro. Quand un bateau de nuit allume les lumières, il est saisi nettement par les images satellitales. En 2020 quand la vielle loi était en vigueur, nous avons saisi trois bateaux étrangers et ceci a représenté la capture la plus importante dans une seule année. Ceci s´est passé dans la mille 199 et a causé un grand impact. Puisqu´il s´agit d´une action suivie à Travers la Chancellerie, nous avons notifié le changement de loi et heureusement nous n´avons pas eu des nouveaux incidents de cette nature ", remarque le sous-secrétaire de Pêche et Aquiculture de la Nation.

En août 2022, j´ai été reçu par des officiers de la Préfecture Navale Argentine dans l´édifice Garde-côte, siège de l´ institution. A ce moment-là on m´a montré les systèmes modernes pour le suivi par satellite et le patrouillage aérien et maritime qui s´effectue pour combattre la pêche illégale.

L'information officielle fournie remarque que dans les deux dernières années il n'y a pas eu d'intromissions dans la mer territoriale argentine. Pourtant, un rapport d' Oceana, qui a analysé la flotte chinoise depuis le 1 janvier 2018 jusqu`au 25 avril 2021, révèle que "plus de la moitié des embarcations ont eu au moins un évènement de perte de signal et qu'en plus ce groupe spécifique a navigué et pêché, sans transmettre sa position, pendant plus de 600.000 heures".

Cette vision coïncide avec les estimations des organisations qui visent à la conservation de l'environnement, qui assurent qu'autour de 2.000 millions de dollars partent par an de l' Argentine par la pêche illégale.

Au Pacifique

La présence de la flotte chinoise en Argentine fait partie d'un parcours qui se répète tous les ans parce que nous savons qu'à partir de mai les bateaux vont commencer à passer, à travers le Détroit de Magallanes, vers l'Océan Pacifique. Une fois là-bas, les nefs vont naviguer jusqu`aux limites de la mer du Pérou où ils vont s'arrêter pendant un certain temps une autre espèce de calamar, le Dosidicus gigas, pour aller après jusqu'aux limites de la zone économique exclusive de Galapagos, en Equateur.

La quantité d'embarcations à drapeau chinois consacrée à la pêche du calamar géant dans le Pacifique du Sud s'est multiplié par dix en peu plus d'une décennie, des 54 en 2009 à 557 en 2020, conformément à l' Organisation du Maniement de Pêcheries Régionales du Pacifique du Sud, une organisation intergouvernementale de 15 pays chargées de garantir une pêche soutenable dans la région. Sa capture de poissons a passé des 70.000 tonnes en 2009 à 358.000 en 2022. Il y a ceux qui disent que les organisations régionales qui essayent de contrôler la pêche n´ont pas une forme d´empêcher que la Chine enregistre des embarcations associées à la pêche illégale et les abus.

La flotte chinoise peut parfois pêcher pendant des années parce qu´elles déchargent leurs captures dans un réseau de gigantesques embarcations réfrigérées, capables de transporter 15.000 mètres cubes de poisson (l´équivalent à six piscines olympiques). Des énormes bateaux citerne apportent du combustible subsidié par le Gouvernement chinois, ce qui rend plus grave l´impact sur l´environnement. Les 12 bateaux réfrigérateurs actifs dans le Pacifique en juillet 2022 ont eu au moins 196 rencontres avec des bateaux de pêche dans cette période, selon des données satellitales analysés par Global Fishing Watch, organisation des Etats Unis qui encouragent la pêche soutenable.

Des 140 embarcations monitorées par la C4ADS, 133 (95 %) appartiennent à la Chine, quatre (3 %) au Taiwan et trois (2%) à la Corée du Sud.

Des rapports de fausses localisations et l´utilisation multiples identités de services maritimes mobiles (MMSI) démontrent les opérations irrégulières dans des eaux lointaines des bateaux liés au régime de Xi Jinping.

Selon les recherches, la propriété des embarcations est concentrée seulement en 50 entreprises où une superposition additionnelle entre actionnaires et bénéficiaires réels l´emporte. Elles révèlent aussi que 25 d´entre elles ont des rapports avec les représentants de l´Etat de Pékin et 16 des embarcations sont liées à des dénonces de trafic illégal ou même du travail forcé et autres délits.

Les biologistes avertissent que le calamar de Humboldt, par nature abondant, appelé ainsi par le riche courant en nutriment de la côte ouest de l'Amérique du Sud, est devenu vulnérable à la pêche excessive, tel qu'il est arrivé en Argentine, au Mexique, au Japon et dans d'autres endroits où les populations calamars ont simplement disparu.

Au Chili, un rapport complet dressé par Vanesa Catanzaro pour *Europaazul*, remarque que le pays détient une large partie des côtes du Pacifique de l'Amérique Latine, c'est pourquoi ses ressources maritimes n'échappent pas à la menace croissante des bateaux chinois dans des mers internationales que jour après jour dépassent sa mer territoriale pour extraire la faune marine qui l'habite.

La pêche illégale au Chili représente un coût annuel estimée de 300 millions pour le pays. Selon un rapport de 2020 de AthenaLab, un centre de recherche chilien de défense et de sécurité.

La Convention des Nations Unies sur le Droit de la Mer institue que les nations de la côte ont juridiction sur les ressources naturelles dans leur ZEE, voilà pourquoi les bateaux chinois ne peuvent pas pêcher dans leurs eaux, mais ils peuvent naviguer.

En décembre 2020, l'Armée du Chili a informé qu'un total de 432 bateaux de pêche à drapeau chinois et 17 nefs de support logistique ont navigué face aux côtes du pays.

"Des précédents, 77 sont déjà de passage depuis la zone de responsabilité nationale, dont seulement 11 transitent par la Zone Économique Exclusive [ZEE], sans avoir recours à leurs gréements ni à effectuer des activités de pêche ", disait la communication, publié dans la revue numérique, *Diálogo*.

La croissance dans les dernières années de la quantité de bateaux à drapeau chinois aux côtes chiliennes aperçus par l'Armée du pays, augmente la préoccupation par la pêche IN-DNR, ce qui a provoqué un point de départ pour des nouvelles politiques dont l'objectif est de régler, à plus grande effectivité, l'activité de pêche internationale.

Les eaux péruviennes ont une des espèces les plus précieuses des pêcheurs chinois, le Dosidicus gigas, connu aussi comme le calamar géant, une espèce trop migratoire avec un taux élevé de croissance et une courte vie.

La pêcherie des calamars géants est une des plus grandes du monde, et elle est réglée par l'Organisation Régionale de Classement de Pêche du Pacifique du Sud (OROP-PS), selon informa *Global Fishing Watch*.

Les études indiquent que le nombre de bateaux de pêche actifs à drapeau chinois qui opèrent dans des zones réglées par l'OROP-PS a augmenté d'environ 400% en neuf ans, avec 104 enregistrés en 2010 et 516 en 2019.

En 2022 on a autorisé sous registre un total de 707 embarcations de calamar d'eaux distantes pour pêcher des calamars géants en haute mer, dont 516 pêchaient et avaient le drapeau chinois selon le rapport du Comité Scientifique de l'OROP-PS.

Ledit nombre de bateaux turluttes actifs chinois ont capturé un total de 305.700 tonnes en haute mer en 2019, en comparaison avec les 2.500 embarcations artisanales péruviennes, à envergure beaucoup plus petite, qui ont capturé la même année 494.000 tonnes dans des eaux nationales. Ces différences mettent en évidence l'alarmante capacité des bateaux chinois pour extraire des ressources marines.

Également, une recherche journalistique publiée à *Super Interessante* du Brésil, atteste qu'au Pérou, la productivité moyenne des bateaux de pêche a diminué de 70% environ dans les cinq dernières années comme conséquence des pêchers chinois, car ceux-ci capturent une large partie des 300.000 tonnes de calamar géant pêché annuellement dans ce pays.

Un des cas en cours dans les tribunaux du Pérou a été celui du bateau Damanzaihao, connu comme "Le Sicaire des Mers" et qui a été retenu par trois ans dans le port péruvien de Chimbote. La nef, propriété de la firme chinoise Sustainable Fishing Resources, a été accusée de pêche illégale d'espèces.

La préoccupation la plus importante concernant la pêche INDNR vise la flotte de calamar industriel qui opère en haute mer. Certains des risques potentiels comprennent le rapport inexact de la capture y la possible pêche non autorisée dans la ZEE du Pérou.

Une des dernières mesures mises en place par le Pérou en 2020 pour un contrôle plus efficace sur les bateaux étrangers que naviguent ses eaux, est l'exigence d'installer des systèmes de contrôle de bateaux (VMS) s'ils veulent utiliser des ports péruviens pour des activités de maintien, réapprovisionnement de combustible ou changement d'équipage.

La Réserve Marine de Galápagos en Equateur auberge la biomasse de tiburons la plus importante de la planète, plusieurs d'entre eux en risque d'extinction, qui sont considérés un met précieux par la Chine.

En 2020, 260 embarcations chinoises ont passé plusieurs semaines à pêcher des calamars dans les limites de la zone économique exclusive de Galápagos, ce qui a préoccupé les autorités de l'Equateur, non seulement par l'impact écologique par la réduction des ressources, mais par la menace sur les espèces en risque d'extinction.

"Il y a une grande préoccupation par le volumen de pêche. Nous parlons d'une flotte gigantesque", a dit Luis Suárez, directeur de l'ONG Conservation Internationale en Equateur.

La pêche dans des eaux internationales n'est pas illégale, même si ces eaux se trouvent juste à côté des zones de grande importance écologique, voilà pourquoi les flottes de pêche qui naviguent ces eaux où l'activité n'est pas réglée ni contrôlée augmentent la menace pour la vie de ces espèces, qui ne connaissent pas de frontières maritimes et dépassent souvent les lignes de démarcation.

En 2017, un antécédent a activé les alarmes. Le bateau frigorifique chinois Fu Yuan Yu Leng 999 a été poursuivi et abordé par les autorités équatoriennes dans la Réserve Marine de Galápagos, et on y a trouvé un affreux butin de 6.000 cadavres de tiburons surgelés, selon le rapport d'*ABC News*.

En juillet 2019, plus de 340 bateaux de pêche chinois sont apparus aux alentours de la réserve marine de Galápagos, sensible du point de vue de la biodiversité et de l'écologie. Plusieurs des navires liés à des entreprises associées à la pêche illégale, selon la firme d'investigation de conflits C4ADS. Trois ans avant, une flotte chinoise à taille similaire est arrivée dans ces mêmes eaux et un bateau a été arrêté avec environ 300 tonnes de poisson capturé illégalement, y comprises des espèces en danger d'extinction, tels que les tiburons marteau.

Ayant une forte volonté politique pour finir avec cette dé-prédation, en 2021 le Gouvernement de l'Equateur a obtenu que la flotte chinoise accepte une frange de distance de 50 milles nautiques autour des Galápagos et de 200 milles de sa côte continentale. A ces effets, le Ministère aux Affaires Etrangères et l'Armée de l'Equateur ont mené à terme des négociations ponctuelles avec Pékin. Les résultats sautent aux yeux : la flotte déprédatrice chinoise respecte pour le moment cette distance accordée.

"L'Argentine est très endettée avec la Chine, mais l' Equateur aussi ; il n'y a pas de justification pour l'inaction face à asservissement de sa souveraineté de l'environnement, l'éco-nomie et la géopolitique qui date d'il y a 20 ans. Nous n'avons pas une politique d'état définie et continue ; le problème de la pêche excessive dans l' Atlantique du Sud devient pire et peut mener l'écosystème à un collapse de l'environnement et de la société ", a signalé Milko Schvartzman dans une colonne d'opinion publiée dans le journal *Clarín* d'Argentine.

Dans la mer du Japon

Plusieurs types de poisson et créatures marines disparaissent à un rythme insoutenable dû au changement climatique, la pêche excessive et la pêche illégale des flottes industrielles.

Au fur et à mesure que ces populations marines diminuent, la concurrence augmente, et les affrontements en haute mer entre les nations qui pêchent deviennent plus habituels. Les pays qui aiment les fruits de mer, comme le Japon et la Corée du Sud, sont dépassés par les croissantes flottes de Taiwan, du Vietnam et, surtout, de la Chine

La mer du Japon est actuellement un scénario de conflits. La zone possède des patchs d'eau en dispute où les pays voisins comme la Russie, le Japon et les deux Corées, ne reconnaissent pas les frontières d'autres.

La présence chaque fois plus forte des chinois dans cette région n'a fait qu'intensifier les tensions locales. C'est ainsi qu'en 2022, les bateaux chinois illégaux, qui arrivent à être jusqu'à 12 fois plus grands que ceux de la Corée du Nord, ont capturé plus de calamars que le Japon et la Corée du Sud combinées : quelques 195.000 tonnes, à une valeur de plus de 490 millions de dollars annuels. Les enquêteurs marins craignent un collapse totale de cette colonie de calamars, qui a diminué d'un 67% en moyenne dans les eaux de la Corée du Sud et du Japon, respectivement, depuis 2008.

"La flotte chinoise est la principale coupable de cette chute précipitée, parce que, lorsqu'elle pointe aux eaux de la Corée du Nord, ces bateaux industriels capturent les calamars avant qu'ils ne grandissent suffisamment pour procréer ", certifie Jaeyoon Park, scientifique de Global Fishing Watch.

Etant donné que les autorités chinoises ne rendent pas publiques leurs licences de pêche, Global Fishing Watch remarque qu'il n'est pas possible de vérifier que tous les bateaux qui entrent dans les eaux de la Corée du Nord sont autorisés par le Gouvernement chinois. Pourtant, l'organisation a constaté que les bateaux étaient d'origine chinoise à travers plusieurs autres sources informatives.

Cette situation produit aussi des pénibles conséquences sociales. La plupart des hommes de plus de 40 ans de l'île Ulleung, placée à environ 75 milles à l'est de la Péninsule

Coréenne, sont des pêcheurs de calamar, mais un tiers d'entre eux est au chômage à cause de la diminution du stock. Le fait qu'une activité vitale dans la culture locale puisse disparaître saccage cette communauté, dont l'identité pendant des siècles a été définie par la pêche du calamar.

"A certaines époques de l'année, quand les tempêtes redoublent, une légion composée par des centaines de bateaux chinois de calamar arrivent simultanément à notre port pour s'abriter. Ils jettent de l'huile, des ordures, ils démarrent des générateurs de fumée très bruyants pendant toute la nuit et en sortant ils traînent ses ancres et détruisent tes tuyaux d'eau douce de l'île. Il faut que le monde extérieur sache ce qui se passe ici ", illustre Kim Byong, maire de l'île d'Ulleung.

Dans les pôles

Par les effets du changement climatique, la mer Arctique voit diminuer la quantité de glace polaire et ceci dérive dans une augmentation de l'intérêt à l'extraction et au transport commercial des ressources.

La plupart des experts consultés coïncide à affirmer que celle-ci sera la prochaine zone de conflit à observer.

"Les chinois sont très intéressés dans des potentielles sources de protéine, dans le stock de pêche de l'Arctique", a dit Heather Conley, vice-président senior pour Europe, Eurasie et l'Arctique du Centre pour les Etudes Stratégiques Internationales dans des déclarations à Business Insider.

Neuf pays, y compris la Chine et l'Union Européenne, ont signé un Accord à la fin 2017, interdisant la pêche commerciale dans l'Arctique centrale pour 16 ans pour permettre d'effectuer une étude dans la région. "La fin est de garantir qui l y a suffisamment d'information pour mener à terme une pêche soutenable quand on devra parvenir à prendre cette décision ", a dit Conley.

Néanmoins, l'expert a anticipé que "les stocks de pêche voyagent vers le nord à la recherche des eaux plus froides", et que la "Chine veut garantir qu'elle ne sera pas exclue de ces zones de pêche ".

A l'autre coin du monde, le Gouvernement argentin n'a pas bien reçu la proposition de la Chine de construire un pôle logistique en Terre du Feu pour sa flotte qui opère dans la mille 201, ayant projection vers l' Antarctique et les eaux adjacentes de l'Atlantique Sud-occidentale.

Dans les couloirs de la maison présidentielle argentine on a parlé d'une "forte pression" de la part du régime de Xi Jinping envers certains fonctionnaires de la Terre du Feu pour changer leur position et permettre à la Chine d'avoir leur propre accès sur le continent antarctique.

Ceci a provoqué une réaction rapide du ministre de l'Economie nationale, Sergio Massa, qui, dans des déclarations publiques effectués au Congrès de la Nation a refusé rapidement le projet proposé.

De toutes façons, et en termes militaires, la République Populaire Chinoise montre un intérêt croissant dans l'Antarctique dans les dernières années.

Ayant présence dans le continente blanc depuis 1984, elle y détient à présent cinq bases de recherche, y compris une dans la zone correspondante à la demande historique de l'Argentine. En 2013, deux frégates anti-missiles de l'Armée Populaire de Libération (EPL) sont allées ensemble dans la région pour effectuer des exercices militaires conjoints avec le Chili, avec des échelles préalables dans des ports d´Argentine et du Brésil.

Pour sa part, le brise-glace Xue Long II de l´Armée de l´E-PL a effectué son premier voyage à l´Antarctique en novembre 2019.

CHAPITRE X

Droits et humains

Pour le mérite d'autres et les erreurs propres, la violation des droits de l'homme menée par le régime de Xi Jinping unifie les voix du monde à leur encontre.

Mérites d'autres, parce que plusieurs pays osent en dénoncer les abus. Erreurs propres, parce que face aux mises en question, la réponse de Pékin c'est qu'elle "ne tolère pas l'intrusion dans des questions intérieures, ni les leçons sur les droits de l'homme ".

Cette attitude n'est pas que des mots. Quand en décembre 2020 l'Union Européenne a imposé des sanctions contre quatre représentants du Parti Communiste Chinois de la province de Xinjiang pour la persécution systématique de la minorité musulmane des uigurs, Pékin a riposté en donnant une leçon à tour de bras. Parmi les punis, il y a eu les eurodéputés Reinhard Bütikofer, du Parti Vert, qui dirige la délégation pour la Chine du Parlement Européen ; le démocrate-chrétien Michael Gahler, et le libéral Sjoerd Sjoerdsma, qui a déclaré sur son compte de Twitter que "tant que la Chine continuera le génocide des uigurs, je ne me tairai point ". L'Institut Mercator d'Etudes Chinois à Berlin et le Conseil Politique et de Sécurité du Conseil Européen ont été affectés aussi. L'accusation de Pékin : "porter gravement préjudice à la souveraineté et aux intérêts chinois et diffuser des mensonges pernicieux et des informations fausses".

Un autre court-circuit s'est produit en 2019, quand le Parlement Européen a décoré Ilham Tohti avec le Prix Sajárov à la liberté de conscience et en reconnaissance de sa défense des droits de l'homme.

Professeur universitaire d'origine uigur, Tohti a proposé une ambiance de dialogue pour résoudre cette délicate question humanitaire. Pékin a répondu par le véto de ses publications et par l'interdiction de donner des cours pendant quatre ans. Le moyen qu'il a trouvé pour s'exprimer c'est son site web uyghurbiz.net, depuis lequel il a dénoncé à échelle globale les abus de tout type subis par les uigurs. Son attitude n'a pas duré longtemps, en 2014 il a été jugé par séparatisme et condamné à prison à perpétuité.

"Ilham Tohti est un criminel qui a été puni conformément à la loi par un tribunal chinois. Nous n'allons pas admettre que personne ne s'immisce dans nos affaires intérieures et dans la souveraineté judiciaire du pays, pour éviter de gonfler l'arrogance des terroristes ", ont déclaré depuis le Ministère de l'Extérieur à l'agence Reuters.

Une année avant, Amnistie Internationale et Human Rights Watch avaient aussi décoré Tohti avec le Prix Ennals, qualifié comme équivalent au Nobel en ce qui concerne les droits de l'homme.

Ce qui est vrai c'est que le traitement donné aux uigurs est motif de préoccupation mondiale. En plein XXIe siècle, c'est difficile d'accepter l'existence de camps d'internement pour maintenir sous contrôle une partie de la population.

Les sanctions de Pékin sont tombées aussi sur quatre membres de la Commission de Liberté Religieuse Internationale des Etats Unis : la présidente Nadine Maenza, sa vice-présidente Nury Turkel et les commissaires Anurima Bhargava et James W. Carr. Conformément à ce qui a été informé par le porte-parole du Ministère aux Affaires Étrangères, Zhao Lijian, la mesure a été adoptée par les critiques qui ont été exprimées concernant le traitement de la minorité musulmane uigur à Xinjiang.

Les pénalités incluent "l'interdiction pour lesdites personnes d'entrer en Chine et l'immobilisation de leurs biens en Chine continentale, Hong Kong et Macao". Selon la communication officielle du ministère, "los citoyens et institutions chinoises ont aussi l'interdiction de traiter ces personnes ".

Selon des données estimatives des Nations Unies, plus d'un million d'uigurs et autres minorités religieuses islamiques de langue turque sont arrêtés arbitrairement à Xinjiang, que les locales préfèrent appeler "Turquestan Oriental".

Dans cette province, qui est la plus occidentale de la Chine, vivent environ 12 millions de uigurs qui conforment un conglomérat solide, musulman pour la plupart, qui diffère des han, l'ethnie dominante dans le pays.

Les uigurs, pour leur distance géographique, sociale, religieuse et surtout idéologique avec le régime de Xi Jinping, les uigurs ont exprimé à plusieurs reprises leurs intentions séparatistes, parfois même avec des attitudes radicalisées exprimés par des attentats violents.

Ce type de régionalisme, qui est observé dans d'autres pays du monde tels que l'Espagne avec les basques ou les catalans, est vu comme un signal d'alarme par Pékin et son projet d' "une seule Chine".

Le peuple uigur a subi la répression chinoise depuis longtemps, mais c'est seulement en 2014, sous l'ordre du chef du

Parti Communiste, Xi Jinping, quand se les essais de convertir ces musulmans en sympathisants du parti ont été renforcés.

Voici quelques signes de la communauté uigur que la Chine considère suspects : prier dans des lieux publics -ce qui n´est pas permis dans la région-, refuser l´éduction de l´Etat, essayer de convaincre quelqu´un d´arrêter de fumer ou de boire pour des motifs religieux, de porter une trop longue barbe, de boycotter les activités commerciales qui ne sont pas d´accord avec l´ islam ou porter des vêtements recouvrant le visage pour les femmes, surtout la burka. Pendant le mois sacré musulman de Ramadan, ils ne voient pas bien non plus le jeûne traditionnel de cette période.

"Nous sommes un pays socialiste et nous séparons la religion des institutions de l´Etat, que sont des établissements séculaires, comme les centres éducatifs et autres endroits «, a déclaré Xu Guixiang, porte-parole du Gouvernement de Xinjiang à l´agence EFE.

Si le Parti Communiste Chinois est prêt à aller à la guerre pour incorporer une île comme celle de Taiwan, qu´elle considère de sa propriété, il est intéressant d´analyser les actions exercées dans le territoire censé insurgent dans ses propres frontières continentales.

Le Consortium International de Journalistes d´Investigation, formé par 17 prestigieux médias du monde, a dressé un rapport complet basé sur des documents divulgués de l´année 2017.

Les cinq fichiers qui ont vu la lumière reflètent nettement les instructions données aux travailleurs des "centres de rééducation" où la Chine renferme les uigurs pour les soumettre a un programme d´assimilation culturelle.

La lecture minutieuse de ces documents reflète jusqu`à quel point il est difficile de vivre dans cette zone qui n´a point de liberté. Comme une sorte de "Grand frère" la République Populaire a monté un firme appareil de contrôle qui va depuis les rues jusqu´aux foyers mêmes. L´opératif est contrôlé depuis ce qu´on appelle "Plateforme Intégrée d´Opérations Conjointes" (IJOP, selon les sigles en anglais). Ainsi, le Gouvernement réunit des données sur l´activité des citoyens à travers des caméras et de leurs propres portables privés à partir d´une application pour partager des fichiers.

Après le contrôle, l´ IJOP détermine qui doit être enfermé dans les "camps de rééducation" où, sous prétexte d´être soumis à un processus d´assimilation culturelle, ils subissent des vexations constantes.

En 2020, l´organisation Human Rights Watch a diffusé le document "Algorithmes de répression en Chine". On remarque qu´en 2019, dans ce qu´on appelle "Campagne de la Main Dure", les autorités de Xinjiang ont recueilli des données biométriques et des échantillons d´ ADN, des empreintes digitales, des numériseurs d´iris et des groupes sanguins de tous les résidents de la région de 12 à 65 ans.

Par la parution de ces documents, Pékin s´est vue obligée de changer son attitude de la négation à la justification. D´abord, tout était circonscrit aux plaintes de ceux qui parvenaient à s´échapper du régime, et c´était "leur parole contre la nôtre " ; avec cette documentation incontestable et paraphée par Zhu Hailun, à charge de la sécurité du Parti dans la région, ils devaient faire des déclarations.

L´attitude a été d´essayer de justifier cette politique sous l´inconcevable excuse de la lutte contre le terrorisme. Accuser de fondamentalisme islamique a été la manière la plus simple et évidente pour le régime de Xi Jinping, tel qui l'a reflété la déclaration publique émise par leur Ministère aux Affaires Etrangères.

"Certains médias essayent de discréditer les efforts de la Chine en matière de contreterrorisme à Xinjiang, mais sans succès. La stabilité, la solidarité ethnique et l'harmonie sont la meilleure réponse à cette désinformation ", il a informé à ce moment-là depuis la chancellerie.

Une recherche menée par Pablo Rubio pour le média *Atalayar*, remarque comment dans ces camps, sous l'euphémisme "rééducation" on mène un programme d'assimilation culturelle.

L'auteur signale que les conditions dans ces sites de confinement, selon les descriptions effectuées par des exilés, sont très mauvaises. En plus, les accusations de traitements dégradants, tortures et assassinats entre les mains de la Police sont fréquentes parmi ceux qui ont passé par cette pénible situation et ont réussi à s'échapper du pays. Après avoir passé par les camps d'internement, ils sont envoyés dans des camps de travail pour compléter leur formation.

Les plus rebelles aux yeux de Pékin finissent, au contraire, en prison.

Face au pénible scénario qui les attend s'ils restent dans leur terre, des milliers d'uigurs ont abandonné le territoire chinois depuis longtemps. L'exil massif, estimé en plus de deux millions de personnes, reçoit asyle dans des pays comme l'Australie, la Turquie et l'Allemagne. Mais même pas là ils sont encore sous la griffe chinoises : un des télégrammes dévoilés par le Consortium International de Journalistes prouve que Pékin a une liste des uigurs qui ont demandé et accédé à d´autres nationalités.

En mai 2022, certaines données piratées des serviteurs informatiques de la police chinoise ont reflété à partir de milliers de photographies du système pénitentiaire de Xinjiang les vexations suivies par les uigurs.

Connues comme "Archives de la Police de Xinjiang", les images ont été publiées sur une page d´Internet après une recherche de mois qui a impliqué des médias tels que la BBC depuis début 2022. Après avoir établi leur authenticité, on a encore ajouté une preuve à la plainte portée.

Le média *State* a publié un entretien effectué à Chin et à Lin, après leur visite à Xinjiang.

Chin a décrit que le fait d´y arriver était celui de se trouver dans une zone de guerre bourrée de technologie d´avant-garde pour le contrôle de la population tel que des caméras de surveillance et de microphones pour contrôler la zone.

"Si tu veux entrer dans une banque, un hôtel, un marché, ou un endroit similaire, tu dois passer un contrôle de sécurité. Il faut scanner ta carte d´identification et ton visage pour qu´il coïncide avec ta carte d´identification, et ils auraient ainsi un registre d´où tu vas. Quand elle marche par la rue, la police peut te saluer et t´obliger d´ entrer dans ton portable, qui sera connecté à un dispositif numérique à la recherche d´information ", a révélé Lin.

Ce que le régime chinois fait avec l´information c´est de la traiter pour classer les personnes en trois catégories : sûre, moyenne et pas sûre.

Le témoin a décrit aussi ce qu´il a observé lors de la visite depuis l´extérieur de ce qu´on appelle camps de rééducation où ils conduisent les citoyens classés de pas sûrs.

"Quand nous sommes allés le visiter, nous avons vu essentiellement une prison. Il avait des murs de 6 mètres de haut avec des fils de fer barbelé. Il y avait des gardes au front avec des rifles d'assaut. Ce que nous avons su par la suite c'est que ce sont des camps d'internement où les personnes étaient en rééducation politique ", a commenté Chin.

Pour le monde, la discussion a été close en août 2022. C'est quand la Haute Commissionnée des Nations Unies pour les Droits de l'Homme, Michelle Bachelet, a publié le rapport s les violations des droits de l'homme à l'encontre de la minorité musulmane Uigur, dans la région chinoise de Xinjiang.

Dans le rapport on peut lire qu'"à Xinjiang on a commis des graves violations des droits de l'homme dans le contexte de l'application, de la part du Gouvernement, de stratégies de lutte contre le terrorisme et l'extrémisme ".

Parmi les conseils, on demande au Gouvernement chinous d'"adopter rapidement des mesures pour libérer toutes les personnes arbitrairement privées de leur liberté à Xinjiang, soit qu'elles se trouvent dans ce qu'on appelle centres de formation professionnelle, dans les prisons ou autres centres d'arrestation ".

Elle a exhorté aussi la Chine pour qu'elle communique aux familles où se trouvent toutes les personnes qui ont été arrêtées, leur fournissant la localisation exacte, qui aidera á établir des canaux sûrs de communication et qui permettra que les familles se réunissent.

Elle demande aussi à la Chine de mener à terme une révision juridique complète de ses politiques de sécurité nationale et antiterroriste à Xinjiang, pour en garantir la pleine conformité avec le droit international contraignant en matière de droits de l'homme et dérogeant toute loi en droits de l'homme n'accomplissant pas les normes internationales.

Finalement, elle conseille au Gouvernement chinois d'enquêter au plus court délai sur les dénonces de violation des droits de l'homme dans les camps et autres centres d'arrestation, y compris les dénonces de torture violence sexuelle, mauvais traitements, traitement médical forcé, ainsi que des travaux forcés et des rapports de mort sous surveillance.

En 48 pages pleines de documentation et témoignages, le rapport conclue à l'existence de "preuves vraisemblables" de tortures à des membres de la communauté uigur et des viols, au-delà de la " violence sexuelle adressée principalement aux femmes lors de la période 2017-2019 et potentiellement après ".

Le rapport a remarqué aussi que "lesdites violations des droits de l'homme, tel qu'elles sont documentées dans ladite évaluation, sont dérivées d'un 'système de lois antiterroristes' interne qui est profondément problématique depuis la perspective des normes et standards internationaux de droits de l'homme. Elle contient des concepts vagues, larges et ouverts qui laissent une grande discrétion aux fonctionnaires pour interpréter et appliquer des larges pouvoirs d'investigation, prévention et coercition, dans un contexte de garanties limitées et peu de supervision indépendante".

En mars 2018, dans une série de manifestations dans différentes parties du monde, grande quantité d'uigurs ont dénoncé le traitement donné dans la communauté chinoise à cette ethnie minoritaire. Dans des villes des Etats Unis, de la Belgique, de l'Allemagne, de la Norvège, de la Turquie, de la

Suède, du Royaume Uni, des Pays Bas, de l´Australie, du Canada, de la France, de la Finlande et du Japon, ils sont sortis dans les rues pour défendre les droits de l´homme.

Cet évènement global a été organisé par One Voice, One Step Initiative, entité créée par un groupe de femmes uigurs que depuis les Etats Unis et l´Europe prétendent unifier les membres de cette diaspora pour améliorer la situation existante. "Freedom for Uyghurs" ou "Uyghur Rights are Human Rights" étaient certains des messages affichés sur leurs pancartes.

Sous le titre laconique de "les camps de concentration sont de retour", ledit organisme de femmes a organisé en plus une exposition photographique au Club National de Presse, à Washington DC.

Usine de mensonges

Peu importaient les évidences ou les recherches menées par l´ONU. Le gouvernement chinois a répondu avec des excuses et a assuré que ce qu´on appelle "valorisation" allait à l´encontre du mandat du haut Organisme et ignorait "les réussites des droits de l´homme, atteints dans leur ensemble par les populations de tous les groupes ethniques dans la région autonome de Xinjiang". En même temps, elle a dénoncé qu´on fabriquait des mesures antichinoises ".

Après la diffusion du rapport de l´ONU, le secrétaire de l´Etat américain, Antony Blinken, a remarqué dans une communication que " notre préoccupation est renforcée et réaffirmée en ce qui concerne le génocide et les crimes de lèse humanité que les autorités du gouvernement de la République

Populaire Chinoise commettent contre les uigurs".

Depuis les Etats Unis on a pris des mesures concrètes, telles que la Loi de Prévention du Travail Forcé des Uigurs qui est entré en vigueur en juin 2022. La norme établit la présomption que les produits venant de Xinjiang sont fabriqués avec le travail forcé et ne peuvent pas être importés.

La loi suppose que tous les produits de Xinjiang sont fabriqués avec du travail forcé et qu'on demande que ceux-ci montrent autant la documentation de provision des équipes importés que la matière première pour démonter le contraire avant de pouvoir autoriser les importations.

En juin 2022, pour travail esclave, les Etats Unis ont aussi bloqué dans ses ports plus de mille envois de composants pour l'énergie solaire évalués en des centaines de millions de dollars. On a ajouté aussi des sanctions à plusieurs entreprises de vêtements, telles que la suédoise H&M, l'américaine Nike, l'allemande Adidas ou la japonaise Uniqlo, qui se sont engagées à ne pas acquérir du coton de Xinjiang.

La contre-offensive de Pékin n'a pas tardé à se manifester. Les produits d'H&M ont été éliminés des pages de vente de vêtements en Chine, alors que plusieurs acteurs et chanteurs locaux ont renoncé à être des ambassadeurs d'image de Nike, Adidas, Uniqlo, Converse et Calvin Klein.

La Chine a pu de toutes façons éluder ou postposer des sanctions internationales à partir de ses alliés dans les organismes multilatéraux. Elle a gagné, par exemple, la votation de l'ONU à Genève et a réussi à éviter le débat des viols systématiques des droits de l'homme commis contre la minorité musulmane des uigurs.

Le Projet de Décision présenté par les Etats Unis a été refusé par un ensemble de 19 voix, dont la Chine était à la tête, avec le Cuba, la Bolivie, le Venezuela et la Mauritanie, parmi d'autres. La position de Washington a reçu le support de l'Allemagne, la France, le Japon, la Finlande et les Honduras, réunissant 17 voix. Alors que l'Argentine, le Brésil, le Mexique et l'Inde se sont abstenus dans une position équidistante qui a compté 11 adhésions.

Cet acte a mis en évidence la fracture du scénario global : les Etats Unis supportés par l' Allemagne, le Japon, la France et le Qatar, et la Chine soutenue par le Cuba, le Venezuela et le Soudan.

À l'exception d'Honduras et Paraguay, qui ont appuyé l'initiative des Etats Unis, le reste de l'Amérique Latine, s'est montrée divisée. Il y a eu des abstentions, -telles que celles d'Argentine, du Brésil et du Mexique- et des refus évidents -du Cuba et du Venezuela-, qui ont puni la politique extérieure de Joseph Biden dans le débat.

Il est encore une fois évident le poids du portefeuille de Pékin et la remise de faveurs correspondante.

En dehors du placard

Les membres de la communauté LGBT+ ne passent pas non plus des bons moments en Chine. Dépénalisée en 1997, l'homosexualité continue de toutes façons sans aucun type de protection légale. Il n'y a pas de sanctions contre la discrimination basée sur l'orientation sexuelle ou l'identité de genre. Les couples du même sexe n'ont pas le droit de se marier, ni d'adopter des enfants.

Il est vrai que les activistes LGBT+ ont eu quelques succès dans la Justice quand ils ont argumenté que les droits à l'égalité et la dignité dans la Constitution sont appliqués aux personnes de leur orientation sexuelle, tel est le cas d'un tribunal de Pékin qu'en 2020 a protégé une femme trans qui était discriminée dans son travail.

Tout est ambigu. D'un côté, l'Association Psychiatrique Chinoise a éliminé l'homosexualité de sa liste de maladies mentales en 2001, en disant qu'elle "n'est pas nécessairement anormale". Pourtant, un rapport de 2020 du bureau des Droits de l'Homme des Nations Unies a trouvé que les hôpitaux publics en Chine offrent aux personnes homosexuelles des thérapies de conversion qui sont interdites presque partout dans le monde. On a aussi enregistré des nombreuses plaintes pour discrimination de la part des travailleurs de la santé contre des personnes atteintes de VIH/SIDA ou qui veulent une chirurgie de réassignation de sexe.

Un rapport de Holly Snape, académicienne spécialisée en Chine de l'Université de Glasgow, remarque que depuis l'arrivée de Xi Jinping au pouvoir la place pour la communauté LGBT+ a diminué. Une normative votée en 2021 limite l'action des organisations n'étant pas admises par le régime chinois, par l'interdiction de la diffusion des nouvelles dans les médias, l'occupation d'espace physique dans la voie publique ou l'accès à des comptes bancaires. De sorte que les organisations LGBT+, qui n'ont pas ladite autorisation, se voient atteintes dans leur croissance et action.

Par une vision rétrograde, le Parti Communiste Chinois, que sans aucun doute doit avoir des membres de cette communauté dans la clandestinité, considère qu'être gay, bisexuel, trans ou non binaire est un concept importé des sociétés capitalistes, quoiqu'il ne l'ait jamais admis.

Un autre coup dur s'est produit quand le populaire réseau social chinois WeChat, une sorte de Facebook chinois, a éliminé un grand nombre de comptes à contenu LGBT+ et féministes les plus suivies du pays sous prétexte qu'ils avaient violé les règles sur l'information en Internet.

Dans ce même sens, l'Administration du Cyberespace de la Chine a informé qu'elle allait nettoyer les réseaux sociaux à contenu LGTB+ pour éviter qu'elle soit une "mauvaise influence" sociale et pour protéger les enfants. Au cinéma, y compris l'étranger, l'exhibition de sexualités non hétérosexuelles n'est pas admise.

En 2019, Wu Wei, un fonctionnaire public gay de la province de Zhejiang, a essayé de se suicider après quatre pénibles années de mauvais traitements dans le travail pour sa condition d'homosexuel. Des millions de personnes LGBT+ en Chine se trouvent face à la discrimination et à l'intimidation dans leurs travaux.

Un 21% des personnes LGBT+ enquêtées par le Programme des Nations Unies pour le Développement (PNUD) ont déclaré qu'elles avaient été maltraitées au travail. 75% ont préféré de ne pas sortir du placard et 91% des personnes trans ont des faibles revenus. Il n'y a pas une législation interdisant la discrimination au travail des personnes LGBT+ en Chine, ce qui signifie qu'elles sont exposées à des risques élevées de chômage, sous-emploi, et autres formes de discrimination.

Malheureusement, plusieurs entreprises internationales ne réussissent pas à protéger leurs fonctionnaires chinois LGBT+, quoiqu'elles se présentent comme des grands défenseurs de la communauté LGBT+ ailleurs dans le monde. Des entreprises telles que Coca-Cola, Starbucks, H&M, L'Oréal et TikTok ont adopté des politiques de diversité et inclusion pour protéger leurs fonctionnaires LGBT+, mais pas en Chine.

Depuis l'Agence Reuters, en juillet 2022, on a informé que deux étudiantes de l'Université Tsinghua, une des plus prestigieuses en Chine, ont été admonestées pour avoir distribué des drapeaux de l'arc-en-ciel, symbolisant la communauté LGBT+.

Une des étudiantes sanctionnées, appelée Christine Huang, a raconté que la mesure disciplinaire a été appliquée parce qu'elles ont laissé au supermarché du campus universitaire 10 drapeaux d'arc-en-ciel dans la réunion préalable à la célébration du Mois de l'Orgueil qui se célèbre internationalement en juin, avec des notes qui invitaient aux étudiants à les prendre.

Les étudiants ont été identifiés par les caméras et sanctionnés avec six mois sans perception de bourse ou prix universitaires. On leur a communiqué que s'ils répètent leur action, ceci serait enregistré dans leurs fichiers personnels, situation qui leur empêcherait d'accéder à des travaux dans des entreprises importantes en Chine.

Dès qu'on a commencé à discuter l'incident sur la plateforme WeChat, la censure chinoise a éliminé presque immédiatement toutes les mentions.

En 2016, les censeurs chinois ont décidé que les producteurs de cinéma et télévision devraient s'abstenir d'aborder des sujets ou personnages homosexuels. En 2021, los contrôleurs ont utilisé le mot "niangpao" ("hommes efféminés", en espagnol) pour avertir aux entreprises de médias de ne pas engager des acteurs qui ne s´adaptent pas aux normes de genre.

Elsa Maishman, dans sa note "Teresa Xu : une femme chinoise perd la procédure dans son intention de congeler des ovules", publiée par la BBC, raconte la lutte de cette femme célibataire qui cherchait la reconnaissance dudit droit.

Teresa a initié des actions légales en 2019 après que l´Hôpital Obstétrique et Gynécologique de Pékin refuse d`effectuer la procédure seulement disponible pour des femmes mariées ayant des problèmes de fertilité. Le tribunal a considéré que l´hôpital n´avait pas violé ses droits, qu´il "comprenait" la plainte, mais qu´il devait respecter la loi.

Agée de 30 ans, Xu a essayé de congeler ses ovules en 2018 pour être centrée dans sa carrière en qualité d´éditrice indépendante, mais elle a dit que le personnel de l´hôpital l´avait encouragé à avoir un enfant à ce moment-là.

L´hôpital avait dit aussi que les grossesses des femmes d´âge avancée avaient d´avantage de risques, et a signalé les problèmes auxquels font face les mères célibataires.

"Je suis venue chercher un service professionnel et j´ai reçu en contrepartie la réponse d´une personne qui m´enjoignait de laisser mon travail et à avoir d´abord un enfant. J´ai reçu beaucoup de pressions dans cette société, dans cette culture ", a déclaré Xu dans une vidéo publiée dans le réseau social WeChat.

Le Covid

Les restrictions exagérées pour Covid-19, sont vues aussi par la communauté internationale comme une forme de soumission de la population par ses quarantaines abruptes et prolongées.

Des nombreuses personnes ont dénoncé des difficultés pour obtenir des aliments et de l´attention médicale, ce que dans certains cas a causé des morts. Il y a eu des rapports généralisés de populations vulnérables qui n´avaient pas accès à des aliments, des médicaments et autres articles de première nécessité. Des vidéos sur Internet montrent des policiers et des travailleurs de contrôle épidémique qui frappent et font traîner des personnes qui se résistaient aux restrictions imposées par la pandémie.

En octobre 2022, à Pékin, un homme a mis deux pancartes sur un pont pour demander la fin du Gouvernement de Xi. Un mois plus tard, des centaines de résidents de Guangzhou se sont manifestés dans les rues et ont fait tomber des barrières en défi des ordres abusives de confinement. L´incendie d´immeubles fermés à Xinjiang, où sont morts au moins dix personnes, a dérivé en marches et protestations à Shanghai, Pékin et autres villes.

À Hong Kong, la République Populaire a désigné John Lee, un dur ex-policier ayant des antécédents d´abus. On a immédiatement accusé de sédition à des journalistes et ont arrêté à des manifestants pacifiques pour une censé violation de la Loi de Sécurité Nationale. Plusieurs citoyens de Hong Kong ont continué de commémorer la tuerie de Tiananmen de 1989 et ont chanté publiquement la chanson de protestation interdite "Gloire à Hong Kong".

Le gouvernement a imposé aussi une forte sanction contre les tibétains, même avec une large campagne de prise par force des échantillons d´ADN. En mars 2022, le chanteur tibétain Tsewang Norbu s´est immolé en signal de protestation.

Dans une vidéo qui a été vérifié par The Associated Press, une multitude à Shanghai chantait "Xi Jinping ! Démissionne ! PCC ! Démissionne !", faisant allusion au Parti Communiste.

La police a employé des gaz lacrymogènes pour disperser la manifestation, quoique les gens sont revenus le lendemain et au même endroit pour une autre protestation. Un journaliste a vu plusieurs personnes dans un autobus policier après avoir été arrêtées.

Dans d'autres sites et vidéos des réseaux sociaux on a exposé des chocs de gens avec des policiers avec des uniformes blancs de protection ou des personnes qui démontaient des barricades qui isolaient les voisinages.

Evidemment, le Covid a été utilisé à maintes reprises comme excuse par la Chine pour réprimer des protestations et des réclamations.

Un cas emblématique a été le confinement de ce qu'on appelle "ville iPhone" après la répression subie par les employés qui protestaient pour des meilleurs salaires.

Au total, quelques six millions d'habitants de la ville chinoise de Zhengzhou, dans la province de Henan, siège de l'usine la plus grande d'iPhone du monde, ont été confinés justement après quelques affrontements entre la police et les travailleurs de la plante, qui demandaient des augmentations de salaire.

Même si la ville enregistrait peu de cas de Covid, les autorités en ont siégé les huit arrondissements, ont enfermé leurs populations pendant cinq jours, ont érigé des palissades et ont monté des points de contrôle pour restreindre les déplacements.

"On ne nous permet pas d'aller travailler et nous ne pouvons pas rentrer chez nous, Zhengzhou est confinée", a manifesté à l'Agence France Press un des employés de la plante qui a été obligé de faire la quarantaine, dans la ville de Ruzhou, au sud-ouest de Zhengzhou.

Apple n'est pas restée les bras croisés face à cet abus, et a déménagé vers le Vietnam une partie de sa production.

Le géant technologique a préféré un pays plus sensé où assembler ses produits. En fait, il a déjà communiqué officiellement qu'Apple Watch et MacBook Pro seraient les premiers à être élaborés dans le Sud-est Asiatique.

En réalité, les protestations sont assez fréquentes en Chine. Ce qui arrive c'est que le contrôle gouvernemental des médias et de l'Internet est si fort qu'ils font tout ce que possible pour que les manifestants de différentes régions ne puissent pas se réunir pour former un mouvement plus vaste.

Pour s'exprimer contre ce verrou à la liberté d'expression, les réclamants ont dû changer leur stratégie. Par exemple, les habitants de plusieurs villes chinoises, las de la politique "Covid Zéro" de Pékin, sont allés dans les rues portant des feuilles de papier en blanc comme symbole de protestation contre la censure du gouvernement. Lesdits folios blancs visent à devenir un symbole d'unité parmi les manifestants.

Tel qu'il a été bien défini par Jemimah Steinfeld, rédactrice en chef d'Index on Censorship : "la protestation doit adopter des moyens ludiques et inventifs pour éluder les censeurs".

La journaliste, appartenant à cette organisation pour la défense de la liberté d'expression partout dans le monde ayant leur base à Londres, a assuré aussi que "le papier blanc symbolise l'insatisfaction que concerne ce qu'on comprend tous ce dont on parle, mais on n´est pas capable de nommer ce qui l´enrage ".

Un autre exemple : pour éluder la censure lors de l´apogée du mouvement #MeToo, les internautes chinois ont utilisé les caractères ou emoji de "riz", et "lapin", qui équivalent à la prononciation de "moi aussi".

D´autres manifestants osés apparaissent de temps en temps ; ils préfèrent être plus spécifiques dans leurs réclamations. Ce serait le cas de celui qu´en octobre 2022 a monté au pont Sitong au district Haidian de Pékin pour mettre deux pancartes à dimensions énormes avec les légendes "Fin du Covid Zéro" et "Démission de Xi Jinping". Pour ajouter l´insulte à la blessure, les pancartes ont été visibles quelques jours avant le commencement le congrès du Parti Communiste qui a convoqué à la capitale à des dirigeants de tout le pays.

Avant d´être arrêté par la police, le manifestant a réussi à mettre au feu un pair de pneumatiques lorsqu´il chantait des consignes anti gouvernement avec son mégaphone.

Même si le gouvernement a effacé toutes les images de l´application WeChat, utilisée par la plupart des chinois, il n´a pas pu éviter que la nouvelle dépasse les frontières.

L´objectif avait été atteint. Les actions de cet homme, que nous avons appris par la suite que c´était un chercheur en physique, ont été classées d´héroïques. Plusieurs personnes l´ont comparé aussi avec ce héros qui, en attitude défiante, a fait face aux tanks de la répression chinoise lors des légendaires protestations de Tiananmen en 1989.

Un œil contrôleur

On estime que 540 millions de caméras de vigilance sont installées en Chine. C'est-à-dire une tous les trois ou quatre citoyens.

Lors du discours d'ouverture du Congrès du Parti Communiste en 2022, Xi Jinping s'est axé dans la "sécurité nationale" et a dit que son régime "investit énormément en technologies qui nourrissent ces systèmes de surveillance ".

Son œil contrôleur s'étend même au-delà de ses frontières. La Chine opère environ 100 stations de police secrètes partout dans le monde pour surveiller ses citoyens dans l'exile.

L'organisation internationale Safeguard Defenders, qui avait publié originalement un rapport où révélait l'existence de 54 bureaux de la police chinoise autour du monde, a dû rectifier ses chiffres lors de la découverte en 2022 d'autres 48 dépendances.

Safeguard Defenders a montré des exemples ponctuels tels que celui d'un citoyen chinois qui a été obligé de rentrer dans son pays d'origine depuis la France et autres cas de citoyens renvoyés par la force depuis des nations telles que la Serbie et l'Espagne.

Les activistes ont trouvé quatre juridictions de police différentes du Ministère de la Sécurité Publique Chinoise actives dans au moins 53 pays, selon des informations de CNN.

En Amérique du Sud, l'organisation a révélé des stations de police à Quito et Guayaquil en Equateur ; à Viña del Mar, au Chili ; à Río de Janeiro et Sao Paulo, au Brésil ; et à Buenos Aires, en Argentine.

"Le Comité de Sécurité Nationale des EE.UU. est très préoccupé par les possibles commissariats chinois non autorisées dans les villes américaines. C´est indignant de penser que la police chinoise essaye par exemple de s´installer à New York sans la correspondante coordination. Elle viole la souveraineté et élude les processus habituels de coopération judiciaire et policière", a dit à l´Agence Reuters le directeur de l´FBI, Christopher Wray.

Les révélations sur les commissariats ont provoqué des investigations dans au moins 13 pays, a détaillé CNN.

Comme d´habitude, le Gouvernement chinois a nié emphatiquement l´existence de ces dépendances, contrariant en même temps la déclaration de la police locale de Qingtian, qui a assuré d´être "fière du travail de la police étrangère, qui va depuis l´aide des compatriotes avec les démarches administratives jusqu´au recueil d´intelligence ".

Selon Pékin, les dissidents du régime à l´étranger ne sont pas ramenés par la force, ils rentrent seuls. C´est ce qui affirmait le 14 avril 2022 le vice-ministre de la Sécurité Publique, Du Hangwei, quand il a affirmé que "nous avons convaincu 210.000 personnes de rentrer dans la dernière année ".

C´est difficile de croire au régime de Xi Jinping, surtout après le 2 septembre 2022, quand le Comité Permanent de l´Assemblée Populaire Nationale, organe législatif chinois maximal, a sanctionné la Loi contre le Fraude sur Internet et les Télécommunications, qu´est entré en vigueur le 1° décembre de ladite année.

La norme dit nettement qu´elle est applicable dans le pays, mais aussi à l´extérieur.

Selon les spécialistes dans la matière, cette loi serait un deuxième chapitre ou un renfort de ce qu´on appelle la "Chasse aux renards", le nom de la campagne impulsée par Xi Jinping pour rapatrier dans le pays des dissidents de partout dans le monde, sous prétexte de faire face à une procédure judiciaire par leurs délits.

Dans le cadre de son initiative, la Chine a aussi établi neuf pays qu'elle identifie avec la fraude et où les citoyens chinois ne peuvent ni rester "sans une raison le justifiant" ni voyager librement non plus. La Turquie, les Emirats Arabes Unis, le Myanmar, la Thaïlande, la Malaisie, le Laos, le Cambodge, les Philippines et l'Indonésie sont les nations signalées et victimes, aussi, de ces pressions de la part de Pékin.

Liu Zhongyi, directeur du Bureau des Enquêtes Criminelles du Ministère de la Sécurité Publique, a remarqué que 54.000 suspects de fraude ont été convaincus de rentrer du nord de Myanmar dans les neuf premiers mois de l'année 2021.

Ce que le fonctionnaire a omis de signaler, selon l'ONG Safeguard Defenders, c'est que pour parvenir à faire rentrer ces personnes en Chine, elles ont été menacées avec la suppression des allocations à leurs familles, l'interdiction d'entrée pour leurs enfants dans les écoles et on a même essayé d'obliger leur cercle de déloger leurs habitations, censées acquises avec de l'argent illégitime, pour être mises aux enchères ou démolies. D'autres avertissements ont compris aussi des contrôles, des restrictions et des immobilisations de comptes bancaires de leurs proches, et même l'identification à l'aérosol de leurs foyers avec l'inscription "Maison de Fraude".

Certains pays mettent un frein à cette pratique, contrariés par un système clandestin de sécurité chinois que viole sa juridiction et les lois internationales.

Un cas retentissant a été celui de la négative du Tribunal Européen des Droits de l'Homme à l'extradition d'un taiwanais en Pologne, accusé de fraude, malgré l'Accord de Coopération de la Justice Pénale en vigueur. Plusieurs juristes considèrent que cet antécédent pourrait être clé pour annuler le système de coopération judiciaire entre l'Europe et la Chine.

Le *Financial Times*, un autre média prestigieux qui a abordé cette question, a cité l'opinion de Moritz Rudolf, de la Faculté de Droit de Yale.

"Ces stations de police, étaient aussi une petite partie des ambitions beaucoup plus larges de Pékin pour faire accomplir ses lois en dehors de son territoire", a assuré le prestigieux professeur.

"Depuis 2019, la Chine a approuvé plusieurs lois ayant application extraterritoriale, un comportement normal pour une puissance en voie de développement. La Chine essaye de se mettre au jour avec les EE.UU., mais elle ne s'en rapproche même pas quand il faut faire accomplir ses lois nationales à l'étranger, surtout en Europe", a dénoncé Rudolf.

Celui qui a mis en évidence des dures menaces de la police a été Wang Jingyu, un dissident politique chinois exilé dans les Pays Bas.

"On m'a indiqué d'aller dans le commissariat de police à l'étranger de Rotterdam pour me rendre, que je devais penser à mes parents en Chine. Je n'i pas cru que c'était réel, Comment pourrait-il avoir une station de police chinoise ici ?", a dit Wang à CNN.

Le Canada a été le premier pays à annoncer formellement le commencement des enquêtes permettant de déterminer si les indices concernant les commissariats chinoises clandestines dans son territoire sont réels.

Les enquêtes sont adressées à la possible existence de trois dépendances à Toronto et à ces effets ils ont demandé au public de fournir des informations à ce sujet, ainsi que sur tout type de menace ou intimidation concernant les activités dans ces centres clandestins.

"C´est une intrusion scandaleuse et impertinente dans la souveraineté canadienne, surtout parce que Pékin a admis que ces commissariats existent et a confirmé leur localisation. L´établissement de ces commissariats illégaux est le symptôme d´un problème beaucoup plus profond", a manifesté le député conservateur Michael Chong.

Les Pays Bas ont rejoint l´initiative canadienne concernant les établissements apparemment situés à Amsterdam et Rotterdam.

La Irlande, à son tour, a exigé la clôture d´un autre bureau à Dublin, alors que le ministre de la sécurité du Royaume Uni, Tom Tugendhat, a assuré par devant le Parlement britannique que les rapports sur des stations de police chinoises étaient "excessivement préoccupants".

Lors d´une enquête menée par le Financial Times, les journalistes ont essayé de communiquer avec plusieurs numéros des stations de police chinoises établies en en Europe, sans succès.

Les commissariats à l´étranger ont en général un réseau d´espionnage de support que devient très difficile à détecter. Il y a le cas d´un hypothétique chercheur chinois à l´Université belge de Gante qui est soupçonné d´avoir menacé le "potentiel économique et scientifique" du pays.

Au-delà de la recherche pour l'Université de Gante, le citoyen chinois est directeur d'une entreprise belge de transports. Les soupçons concernant que ses actions visaient à rendre la Belgique un peu plus dépendante de la Chine ont provoqué un ordre d'expulsion. Pourtant, le condamné a appelé par devant le Conseil de Controverses en matière d'Immigration, que finalement lui a permis de continuer de résider dans le pays.

"Le juge ne voit pas des preuves catégoriques mettant en évidence que l'homme suppose effectivement un risque pour nos intérêts économiques et scientifiques. Alor son lui permet de rester ici et l'Université de Gante lui a informé aussi qu'il peut continuer sa recherche. Nous n'avons détecté aucun risque pour la sécurité lors de cette enquête ", a dit Stephanie Lenoir, porte-parole de l'Université de Gante à De Tijd.

Dans son livre passionnant : Spies and Lies : *How China's Greatest Covert Operations Fooled the World,* l'australien Alex Joske met l'accent sur la portée de l'espionnage chinois dans le monde.

Selon ses estimations, le numéro d'agents d'intelligence qui travaillent pour le Parti Communiste Chinois au niveau local dépasse les 100.000. Parmi eux, un nombre important d'officiers les plus capables et de leur plus grande confiance, sont chargés des missions à l'étranger.

Nick Eftimiades, auteur de l'œuvre *Chinese Intelligence Operations* et vétéran de 34 ans de carrière à la CIA, la DIA et le Département d'Etat, assure qu'"actuellement le FBI enquête plus de 1.000 cas d'espionnage chinois au Etats Unis", quoiqu'il explique immédiatement que "ceci peut n'être que la pointe de l'iceberg".

CHAPITRE XI

Muraille de censure et vigilance

Las contradictions survolent la Chine, un pays qui travaille pour le leadership mondial, mais qu´en même temps s´éloigne de plus en plus de ce monde qu´il prétend contrôler.

Xi Jinping lui-même est un paradoxe : il a subi dans sa peau la répression et l´humiliation de la part du Parti Communiste, mais une fois au pouvoir, il est devenu plus dur que ces prédécesseurs.

Xi Jinping est né à Pékin le 15 juin 1953, du deuxième mariage de son père, ancien vice-premier ministre Xi Zhongxun, reconnu pour sa collaboration dans la conformation des guérillas du nord de la Chine, et considéré un des "Huit Immortels du Parti Communiste".

Le fait de naître dans une famille privilégiée a permis au jeune Xi d´accéder à une éducation de premier ordre. Mais ce monde de rêve est fini abruptement en 1962, quand son progéniteur a été expulsé et condamné à des peines de prison, humilié et torturé pendant la Révolution Culturelle de Mao.

Selon sa biographie officielle, Xi a été exilé pendant six ans au village de Liangjiahe dans l´objectif de le rééduquer ; il a été obligé de vivre dans une cave, il a effectué des travaux forcés, il a dormi sur des lits de brique et argile, il a cuisiné dans des fours d´argile.

"La vie rurale était dure. Sans électricité. Il a été tailleur de pierre, il a réparé des nids de poule, il a traîné du fumier. Pour manger, nous n´avions que de l´avoine, des mauvaises herbes et des guignons. Mais quand tu as faim, tout est bon", a raconté à la BBC Lu Housheng, un de ses copains de logement.

Pendant ces années des milliers de jeunes des zones urbaines tel que Xi ont été envoyés dans des camps lointains de rééducation. "La vie était dure. Il n´y avait pas de nourriture dans notre diète pendant des mois", se rappelait Xi Jinping dans l´un de ses discours.

Après avoir reçu une bourse pour étudier dans l´Université Tsinghua à Pékin, Xi a eu le diplôme d´ingénieur en chimie en 1974. Il a obtenu aussi un doctorat en théorie marxiste et en éducation idéologique et politique à l´Ecole d´Humanités et Sciences Sociales.

A 18 ans il a décidé qu´il serait "plus rouge que les rouges", selon un câble de la diplomatie américaine. Il est entré dans la Ligue de la Jeunesse Communiste et après plusieurs essais, il a réussi à être admis comme affilié au Parti Communiste Chinois. Il a commencé ainsi un voyage avec des arrêts préalables réussis, que finirait par la présidence.

En 1999 il a été nommé gouverneur de la province de Fujian, au sud-est du pays. Une année après, il a accédé au leadership communiste dans la voisine province de Zhejiang, poste qu´il a occupé pendant quatre ans. Son ascension accélérée a été complétée en 2007 quand il a occupé le poste de secrétaire du Parti Communiste dans la ville de Shanghai, la plus grande du pays et un des centres financiers du monde, qui avait été secoué par un scandale de corruption.

A l´époque, Xi avait déjà gagné une réputation solide dans le combat contre la corruption, un fléau très attaché aux hautes structures du pouvoir. Cette même année il est entré dans le grand jeu de la politique nationale en accédant au Comité Permanent du Bureau Politique du Comité Central du Parti Communiste et au Secrétariat du Comité Central. En 2008 il a été élu vice-président et cinq ans après, le 14 mars 2013, il a été élu président du pays, poste qu'il détient jusqu'à présent.

La croisade présidée par Xi Jinping contre la corruption est devenue aussi une excuse idéale pour purger ses ennemis.

Dans les dix dernières années, sous sa présidence, on a enquêté sur des millions de postes politiques et des fonctionnaires. Environ neuf millions de membres du Parti ont été mis en question et envoyés dans des centres de rééducation. Quatre millions et demi de militants communistes ont été accusés de corruption. Environ quatre millions de fonctionnaires ont été réprimandés, et à peu-près un million et demi ont été renvoyés du gouvernement.

La Commission Centrale de Contrôle Disciplinaire (CCDI), lors du premier mandat de Xi, a été spécialement attentive à "la chasse aux tigres". Pendant son deuxième mandat, un changement d'orientation dans la champagne s'est produit, et il s'est préoccupé surtout à "chasser des mouches", c'est-à-dire des fonctionnaires à rang plus bas. Ces mesures ont rendu plus lent le fonctionnement de l'Administration et ont découplé l'Etat du rythme de l'économie et les affaires. C'était logique que ceux qui étaient les responsables des prises de décision aient eu peur des représailles ou d'être enquêtés.

En Chine, Xi a su organiser sa propre forteresse. Une muraille de censure et surveillance intérieure dont participaient les forces militaires, la police, mais aussi la société civile, visant exclusivement au concept de "sécurité nationale".

Cette toile d'araignée, ce contrôle créé depuis le sommet du pouvoir, est présentée comme un ferme anneau de sécurité, tout d'abord pour la protection présidentielle, mais aussi pour sauvegarder son groupe d'élite, formé par les illustres membres du Parti Communiste Chinois.

Dans cette stratégie, la technologie joue un rôle essentiel : le 54% des caméras du monde sont situées en Chine, ce qui équivaut à 540 millions d'équipes de CCTV. Ayant une population de 1.460 millions, ceci signifie qu'il y a 372,8 caméras pour 1.000 personnes en Chine.

Plusieurs de ces caméras sont équipées avec intelligence artificielle. Certaines peuvent reconnaître des visages, d'autres déterminer l'âge, l'ethnie et le genre des personnes. Il y a même des équipes capables d'effectuer des reconnaissances faciales

Quand un visage marqué comme suspect est reconnu, une double alerte est envoyée : à une salle de contrôle et à la police.

John Sudworth, correspondant de la BBC, a montré dans une impactante vidéo comment il a été détecté par de ces caméras de la ville chinoise de Guiyang et la courte période de 7 minutes suffisantes pour être trouvé par la police.

"Nous pouvons mettre en relation ton visage et ta voiture, avec ta famille et les personnes avec lesquelles tu as été en contact", a dit à la BBC Yin Jun, vice-président de Recherche et Développement de Dahua Technology, une entreprise à Hangzhou qui a vendu un million de caméras de reconnaissance faciale en Chine.

Pour le Gouvernement chinois, la justification de cette action est très simple : les citoyens qui n'ont rien à cacher, ne doivent pas se soucier.

Maya Wang, chercheuse principale de China en Human Rights Watch, assure qu´il "s´agit d´une cage invisible de technologie imposée à la société, dont le poids disproportionné tombe sur des groupes de personnes qui subissent déjà une grave discrimination dans la société chinoise".

Le pays commémore le 15 avril le Jour de l´Education en Sécurité Nationale, où même les plus petits reçoivent des leçons sur espionnage et terrorisme. Dans les quartiers, les voisins s´organisent en groupes appelés "Ligne de Défense Populaire de la Sécurité Nationale", destinés à détecter des possibles dissidents et étrangers "suspects". Et depuis un certain temps, le Secrétariat de Sécurité de l´Etat offre des importantes récompenses à ceux qui apporteront des informations sur des délits contre la sécurité.

Entre 2014 et 2017, l´Assemblée Populaire Nationale et le Conseil d´Etat ont publié les conditions selon lesquelles tous les citoyens et entreprises chinoises qu´opèrent en Chine doivent collaborer dans le recueil d´information d´intelligence quand on le leur demande, ou ils devront affronter des sanctions sévères pour inaccomplissement. La structure de contrôle a été fixée en 2022 quand la Chine a insisté en ce que toutes les entreprises de plus de 50 personnes devaient avoir un représentant du Parti Communiste, et ceci obligeait aussi les compagnies étrangères.

Il n´est pas facile de vivre par ce climat de paranoïa parmi une population gigantesque où tout le monde se méfie de l´autre.

Seulement une élite est à l´abri de cette persécution constante. Pour le communisme chinois, tous sont égaux, mais évidemment, "certains sont plus égaux que d'autres ". Dans un rapport, le *Times* récupère des documents de l'entreprise chinoise d'intelligence artificielle Megvii, que parle d'une liste rouge de personnes que le système ne doit pas surveiller. Il s'agit d'individus que n'ont pas besoin de protection de la privacité ou de protection V.I.P. Un autre document remarque que la liste est pensée pour les fonctionnaires du gouvernement. Comme si les politiciens chinois n'étaient pas capables de commettre des illicites.

La technologie pour le contrôle à grande échelle a eu son expression maximale lors des protestations dans divers points du pays à l'encontre de la politique "Covid Zéro" imposée par le gouvernement.

"Pendant le mois de décembre 2022, à Pékin, Shanghai et Guangzhou, la police semble avoir utilisé des méthodes à haute technologie. Dans d'autres villes, on dirait qu'il se sont basés sur les images de surveillance et la reconnaissance faciale", a dit Wang Shengsheng, un avocat qui habite à Zhengzhou, à l'Agence France-Presse (AFP).

Même si la technique utilisée est maintenue en strict secret, tous les indices visent à ce que la police de Pékin s'est servie de plusieurs caméras de surveillance installées, mais aussi des données de localisation des téléphones saisis par les numériseurs in situ. On a même pu se servir des codes sanitaires de Covid numérisés par les personnes qui prenaient le transport public dans les zones où avaient lieu les protestations.

"Plusieurs personnes qui ont été appelées depuis Pékin étaient confondues, elles ne savaient pas pourquoi la police se mettait en contact avec elles quand en réalité elles n'avaient fait que passer par l'endroit de la manifestation et qu'elles n´en avaient pas participé. Nous ne savons pas comment ils l´ont fait exactement", a assuré Wang, qui a reçu plus de 20 appels dans les derniers jours de la part des manifestants ou des personnes dont les amis ou la famille avaient été arrêtés.

L´avocat a commenté qu´en plus, à Shanghai, la police a cité pour interrogation et a confisqué les téléphones de toutes les personnes qui étaient en contact avec les manifestants.

A Shanghai, un journaliste de l´AFP a été témoin de multiples arrestations et a confirmé que la police avait inspecté par la force le téléphone d´un manifestant à la recherche d´ applications de réseaux sociaux étrangères bloquées en Chine utilisées pour diffuser des informations sur les protestations.

"Quel est le droit à la privacité ? Il n´y en a aucun", A dit un agent de police à un manifestant de 17 ans de Shanghai lors d´une dispute, selon un enregistrement audio qu´il a fourni.

Le Covid est un cas concret pour constater le contrôle exercé sur la population, mais aussi de la manipulation des données de la part du gouvernement.

Dans la période comprise entre le 8 décembre 2022 et le 12 janvier 2023, la Commission Nationale Sanitaire de Chine a annoncé un total de 59.938 morts en relation avec le virus. Ce n´est pas la même opinion d´Airfinity, entreprise d´analyse du secteur sanitaire, selon laquelle le nombre de victimes mortelles a été dix fois supérieur à ce chiffre, 641.000 décès. Elle a calculé aussi pour la même période quelques 104 millions de contagiés.

Plus de deux ans après la parution du Covid-19, les chiffres montrent qu´environ le 90% de la population a été vaccinée. La donnée alarmante est que seulement le 38% des majeurs de 60 ans, c´est-à-dire les plus vulnérables, possèdent la protection complète de trois doses.

Malgré ceci, "Xi Jinping a refusé la possibilité de recevoir de vaccins occidentaux en dépit des défis auxquels la Chine fait face avec le Covid, et même si les manifestations récentes pourraient affecter sa position personnelle ", a manifesté la Directrice de Intelligence Nationale des Etats Unis, Avril Haines.

En faisant partie du Forum Annuel de Défense Nationale Reagan en California, Haines a assuré que, malgré l´impact social et économique du virus, Xi "n´est pas disposé à prendre un meilleur vaccin d´Occident, et à sa place il fait confiance à un vaccin chinois qui n´est pas du tout efficace contre omicron".

Un fonctionnaire a dit à Reuters qu´il n´y avait pas "de perspective actuellement " de l´approbation par la Chine des vaccins occidentaux.

"Il semble assez invraisemblable que la China admette les vaccins occidentaux à présent. C´est une question d´orgueil national, et ils devraient bien l´avaler s´ils continuent par ce chemin ", a remarqué Haines.

Un réveil

En 1989 la brutale répression à la place Tiananmen a laissé les chinois dépolitisés et ayant peur. A tel point ils étaient anesthésiés qu´ils n'ont même pas reçu une petite vague du tsunami produit par les révoltes du Printemps Arabe de 2011.

Ils ont oublié la démocratie, ils ont laissé le pays entre les mains de l´élite du Parti Communiste et ils ont confié à la réception d´au moins une partie de liberté économique.

Les excès commis avec la politique Covid Zéro, ont pourtant réveillé une nouvelle génération qui a commencé à se rendre compte de sa force.

Pour mettre plus de l´essence au feu, les appareils de télévision chinois ont reçu en direct les images de la Coupe du Monde de football de Qatar 2022 avec de milliers d´amateurs de toute la planète qui jouissaient du spectacle sans masques. Les trois années de propagande de l´Etat en faveur de l´enfermement ont été inutiles ; les preuves démontraient que le monde démocratique et occidental avait déjà dépassé la pandémie et qu´elle vivait de manière normale.

Pareil pour l´exemple de la deuxième fermeture du parc thématique de Disneyland à la ville orientale chinoise de Shanghai, produit en octobre 2022. Lorsque les parcs de ce type sont ouverts partout dans le monde, Pékin a informé que cette fois-ci la clôture serait pour temps indéfini.

A tel point Xi est convaincu de cette politique qu´il a désigné au responsable du confinement de la ville de Shanghai avec le poste le plus important du Parti Communiste de Chine.

Au début de 2022, Li Qiang a ordonné et conduit l´opération Covid Zéro qui a enfermé 25 millions de résidents de ce centre financier. Le verrou a été si fort que les habitants ont même eu du mal à avoir accès à l´attention médicale essentielle et aux aliments.

Le pari que Xi Jinping semble avoir perdu partout dans le pays a été celui de transformer la politique Covid Zéro dans une épreuve de loyauté, parce que ceci a signifié de politiser la pandémie. En imposant son Etat autoritaire et inflexible dans tous les foyers il a produit un mécontentement général qui s'est vu aggravé par la crise économique dérivée des longs confinements.

Depuis le début de la crise sanitaire, le nombre de vols nationales en Chine a été réduit du 45%, le déplacement de marchandises par route, du 33 %, et le transport urbain d'un 32%. Le chômage urbain des jeunes a atteint des niveaux du 18%, doublant les chiffres de 2018.

Dans le domaine immobilier, le commencement de nouveaux projets est descendu du 45% en juillet de 2022 par rapport au même mois en 2021. Dans la comparaison de la même période, la vente immobilière a diminué de 33% et l'investissement immobilier de 12%.

Les possibles acheteurs d'habitation sont sortis du marché. Beaucoup plus préoccupant, pourtant, c'est les milliers de personnes qu'attendent, parfois pendant des longues années, des maisons qu'ils ont déjà payé. On n'a remis que le 60% des habitations vendues en prévente entre 2013 et 2020.

Le plan de renflouage du gouvernement dans ce scénario n'est pas suffisant : le programme de prêts de 29.000 millions de dollars suffit seulement à satisfaire le 10% de ce qu'il faut pour compléter toutes les maisons non finies du pays.

C'est logique alors que le peuple soit sorti dans les rues pour faire face au dur appareil répressif de Xi Jinping. La liberté a été restreinte, mais aussi leurs poches se sont vues affectées.

Les données sautent aux yeux, en 2022 la Chine a informé que son économie s'est accrue de 3%. A l'exception du chiffre de 2020, année où sa croissance est descendue au 2,2% pour l'impact initial de la pandémie, la donnée de 2022 résulte la plus pauvre depuis la fin des années 70.

En mars de 2022, Pékin a mis comme objectif de son PBI une croissance d'environ 5,5% interannuel, qui avait déjà été le rythme d'avancement le plus lent en décennies, mais que les analystes ont qualifié d'ambitieux dans le contexte.

Néanmoins, face à la propagation de la contagieuse variante omicron, les autorités ont insisté à redoubler leur politique de Covid Zéro avec plus de restrictions et de durs confinements qu'expliquent le pauvre chiffre de croissance finale.

En opinion de Harry Murphy Cruise, économiste de Moody's Analytics, "maintenant la Chine devra faire face aux nouvelles vagues de contagions de Covid et à d'autres facteurs négatifs tels que la crise de plus en plus négative du secteur immobilier ou la chute de la demande internationale de ses biens à cause des perspectives globales de récession".

Paul Krugman, économiste et analyste renommé, a écrit dans une colonne d'opinion pour le *New York Times* : "la Chine vacille même quand d'autres nations reviennent plus ou moins à la vie normale. Les dirigeants chinois semblent avoir cru que les fermetures pourraient finir avec le Coronavirus de manière permanente, et ont continué d'agir comme s'ils continuent encore de croire ceci face à l'accablante évidence contraire ".

Daron Acemoglu, un des dix économistes les plus cités du monde et coauteur, avec James Robinson, du livre *Pourquoi échouent les pays*, assure que la Chine a commencé son déclin, "pourrie depuis la tête ".

Le professeur de l'Institut Technologique de Massachusetts a mis en question, dans un article publié dans le site *Project Syndicate*, "la capacité de la Chine pour maintenir sa croissance et innovation, car elle est arrivée à la limite dans laquelle un pays peut se développer sous des conditions si restrictives telles que celles du régime que dirige le président Xi Jinping".

Sans équilibre

On dirait que Xi a du mal à trouver un point d'équilibre. Il veut que la Chine soit une surpuissance, mais ses impulsions autoritaires et celles du Parti Communiste l'isolent du monde. La muraille dans laquelle il a enfermée le pays rend impossible l'entrée d'idées de l'étranger, essentielles pour le développement des entreprises. À cause de la politique de Covid Zéro les académiciens chinois ont cessé de participer des conférences et séminaires à l'extérieur ; leurs cadres supérieurs voyagent très peu ce qui complique la célébration d'accords et le chiffre d'expatriés européens en Chine s'est réduite à la moitié.

Le futur immédiat n'est pas encourageant : la sécheresse qui a provoqué que le niveau du fleuve Yangtsé soit à son niveau le plus bas du siècle et demi, avec environ 20% de la population, mais seulement 6% des ressources d'eau douce de la planète. En plus, pour le 90% de sa production d'énergie il lui faut l'utilisation intensive de l'eau.

Ceux qui observent le panorama avec méfiance sont les méga-entrepreneurs et les magnats chinois. Ils ont compris avant tout le monde qu'une économie de plus en plus dirigée par l'Etat et que priorise la politique et la sécurité nationale sur la croissance, ne peut pas aller très loin.

La conséquence est logique : comme ils ont la possibilité de le faire, ils abandonnent le pays. Les exemples se cumulent jour après jour. En septembre 2022, Pan Shiyi et Zhang Xin, deux des entrepreneurs des plus connus de la Chine qui sont, d'ailleurs, mari et femme, ont renoncé comme président et directeur exécutif, respectivement, de leur empire immobilier, Soho China. Jack Ma, co-fondateur d'Alibaba a renoncé à la direction de l'entreprise. Colin Huang, fondateur de Pinduoduo, compétence directe d'Alibaba, a abandonné la présidence, de même que Zhang Yiming, fondateur de la compagnie matrice de TikTok, ByteDance.

Zhou Hang, entrepreneur technologique renommé, a déménagé à Shangaï, à Vancouver, Columbia Britannique, depuis où il a réalisé des dures déclarations contre le régime de Xi Jinping.

En faisant des reproches depuis l'extérieur, il a épargné la condamnation à 18 ans de prison comme celle subie par Ren Zhiqiang, un autre grand entrepreneur, pour avoir critiqué la gestion de Xi Jinping au sol chinois.

Selon un rapport de Bloomberg, environ 10.000 citoyens riches veulent partir après les fermetures brutales pour la politique Covid Zéro et le ralentissement économique. Si cet exode se produit, l'entreprise de consultation de migrations des investissements Henley & Partners estime que ce conglomérat de millionnaires finirait par sortir du pays environ 48.000 millions de dollars.

Il est évident que Pékin ne tiendra pas les bras croisés face à cette diaspora. En fait, plusieurs avocats spécialisés en immigration affirment que les déplacements sont devenus plus difficiles dans les derniers mois, puisque les délais pour les démarches concernant les passeports sont plus longs. L'excuse est toujours la même : les voyages non essentiels sont déconseillés depuis la fin de 2020, comme mesure de prévention du Covid. A ceci il faut ajouter les nouvelles entraves bureaucratiques imposées par les entités de contrôle financier pour empêcher les virements de devises à l'étranger.

Face à cette réalité, on observe déjà dans le firmament les premiers gros nuages de la tempête que viendra et qu'affrontera les millionnaires avec le Parti Communiste Chinois.

Le premier éclair qui a secoué le ciel a été celui de Xi Jinping lui-même, quand il a parlé de sa nouvelle politique de "prospérité commune ". Ce principe doctrinaire est consolidé sur la contention des revenus excessifs des secteurs en rapport avec les loisirs et la technologie en faveur des entreprises de l'Etat chinois.

Son objectif est de réduire l'inégalité de la richesse sur la base d'une politique de gauche ; les millionnaires chinois savent qu'elle a déjà échu lors de l'Âge de Mao.

Pour Kevin Rudd, titulaire d'Asia Society, sis à New York, "Xi Jinping a l'intention d'éloigner l'économie de la Chine du capitalisme basé sur le marché et revenir à l'étatisme par la réhabilitation des entreprises de l'Etat, désignant celui-ci comme principal propulseur de l'innovation technologique".

Dans l'opinion de l'expert, qui a été aussi premier ministre et chancelier de l'Australie, "ses directives visent à ce que la Chine trouve des formes de régler les mécanismes de cumulation de la richesse ".

Des entreprises partent aussi de la Chine. Des compagnies importantes telles que Apple, Samsung, HP et Dell planifient leurs déménagements en Malaisie, en Indonésie, en Thaïlande et au Vietnam captivées par une main d'œuvre plusieurs fois plus économiques qu'en Chine.

Depuis les Etats Unis on accompagne cette décision. En mai 2022, le président Joe Biden a présenté le Cadre Économique de l'Inde-Pacifique des EE.UU. L'initiative recrée les conditions pour que les pays qui font partie de l'Association des Nations du Sud-est Asiatique (ASEAN) s'unissent à l'Australie, l'Inde et le Japon, des associés économiques de l'Amérique du Nord, dans l'objectif de créer des chaînes de provision les éloignant de la dépendance logistique avec la Chine.

En 2016, *The Economist* anticipait déjà la dure compétence que présenterait l'option du Vietnam pour les chinois.

"Peut-être le facteur le plus important en faveur du Vietnam est sa géographie. Sa frontière avec la Chine, un point de conflit militaire au passé, est maintenant un avantage compétitif. Aucun autre pays n'est plus proche du cœur manufacturier du sud de la Chine, ayant des connexions par terre et mer. Au fur et à mesure que les salaires chinois augmentent, le Vietnam devient un substitut évident pour les entreprises, qui les déplacent à des centres de production à un coût à valeur inférieure ".

Ce qu'on appelait le "miracle économique chinois" qui éblouissait à propres et étrangers semble rester loin.

Un autre sujet de préoccupation passe par la diminution du taux de natalité. Les chiffres diffusés par le Bureau National de Statistiques signalent qu'en 2021 il y a eu 10,6 millions de naissances, 1,4 millions moins que l'année précédente.

La dernière fois que la population chinoise a diminué ce fut en 1960, quand le pays a fait face à la pire famine de son histoire moderne, causée par la politique agricole de Mao Ze-dong, appelée le Grand Saut en Avant.

Les chiffres officiels reflètent aussi l'existence d'une préférence culturelle par les hommes. C'est ainsi qu'en 2020 sont nés 112 garçons pour chaque cent filles. Ce que signifie qu'il y a moins de femmes en âge fertile pour mettre des enfants au monde. En 2022 on a comptabilisé cinq millions moins de femmes d'entre 15 et 49 ans qu'en 2020.

Pendant cinq ans consécutifs la croissance de la population s'est ralentie, et en 2022, le nombre de morts, 10,1 millions, s'est rapproché de celui des naissances, ce que suggère que la population pourrait commencer à être réduite bientôt.

En 2010, le 9% de la population avait 65 ans ou d'avantage. En 2020, la proportion avait augmenté du 13,5%. Pendant la même période, la proportion de personnes d'entre 15 et 59 ans a diminué du 6,7%.

Un vieillissement de la population entraînera immédiatement la réduction de la main d'œuvre indispensable pour le développement économique du pays.

En 2016, Pékin s'est éloigné de la politique d'enfant unique en vigueur pendant des décennies, dessinée pour limiter la croissance démographique. Depuis lors, les couples ont l'autorisation d'avoir un deuxième enfant, limite qui s'est étendu à trois en 2022.

Actuellement, le discours a complètement changé. Le gouvernement chinois dit à ses citoyens, spécialement aux femmes, qu'"avoir plus d'enfants est un devoir patriotique". D'autres motivations passent par des crèches financées par l'Etat et une protection plus large des femmes contre la discrimination au travail.

Dans un rapport complet, *The Economist* reflète ce problème avec un exemple concret. "Lorsque l'âge moyen de la

Chine est de 36 ans, celle du Vietnam est de 30,7 ans. Sa main d´œuvre urbaine a beaucoup plus de marge pour grandir. Sept de dix vietnamiens vivent à la campagne, presque autant qu´en Inde, et en comparaison avec seulement 44% en Chine. La réserve de travailleurs ruraux devrait aider à amortir les pressions salariales, ce qui donnerait au Vietnam le temps pour construire des industries de grande intensité de main d´œuvre, une nécessité pour une nation d´environ 100 millions d´habitants".

Xi Jinping éternel

Sa ratification comme Secrétaire Général pendant le XXe Congrès du Parti Communiste de novembre 2022, au-delà de la réforme constitutionnelle qui a éliminé en 2018 la limite de deux mandats présidentiels, ont fait de Xi Jinping le leader le plus puissant depuis Mao Zedong.

Selon l´analyste Wu Quiang, "Xi a réussi à produire un coup d´Etat souple, qui a transformé la tête du Parti dans une structure décorative et à son service intégral. L´Armée est à ses pieds et, élu pour un troisième mandat au dernier Congrès du Parti Communiste, il va devenir plus puissant que Mao".

A l´intérieur du Parti Communiste qui équivaut à dire le Gouvernement chinois, on remarque le Politburo, un groupe select de 25 personnes élues par le Comité Central. Son importance est remarquable parce que c´est un mécanisme clé pour la prise de décisions. Encore plus distingué est le groupe de 7 dirigeants qui forment le Comité Permanent du Politburo, où Xi Jinping a réussi à imposer quatre de ses plus étroits collaborateurs, au-delà de la chaire qu´il y détient de son propre droit. Ils sont Li Qiang, secrétaire du parti à Shanghai ; Cai Qi, leader du parti à Pékin ; Ding Xuexiang, chef du bureau général et Li Xi, le secrétaire du parti à Guangdong.

On est arrivé à cette organisation suite à une purge préalable qui a déplacé par exemple Li Keqiang, ancien premier ministre, et Hu Chunhua, homme proche à l'ancien président Hu Jintao, qui a été retiré de manière intempestive de l'important Congrès.

L'image de l'ancien président expulsé par la force du conclave a été vue par le monde entier, sauf en Chine, où la censure a fait son affaire.

L'antécesseur au poste de Xi Jinping a été purgé publiquement du Parti Communiste Chinois face à l'immuable regard des 2.300 délégués présents et en présence de la presse, que peu avant l'incident accédait à la salle de plénières du Grand Palais du Peuple où était célébré le Congrès.

La vidéo montre comment deux gardes Font sortir Hu Jintao de la salle après que l'ancien président s'y oppose et parvienne même à échanger quelques mots avec Xi Jinping qui n'a pas dévié son regard pour lui prêter attention. Une expulsion qui anticipe la fin de la faction politique de l'ancien président a été effacé même des réseaux sociaux du pays dix minutes après. Et pour qu'aucun doute ne reste sur la décision, la chaise de Hu Jintao est restée vide, à gauche du président, le lieu le plus important pour une culture chinoise chargée de symbolismes.

Un article de recherche publié dans The Economist dénommé "Xi Jinping n'a pas intérêt à planifier la succession en Chine" il remarque que, si la santé de Xi continue d'être bonne, il y a encore temps pour identifier un ou plusieurs éventuels successeurs, possiblement au prochain congrès en 2027 ou le suivant. Mais quiconque le remplacera aura inévitablement des difficultés pour égaler son autorité, spécialement s'il est désigné relativement tard. Le prochain leader de la Chine fera face à une élite dominée par les loyaux à Xi et trop impliqué dans le statu quo, sans normes claires sur combien de temps rester au pouvoir.

"Il y aura des fragmentations du pouvoir et lutte après le Gouvernement de Xi. Sans règles de base, la succession signifie lutte. Il s'agit seulement de quand et qui serait impliqué", prédit Yang Zhang de l'Université Américaine à Washington.

Le premier objectif de Xi est déjà accompli. Il s'est placé lui-même au panthéon du Parti Communiste Chinois, au troisième rang d'une ligne de temps qui a commencé avec Mao Zedong, le fondateur, et qui a continué avec Deng Xiaoping, le réformiste.

CHAPITRE XII

La route de la soie

Tel qu´on observe depuis des années, la Chine finance plusieurs projets d´infrastructure, principalement dans des pays en voie de développements et ayant accès restreint au crédit international. En contrepartie, elle obtient des clausules préférentielles que bénéficient ses entreprises, toutes de l´ Etat et soumises au mandat du Parti Communiste Chinois. Elle obtient aussi un accès privilégié aux marchés et ressources locales, tels que la matière première et l´énergie, y compris les oléoducs, les gazoducs et autres collaborations dans les régions.

Le manœuvre a commencé en Afrique, a continué en Amérique Latine, et s´est élargi postérieurement à plusieurs pays de l´Europe et l´Asie suite à la crise économique de 2007.

Un point d´inflexion s´est pourtant produit en 2013, quand Xi Jinping a proposé de connecter le 65% de la population et un tiers du PBI mondial avec la Chine moyennant la création d´un réseau de routes maritimes et des liens terrestres.

Depuis Pékin on a informé que l´objectif du plan, valorisé en 900.000 millions de dollars, est d´"allumer un nouvel âge de globalisation", et une "époque d´or du commerce qui va bénéficier tout le monde ".

La Route de la Soie a été établie officiellement pendant la dynastie Han de Chine en 130 a.C., pour unir les différentes régions de l´antiquité moyennant le commerce. Elle embrassait presque la totalité du continent Asiatique, connectant la Mongolie avec la Chine, le sous-continent indien, l'Afrique, l'Europe, la Syrie, la Turquie, l'Arabie et la Perse.

Par ces chemins ont circulé pendant des siècles des caravanes qui commerçaient des produits venant d'Orient et d'Occident. Elle a fonctionné aussi comme un pont culturel et religieux à travers lequel on a transmis des idées, des connaissances et aussi les fondements du bouddhisme et de l'islamisme. Grace à cette route ont fleuri des villes telles Valence, Vénice, Istamboul, Ispahan, Yazd, Merv, Boukura, Samarcande, Kachgar, et Xi'an, parmi d'autres.

Marco Polo (1254-1324) est voyagé par ces sentiers et les a décrites minutieusement dans ses fameux travaux, mais on ne lui adjuge pas la dénomination. Le terme a été créé par le géographe et aventurier allemand Ferdinand von Richthofen en 1877 dans son livre *Vieux et nouvelles approches de la Route de la Soie*. Le titre reflète le matériel le plus dangereux transporté au long de cette route, et on y expliquait que les chinois étaient les seuls à connaître le secret de l'élaboration de la soie, tissu apprécié par l'aristocratie romaine au IIe siècle a. C.

Après 1.500 ans d'utilisation, le trajet a été abandonné à cause du progrès de la navigation, qui a évité les trajets longs et risqués. A ceci il faut ajouter la fermeture de la frontière nord-ouest de la Chine, décrétée en 1424 par le Gouvernement de Ming, sous le royaume de l'Empereur Yongle.

Dans sa version actuelle, l'Initiative Ceinture et Route de la Soie propulse un chemin terrestre pour connecter la Mongolie et la Russie avec le nord ; le sud-est asiatique, l'Inde, le Pakistan et le Bangladesh au sud ; et l'Asie Centrale, l'Asie Occidentale et l'Europe Occidentale.

A cette structure logistique, on ajoute la route de la soie maritime, qui comprend des ports et de l'infrastructure côtière depuis le littoral occidental de la Chine vers l'Europe, l'Inde, l'Afrique, le Pacifique et l'Amérique Latine. Cette structure est appuyée sur un fait incontestable : sept des dix ports les plus grands du monde sont situés en Chine.

Dénommé China's Belt and Road Initiative (BRI), ou Une Ceinture-Une Route, le plan cache la fin ultime de la Chine, qui est de parvenir à être une surpuissance mondiale. Ce n'est pas par hasard que les dirigeants du Parti Communiste Chinois et Xi Jinping l'ont dénommé "le projet du siècle", qui va changer le lieu qu'occupe la Chine dans le monde.

Une des définitions les plus exactes de cette initiative a été fournie par Pierre Rousset dans son écrit "Géopolitique chinoise : continuités, inflexions, incertitudes" quand il a remarqué que, "du point de vue chinois, il s'agit de viser à déplacer l'axe géostratégique de la planète en mettant la Chine au centre du monde. Vue depuis la Chine, l'époque pendant laquelle les puissances européennes ont dominé le monde n'a été qu'une brève parenthèse avant que l'histoire ne récupère son cours normal, à savoir, la centralité chinoise. Cette vision sino-centrique que perdure en Chine constitue une base culturelle solide pour l'expansionnisme du nouvel impérialisme chinois, à image et ressemblance de la vision euro-centrique pour les impérialismes conquérants depuis deux siècles. Il s'agit de projeter la civilisation chinoise comme l'européenne l'a fait avant. Pour Xi Jinping, le XXIe. siècle sera le siècle de la Chine".

L'innocente définition du projet, émise depuis la Banque Mondiale semble très lointaine : "c'est une initiative dirigée par la Chine qui cherche à améliorer la connectivité et la coopération régionale à échelle transcontinentale à travers des investisseurs à grande échelle".

Concrètement, la Route de la Soie maritime dirigée vers l'Orient, démarre à la province de Fujian et continue par Guangdong, Guangxi et Hainan, avant d'aller vers le sud jusqu'au Détroit de Malacca. Depuis Kuala Lumpur, elle continue vers Kolkata et Colombo, elle traverse par la suite le reste de l'océan Indien en direction de Nairobi. A partir de là, elle parcourt ce qu'on appelle le "Corne d'Afrique" et traverse le Golfe d'Aden pour rejoindre la Mer Rouge.

L'objectif de Pékin est de créer les conditions nécessaires d'infrastructure pour que ses bateaux rejoignent de manière sure la Méditerranée à travers le Canal de Suez. Selon ce schéma, on parvient à comprendre l'énorme investissement effectué au port du Pirée, en Grèce, pour être utilisé comme centre logistique pour le Vieux Monde. On comprend aussi les investissements destinés à construire les ports à Hambantota et Colombo, à Sri Lanka ; la Zone de Coopération Economique et Commerciale Chine-Suez, en Egypte ; la négociation de Kazakhstan du droit à dégager ses importations et exportations à travers le port chinois de Lianyungang, et une nouvelle alliance entre des ports en Chine et en Malaisie. Pareil avec l'amélioration d'infrastructure des ports italiens de Gênes et Trieste, ou la construction de la ligne ferroviaire Budapest-Belgrado à charge d'une compagnie de l'Etat chinois.

Le dernier pas connu est l'investissement de l'entreprise maritime de l'Etat China Ocean Shipping Company, Limited, (COSCO) dans un terminal de containeurs du port de Hambourg, en Allemagne.

Avant d´arriver en Europe, cette route satisfait à des importants objectifs géopolitiques ébauchés par le Parti Communiste Chinois. En sillonnant la Mer du Sud de la Chine la prétention est d´établir un contrôle stratégique des îles Spratley, où la firme de l´Etat Shanghai Dredging CO. LTD (SDC), du groupe Communications Construction Company (CCCC) effectue des douteux travaux de dragage pour convertir au moins six récifs de corail en énormes bases avec des ports. A son tour, la Chine construit une piste d´atterrissage de 2.900 mètres de long, où elle siège sa demande sur l´espace aérien.

La deuxième route maritime traverse aussi la Mer du Sud de la Chine, mais elle tourne vers les ports côtiers du Pacifique du Sud. La finalité est d´exercer le contrôle sur les trajets où circulent les matières premières provenant de l´Amérique du Sud.

L´équation pour Pékin est la suivante : elle lance l´initiative, elle octroie des crédits aux pays en voie de développement pour des travaux d´infrastructure dont la Chine ellemême a besoin pour consolider son domaine. Par la suite, depuis la position de créancier de crédits millionnaires, elle exerce d´avantage son influence.

Depuis le lancement de l´initiative en 2013, la Chine a octroyé des prêts pour 838.000 millions de dollars, situation qui l´a amené à être la financière de travaux publics la plus importante du monde, et elle assombrit la Banque Mondiale elle-même. Ces fonds proviennent principalement de la Nouvelle Banque de Développement, du Fonds de la Route de la Soie et de la Banque Asiatique d´Investissement en Infrastructures (BAII). Quand les dépenses finiront, le montant destiné par la République Populaire sera équivalent, en monnaie constante, à trois plans Marshall d'après-guerre.

Cette situation arrive au point de situer actuellement la Chine comme un concurrent sérieux du Fonds Monétaire International (FMI), surtout dans la rubrique des "prêts d'urgence à des nations de risque ".

Le Pakistan, le Sri Lanka et l'Argentine, trois des principaux destinataires de ces emprunts de renflouage de la Chine ont reçu conjointement 32.830 millions de dollars depuis 2017, selon des données recueillis par AidData, un laboratoire de recherche de l'université américaine William & Mary cité par *Financial Times*.

D'autres pays qui ont reçu des prêts de renflouage des institutions de l'Etat chinois ont été le Kenya, le Venezuela, l'Equateur, l'Angola, le Laos, le Surinam, la Biélorussie, l'Egypte, le Mongolie et l'Ukraine.

"Pékin essaye de maintenir ces pays à flot par l'octroi d'un prêt d'urgence après l'autre, sans demander aux emprunteurs de rétablir la discipline de la politique économique ou de chercher le paiement de la dette à travers un processus de restructuration coordonné avec tous les principaux créanciers ", a dit Bradley Parks, directeur exécutif d'AidData.

De toutes façons, la Chine a un avantage : elle ne tient jamais compte de la capacité de remboursement du pays auquel elle prête, une condition essentielle pour des organismes multilatéraux tels que le FMI. En fait, le 60% des pays de la BRI ont la notation de crédit internationale d'"ordure" ou n'a pas de notation du tout.

Un autre avantage est que Pékin, sous prétexte de ne pas interférer dans les décisions souveraines des autres Etats, n'effectue jamais le suivi des investissements effectués par les pays de la BRI. Des dépenses millionnaires et sans mises en question sont l'engrais idéal pour stimuler la corruption et pour que les pays pauvres, soient encor plus pauvres après être entrés dans le rêve offert par cette initiative.

The Epoch Times, dans un article appelé "L'argent gratuit de la Chine fomente la corruption au long de la Frange et la Route" signé par Antonio Graceffo, signale que "los pots de vin sont habituels au long de la BRI". Et il cite une enquête de McKinsey de 2017 selon laquelle entre 60% et 80% des entreprises chinoises en Afrique ont payé des pots de vin. Selon un groupe d'avocats et journalistes locaux, les entreprises chinoises ont acquitté 31 millions de dollars en pots de vin à Joseph Kabila, ancien président de la République Démocratique du Congo.

Dans les 13 dernières années, les entreprises de télécommunications chinoises Huawei et ZTE ont été accusées de corruption dans au moins 15 nations d'Afrique. En 2017, Patrick Ho, représentant de l'entreprise de l'Etat CEFC China Energy Company, a été arrêté par des fonctionnaires américains pour avoir payé des pots de vin à des politiciens à Chad et en Uganda. Les pots de vin avaient été payés pour bénéficier l' entreprise de l'Etat China National Petroleum Corporation.

Conformément à la Matrice de Risque de Subornation de TRACE, plusieurs pays de la BRI se trouvent parmi ceux ayant le risque le plus élevé de subornation. Parmi les pays ayant les pires antécédents d'acceptation de corruption nous trouvons des membres célèbres du BRI tels que le Cambodge, le Turkménistan, la Guinée Equatoriale, le Yémen, le Soudan du Sud, la Somalie, le Venezuela et le Laos, parmi d'autres.

Graceffo infère que cet "argent gratuit" de la BRI et les pots de vin rendent presque impossible que les entreprises américaines obtiennent des contrats dans les pays faisant partie de l'initiative. En fait, le 89% des contrats adjugés dans les projets de la BRI sont pour des entreprises chinoises.

L'élément dont que le journaliste ne tient peut-être pas compte c'est que, heureusement pour Washington, les maladresses du maniement chinois et son ambition expansionniste irréfléchie présentent des opportunités plus que justifiées pour intervenir.

Des nombreuses filiales de la méga entreprise de l'Etat CCCC, sont chargés de grande partie des travaux d'infrastructure, proposés par le BRI. C'est justement l'action irrégulière de ce conglomérat de l'Etat qui a offert sur le plateau aux Etats Unis la justification pour appliquer des sanctions. La plus retentissante d'entre elles, en août 2020 a atteint 24 entreprises chinoises qui ont été ajoutées à la liste d'entités empêchées pour faire des affaires avec leurs pairs américains.

Conformément à ce qui est informé par le Département du Commerce américain, la mesure est due à "leur rôle dans l'aide à l'Armée chinoise pour la construction et militarisation des îles artificielles condamnées internationalement dans la Mer de la Chine Méridionale".

A un moment donné, le journal *Washington Post* a remarqué que l'impact direct serait léger parce que les firmes sanctionnées n'avait pas grand intérêt à faire des affaires avec les Etats Unis. Néanmoins, le coup médiatique généré par la nouvelle a influencé l'opinion publique et les gouvernements des pays engagés avec la Route de la Soie.

Francisco Valderrey Villar et Daniel Lemus Delgado, de

l´Institut Technologique et des Etudes Supérieurs de Monterrey considèrent que les objectifs de la BRI non seulement se
rapportent aux relations internationales, mais que parfois ils
considèrent celles-ci comme un moyen pour une fin stratégique d´ordre national.

Dans une étude complète dénommée "La Nouvelle Route
de la Soie, outil privilégié de la politique extérieure", les auteurs donnent l´exemple de l´ensemble d´initiatives économiques visant à trouver des routes alternatives au détroit de
Malacca. Il s´agit d´ une frange de mer entre la péninsule de
Malacca (partagée entre la Thaïlande et Malaisie) et l´île de
Sumatra, en Indonésie, la zone navale la plus encombrée de la
planète, par laquelle passe le 80% des importations chinoises
de charbon et hydrocarbures. Contrôlée par la Marine américaine, en cas de conflit elle est très exposée à un blocage militaire, engageant ainsi les importations et exportations de la
République Populaire. Comme partie de la stratégie chinoise
pour atténuer le problème, par exemple, actuellement Shanghai reçoit la moitié du gaz naturel dont elle a besoin via terrestre depuis Turkménistan, un des associés privilégiés de la
BRI.

Valderrey Villar et Lemus Delgado remarquent qu´un critère similaire recouvrent les initiatives du port de Kyaukpyu
à Myanmar, pour connecter avec la capitale de la province du
sud de Yunnan; le projet d´un canal à travers l´isthme de Kra,
en Thaïlande, et avec le "Corridor Economique Chine-Pa-
kistan", qui a géopolitiquement pour la Chine l´objectif non
seulement d´esquiver le détroit de Malacca mais aussi l´hos-
tile Inde, pour avoir accès à la mer Arabique, et depuis là,
évidemment, au Canal de Suez et à la Méditerranée. Mais

tous ces projets trouvent différents types de problèmes, depuis ceux d'ordre géographique, parce que les pas entre la Chine et le Pakistan sont à grande altitude, ce qu'obligerait à bomber du gaz et du pétrole à un coût prohibitif ; jusqu'à ceux d'ordre politique-militaire car les zones en question autant de Myanmar que de Thaïlande ont une activité d'insurgence ethnique ou religieuse peu contrôlée par l'Etat central.

Environnement

Comme l'économie du BRI ne priorise pas l'écologie, le projet préoccupe beaucoup aux experts en environnement.

Dans un article publié par *Nature Sustainability*, plusieurs chercheurs d'Australie, de la Chine, du Canada, de l'Allemagne, des Etats Unis et du Portugal le considèrent une menace pour la biodiversité : les autoroutes augmentent la mortalité de la faune, la fragmentation de l'habitat et la pollution chimique, acoustique et lumineuse.

Un rapport de l'année 2017 dressé par le Fonds Mondial pour la Nature (WWF) a tracé un panorama préoccupant des impacts de ce projet. A critère de cette organisation de conservation leader dans le monde, ces corridors commerciaux envahiraient le territoire de 265 espèces menacées, 81 d'entre elles en risque d'extinction et 39 en danger critique, y compris les antilopes saïga, le tigre et le panda. Au total, le 32% de toutes les zones protégées traversés par ces routes pourraient se voir affectées.

Au-delà du risque pour la faune et les paysages, les chercheurs signalent les énormes quantités de matériaux et d'énergie, consommées par le projet. En particulier, les combustibles fossiles, le sable et la pierre calcaire, nécessaires pour la production de ciment et béton, sont des sources importantes d'émission de gaz à effet serre.

Une grande quantité de pays qui ont accordé avec la Chine son inclusion dans la Route de la Soie ont déjà des difficultés pour accomplir leurs engagements concernant l'environnement, et il est peu probable que ce projet les aide à le faire.

Le Centre Tsinghua a modélisé les effets du développement de ports, oléoducs, chemins de fer et autoroutes concernant la BRI en certains de ces pays. Le résultat : la Russie, l'Iran, l'Arabie Saoudite et l'Indonésie devraient réduire leurs émissions de CO2 de 68% d'ici à 2050 pour accomplir les objectifs de l'Accord de Paris de 2015. Il s'agit d'une prouesse dans un contexte dans lequel la croissance économique continue d'être un des principaux objectifs des activités économiques et politiques.

En ce qui concerne l'impact sur l'environnement les déclarations officielles de Pékin continuent d'être peu claires. En théorie, les normes du pays hôte doivent être respectées lors de la construction d'infrastructures. Mais une normative trop ambitieuse pourrait ne pas être intéressante aux autorités chinoises, voilà pourquoi ces questions sont laissées au deuxième plan par les pays en question. Pékin fait tout ce que possible pour que la dépendance du développement économique qu'elle dirige, continue de prévaloir sur toute autre chose.

Tel qu'affirme Mathieu Duchâtel, directeur Adjoint du Programme Asie et Chine dans le Conseil de l'Europe des Relations Extérieures (ECFR), "l'initiative de Xi Jinping n'est pas exemptée des angles morts. Il n'y a pas encore des liste d´infrastructures prioritaires ni agenda. Même la route exacte est confuse. Ils n´ont pas présenté non plus une carte officielle peut-être parce que son plan d´action la définit comme une initiative ouverte, de laquelle peut participer n´importe quel pays ".

Cette approche coïncide avec celui du site web de Xinhua sur la Nouvelle Route de la Soie, qui n´offre qu´un diagramme de connexions entre les principales régions géographiques, sans spécification des pays ou villes où se trouveront les futurs corridors de transport.

BIBLIOGRAPHIE CONSULTÉE

• ABI-HABIB, MARIA. "Cómo China logró que Sri Lanka escupiera un puerto". 25 de junio de 2018. The New York Times.

• ADETUNJI, JO. "Vers un impérialisme chinois en Afrique ?" September 5, 2018. The Conversation.

• ADINS VANBIERVLIET, S. (2016). "La Ferrovía Transcontinental Brasil-Perú: contexto, efectos económicos y geopolítica". En J. Caillaux, F. Novak y M. Ruiz (Eds.), Las relaciones de China con América Latina y el Ferrocarril Bioceánico Brasil-Perú (pp. 61-94). Sociedad Peruana de Derecho Ambiental (SPDA) e Instituto de Estudios Internacionales (IDEI).

• AFRICA RESEARCH INSTITUTE. "Between Extremes: China and Africa, Publications, 2012". Annual Report. Banco Nacional de Etiopía. Publications, 2020.

• AIE (Agencia Internacional de la Energía) (2015), World Energy Outlook, 2015, París. (2012), Oil and Gas Emergency Policy - China 2012 Update, París.

• ALCALDE CARDOZA, J. (2019). "La proyección global y regional de China". En Á. Méndez, J.

• ALCALDE CARDOZA, C. Alden y A. Guerra-Barón (Eds.), "La conexión china en la Política Exterior del Perú en el siglo XXI" (pp. 25-52). The London School of Economics - Global South Unit (LSE-GSU LSE IDEAS), Instituto de Estudios Internacionales (IDEI) y Escuela de Go- bierno de la Pontificia Universidad Católica del Perú (PUCP).

• ALCALDE CARDOZA, J. (1997). "La liberalización de la inversión extranjera directa en América Latina: un breve enfoque comparativo de Brasil, Chile, Perú y el Grupo Andino". Apuntes: Revista de Ciencias Sociales, 0(41), 3-33. https://doi.org/10.21678/ apuntes.41.302.

• ALCALDE CARDOZA, J, ROMERO SOMMER, G. (2014). "Alinea-

• miento y desafío: la política exterior peruana en los gobiernos de Odría y Velasco". Escuela de Gobierno y Políticas Públicas de la Pontificia Universidad Católica del Perú.

• ALICE EKMAN. "China and the battle of coalitions". 6 may 2022. European Uninon Institute for Security Studies.

• ALLISON, GRAHAM, Hacia la guerra, China y América en la trampa de

Tucídides, París, Odile Jacob, 2019.

• ALONSO, PEDRO (2019). "China en África, ¿un nuevo imperialismo?" La vangjuardia.

• ANDRIJASEVIC, R. and SECCHETO, D. (2016, forth.). Foxconn beyond China: Capital-labour relations as co-determinants of internationalization, en: Smith C. and Liu, M. (eds)

• (2016) Work and Employment in China. A Labour Process Perspective. Critical Perspectives on Work and Employment Book Series, Palgrave.

• ANTONIELLO, A. (2017). "Canal Martín García. Una obra binacional en beneficio de ambos países". Liga Marítima Uruguaya.

• AQUINO RODRÍGUEZ, C. (2013). "Acerca de los estudios sobre China en el Perú". *Pensamiento Crítico*, 18(2),007-018.

• ALTOMONTE, H. (2013), "Recursos naturales: situación y tendencias para una agenda de desarrollo regional en América Latina y el Caribe". Contribución de la Comisión Económica para América Latina y el Caribe a la Comunidad de Estados Latinoamericanos y del Caribe (LC/L.3748), Santiago, Comisión Económica para América Latina y el Caribe (CEPAL).

• ALTOMONTE, H. y R. J. SÁNCHEZ (2016), "Hacia una nueva gobernanza de los recursos naturales en América Latina y el Caribe", Libros de la CEPAL, N° 139 (LC/G.2679-P), Santiago, Comisión Económica para América Latina y el Caribe (CEPAL).

• ALVAREZ, S. T., DEVÉS, E., ALDANA, C., SIMONOFF, A. C., SÁN- CHEZ MUGICA, A., CERVO, A. L., FIGUEROA JIMÉNEZ, A., SER- BÍN, A., DOMÍNGUEZ ÁVILA, C. F. Y ESCUDÉ, C. (2020). *Problemáticas internacionales y mundiales desde el pensamiento latinoamericano.* Ariadna ediciones.

• ALVES, A. C. (2013), "Chinese economic statecraft: a comparative study of China's oil backed loans in Angola and Brazil", *Journal of Current Chinese Affairs*, vol. 42, N° 1.

• ANP (Agencia Nacional de Petróleo, Gas Natural y Biocombustibles) (2014), "Consórcio vence 1ª rodada de licitações do pré-sal", 4 de noviembre.

• ARCILA, ADRIANA. "Los lunares de una de las empresas del consorcio chino que se ganó el metro de Bogotá". Octubre 21, 2019. *La linterna azul.*

• ARGÜELLO, IRMA. "Por qué la base china en Neuquén debería preocuparnos". 10 de febrero de 2019. *Infobae.*

• ARRIGHI, GIOVANNI (2007). *Adam Smith en Pekín*, Akal, Madrid.

• AU LOONG YU (2018), "Debate sobre la naturaleza del estado chino", https://portaldelaizquierda.com/05

• BACH, DAVID. "Four scenarios for a world in disorder". October 25, 2022. *The Conversation.*

• BAKER & MCKENZIE (2015). Reaching New Heights. An update on Chinese Investment into Europe.

• BALLESTER, LAURA. "Los contratistas advierten sobre la "competencia feroz" de China en la obra pública". 31 de enero de 2020. Levante. *El Mercantil Valenciano.*

• BANCO MUNDIAL (2016), Commodity Markets Outlook, Washington, D.C., enero. (2014), Urban China: Toward Efficient, Inclusive, and Sustainable Urbanization, Washington, D.C. Banco Mundial, World Integrated Trade Solution (WITS). Imports, Exports and Trade Balance by country and by region, 2020.

• BAÑEZ, GONZALO. "Atucha III: los 5 puntos que los expertos critican del acuerdo nuclear entre la Argentina y China". 18 de febrero 2022. TN.

• BAÑEZ, GONZALO. "Centrales nucleares: críticas al acuerdo con China y un pedido de nuevos proyectos".6 de febrero 2022.TN.

• BAÑEZ, GONZALO. "Del libre comercio a la expansión de China: la Unión Europea se prepara para una cumbre clave en la Argentina". 12 de octubre 2022. TN.

• BAÑEZ, GONZALO. "Seguridad, comercio e infraestructura: Estados Unidos acelera su plan para frenar el avance de China". 7 de julio 2022. TN.

• BÁRCENA, A., PRADO, A., ROSALES, O. Y PÉREZ, R. (2011). *La Re*

• *pública Popular China y América Latina y el Caribe: Hacia una nueva fase en el vínculo económico y comercial.* CEPAL.

• BÁRCENA, A. Y A. PRADO (2016), *El imperativo de la igualdad: por un desarrollo sostenible en América Latina y el Caribe,* Buenos Aires, Siglo XXI.

• BARONE, B. and BENDINI, R. (2015a), "China: Economic outlook, 2015", Dirección General de Políticas Exteriores del Parlamento Europeo, Análisis en profundidad.

• BARONE, B. and BENDINI, R. (2015b), "Trade and Economic Relations with China 2015", Dirección General de Políticas Exteriores del Parlamento Europeo, Análisis en profundidad.

• BERMÚDEZ LIÉVANO, ANDRÉS. "Dos (controversiales) empresas chinas construirán el metro de Bogotá". 18 de octubre de 2019. *Diálogo Chino.*

• BERNAL-MEZA, R. (2015). *Alianza del Pacífico versus ALBA y Mercosur: entre el desafío de la convergencia y el riesgo de la fragmentación de Sudamérica*. Pesquisa & Debate, 26(47), 1-34.

• BERNAL-MEZA, R. Y XING, L. (2020). "China–Latin America Relations in the 21st Century: The Dual Complexities of Opportunities and Challenges". Springer Nature.

• BERRÍOS, R. (2013). "Bridging the Pacific: Peru's Search for Closer Economic Ties with China". En A. E. F. Jilberto y B. Hogenboom. *Latin America Facing China: South-South Relations beyond the Washington Consensus*. Berghahn Books.

• BERKELMANS, L. Y H. WANG (2012), "Chinese urban residential construction to 2040", RBA Research Discussion Papers, N° 2012-04, Sídney, Banco de la Reserva de Australia.

• BHATNAGAR, STUTI. "India's window of opportunity to counter China's influence in South Asia". 18 August. 2022. *The Stretegist.*

• BIELSCHOWSKY, R. (2009), "Sesenta años de la CEPAL: estructuralismo y neoestructuralismo", *Revista CEPAL*, N° 97 (LC/G.2400-P), Santiago, Comisión Económica para América Latina y el Caribe (CEPAL). (1998), "Cincuenta años del pensamiento de la. CEPAL: una reseña", *Cincuenta años del pensamiento en la CEPAL: textos seleccionados*, Santiago, Comisión Económica para América Latina y el Caribe (CEPAL)/Fondo de Cultura Económica.

• BITZINGER, RICHARD. 2016. "The PLA Navy and the US Navy in the Asia-Pacific: Anti-Access/Area Denial vs AirSea Battle". En *Handbook of US-China Relations*, editado por Andrew Tan, 398-411. Cheltenham: Edward Elgar.

• BLASCO, EMILI J. "Uruguay y EE.UU. se aproximan para vigilar a China en el Atlántico Sur." 26 de abril de 2021. ABC Internacional.

• BOLINAGA, L. SLIPAK, A. (2015). "El Consenso de Beijing y la reprimarización productiva de América Latina: el caso argentino. Problemas del Desarrollo". *Revista Latinoamericana de Economía*, 46(183), 33-58.

• BOWDEN, GEORGE; WONG, TESSA. "I was dragged into China consulate; protester Bob Chan says". 20 October 2022. BBC News.

• BRADSHER, KEITH. "Ocaso de empresarios en China a medida que más y más abandonan el país". 9 de septiembre de 2022. *Clarín*. Con información de *The New York Times International Weekly*.

• -BRADSHER, KEITH; KRAUSS, CLIFFORD (2015) "China amplía su poder y hace sentir su peso Con nuevas inversiones y exigencias, inicia una política más agresiva". http://editorialrn.com.ar/index.php?

• BRANDS, HAL. 2014. "What Good is Grand Strategy? Power and Purpose in American Statecraft from Harry S. Truman to George W. Bush". Ithaca: Cornell University Press.

• BRANT, ROBIN. "Shanghai moves to impose tightest restrictions yet". 11 May 2022. BBC News.

• BREUNING, M. (2007). "Foreign policy analysis: A comparative introduction". Palgrave Macmillan.

• BREWSTER, DAVID. 2018. "A Contest of Status and Legitimacy in the Indian Ocean". En *India and China at Sea. Competition for Naval Dominance in the Indian Ocean*, editado por David Brewster, 10-38. Nueva Delhi: Oxford University Press.

• BREWSTER, DAVID. 2019. "The Red Flag Follows Trade: China's Future as an Indian Ocean Power". En *Strategic Asia 2019. China's Expanding Strategic Ambitions*, editado por Ashley Tellis, Alison Szalwinski y Michael Wills, 175-209. Seattle: The National Bureau of Asian Research.

• BRUCE ST JOHN, R. (1999). "La política exterior del Perú". Asociación de Funcionarios del Servicio Diplomático del Perú.

• BRUNET, ANTOINE ; GUICHARD, JEAN-PAUL. "La Visée hégémonique de la Chine - L'impérialisme économique". 5 Mars 2023. ESC Clermont. Business School.

• BUSINESSEUROPE (2015), "EU-China relations: 2015 and beyond", marzo de 2015.

• BUSINESSEUROPE, documento de síntesis "China's Market Economy Status", diciembre de 2015.

• -BUSTOS, NADIA (2020). "En las grandes ligas. El lugar de China en la política mundial". *El Aromo* n 109 26 en https://razonyrevolucion.org

• BÜTHE, T. Y MILNER, H. V. (2008). "The politics of foreign direct investment into developing countries: increasing FDI through international trade agreements?" *American Journal of Political Science*, 52(4), 741-762.

• CAFARELL, S., LIENDO, M., MARTÍNEZ, A. Y RAPOSO, I. (2015). "Una mirada crítica al Puerto Rosario, puesta en contexto del sistema portuario nacional".

• CALZADA, J. Y RAMSEYER, F. (2019). "Inversiones de la República Popular China en Argentina".

• CÁMARA DE ACTIVIDADES PORTUARIAS Y MARÍTIMAS (2020). "Estudio de factibilidad técnico-económica. Próximo período de concesión".

• CÁMARA DE COMERCIO DE LA UNIÓN EUROPEA EN CHINA
• (2013), "Chinese Outbound Investment in the European Union".

• CÁMARA DE DIPUTADOS DE LA NACION. Tratamiento exptes 119-s-2014 122-s-2014 y 126-s-2014 Acuerdo con China por base en Neuquén. Reunión del día 13/02/2015.

• CANALES, DANNY. "Disputa entre Estados Unidos y China alcanza a empresa que amplía ruta a Limón". 26 de agosto de 2020. *La República.*

• CÁNEPA, JUAN IGNACIO. Entrevista a la jefa del Comando Sur de los Estados Unidos: "Me preocupa la estación espacial de China en la provincia de Neuquén". 27 d abril de 2022. *Infobae.*

• CARVALHO, P. S. L. y otros (2014), "Minério de ferro", BNDES Setorial, N° 39, Río de Janeiro, Banco Nacional de Desarrollo Económico y Social (BNDES).

• CASADO, LETÍCIA, ANDREONI, MANUELA. "CCCC expande sus
• dominios en América Latina". 12 de junio de 2020. "Dialogo Chino".

• CASTILLO, LEONARDO. "Primero… el Tren Maya, luego los pobladores". 17 de agosto de 2021. *Momento Financiero.*

• CAVALLI, INÈS. La cuestión uigur en la República Popular China. Enjeux géopolitiques locaux et régionaux, ENS & IEP Lyon, Master Études européennes et internationales, parcours Asie orientale et contemporaine, curso 2017-2018, p. 79.

• CENTER FOR SYSTEMS SCIENCE AND ENGINEERING, CO-
• VID-19 Dashboard, ((Tablero del COVID-19), Johns Hopkins University & Medicine, 2020, https://coronavirus.jhu.edu/map.html.

• CEPAL (Comisión Económica para América Latina y el Caribe) (2014), "Pactos para la igualdad: hacia un futuro sostenible" (LC/G.2586(SES.35/3)), Santiago. (1995), *América Latina y el Caribe: políticas para mejorar la inserción en la economía mundial*, Libros de la CEPAL, N° 40 (LC/G.1800/Rev.1-P), Santiago. (1985), "Crisis y desarrollo: presente y futuro de América Latina y el Caribe" (LC/L.332(Sem.22/3)), vol. 1, Santiago. (1951), Estudio Económico de América Latina, 1949 (E/CN.12/164/Rev.1), Nueva York, Naciones Unidas.

• CESARÍN, S. (2008). "El factor China en los nuevos equilibrios regionales". Ponencia presentada en el Seminario de FUNAG (Fundação Alexandre de Gusmão) e IPRI (Instituto de Pesquisa de Relações Internacionais), China: perspectivas y desafíos. Brasilia.

• CES - Declaración "Position on granting Market Economy Status to China", 17 de diciembre de 2015.

• CESE de 29/03/2015: "El papel del desarrollo sostenible y la participación de la sociedad civil en los acuerdos individuales de inversión de la UE con terceros países". Dictamen del - CESE de 05/05/2011: Evaluaciones de impacto sobre la sostenibilidad (EIS) y política comercial de la UE.

• CHAN and HUI, 2013, "The Development of Collective Bargaining in China: From Collective Bargaining by Riot" to "Party State-led Wage Bargaining, The China Quarterly, Volumen 217 / marzo de 2014, pp 221- 242.

• CHAN, J. (2019). "Los nueve años del TLC Perú–China. Su negociación y sus resultados". Agenda Internacional, 26(37), 89-117. https://doi.org/10.18800/agenda.201901.003 China hoy. (2016). La histórica visita del presidente Xi Jinping a Perú. http://www.chinatoday.mx/pol/con- tent/2016-12/30/content_733087.htm

• CHAN, MINNIE. 2019a. "China plans fourth aircraftcarrier, but further plans are on hold". *South China Morning Post*, 28 de noviembre. https:// bit.ly/3ahChDI

• CHAYA, GEORGE. "El ciberespacio: la prioridad de Estados Unidos ante la amenaza China". 6 de agosto de 2022. *Infobae*.

• CHEN, T. Y M. PÉREZ LUDEÑA (2014), "Chinese foreign direct investment in Latin America and the Caribbean", serie Desarrollo Productivo, N° 195 (LC/L.3785), Santiago, Comisión Económica para América Latina y el Caribe (CEPAL).

• CHINA COMMUNICATIONS CONSTRUCTION COMPANY "Normas de comportamiento". http://espanol.ccccltd.cn/ggjj/xwsz -CHINGO, JUAN (2021). "La ubicación de China en la jerarquía del capitalismo global", 24 en https://www.laizquierdadiario.com

• CIARA (Cámara de la Industria Aceitera de la República Argentina) (s/f), "Estadísticas".http://www.ciaracec.com.ar/homeCiara.php.

• CLEVER, J. y W. Xinping (2016), "Prospects for China's oilseed market remain strong", Departamento de Agricultura de los Estados Unidos [en línea]

• CLOVER, CHARLES. "El 'fabricante' de islas chino busca inversores". 14 de junio de 2015. *Expansión*. Con información de *Financial Times*.

• CLOWES, WILLIAM. "China's Pullback on Lending Stalls Dreams of Rebuilding Nigeria". 17 de mayo de 2022. *Bloomberg*.

• COATES, B. Y N. LUU (2012), "China's emergence in global commodity markets", *Economic Roundup*, N° 1.

• COLUMBA JEREZ, ALEXIA. "Rusia y China se embarcan en el control estratégico de los mares". 12 de octubre de 2022. Fundación Nuestro **Mar.**

• COM (2010) 343 final de la Comisión de fecha 7/7/2010 "Hacia una política global europea en materia de inversión internacional".

• COM/2010/0612 final de la Comisión "Comercio, crecimiento y asuntos mundiales La política comercial como elemento fundamental de la Estrategia 2020 de la UE".

• CORERA, GORDON. "China: MI5 and FBI heads warn of 'immense' threat". 7 July 2022. BBC News.

• CORERA, GORDON. "Chinese technology poses major risk - GCHQ Chief". 11 October 2022. BBC News.

• CORRÊA, A. P. (2015), "Industrialização, demanda energética e indústria de petróleo e gás na China", "China em transformação: dimensões econômicas e geopolíticas do desenvolvimento", M. A. Macedo Cintra, E. B. da Silva Filho y E. Costa Pinto (orgs.), Río de Janeiro, Instituto de Investigación Económica Aplicada (IPEA).

• COTA, ISABELLA. "México ahuyenta la inversión extranjera excepto la de China. Las compañías del gigante asiático conquistan terreno discreta- mente y ganan contratos gubernamentales". 26 de abril de 2021. *El País*.

• CRAWFORD, ALAN; MURPHY, COLUM; NARDELLI, ALBERTO. "Alarmada por la invasión rusa, Europa se replantea sus vínculos con Chi- na". 21 de mayo de 2022. *Infobae*. (c) 2022, Bloomberg.

• CUMIN, DAVID, *Geopolítica de Eurasia, antes y desde 1991*, París, L'Harmattan, 2020.

• CUMIN, DAVID. "L'Eurasie en question (entrevista con Emmanuel Lincot)", Asia Focus.

• - DEMIRJIAN, KAROUN. "Un general estadounidense advirtió que el régimen chino expandió su arsenal nuclear". Con información de *The Washington Post*.

• DEPARTAMENTO DE ESTADO EE.UU. Washington, D. C. Hoja In-
• formativa: "El presidente Biden anuncia la Alianza para la Prosperidad Económica en las Américas".

• DE VEDIA, MARIANO. "Con la Antártida y el Atlántico Sur como objetivos estratégicos, la Argentina crea más unidades militares en la región austral". 19 de febrero de 2023. Diario *La Nación*.

• DEVLIN, ROBERT. ESTEVADEORDAL, ANTONI; RODRÍGUEZ-

• CLARE, ANDRÉS. "The Emergence of China: Oportunites and Challenges for Latin America and the Caribean". Harvard University Press, Cambridge.

• DÍAZ, GLORIA. "Se renuevan las dudas sobre la base China en Neuquén". 27 de abril de 2021. *Mejor Informado.*

• DIAZ MESA, VALENTINA. "Un dragón rojo sobrevuela África". 4 de diciembre de 2020. *Brecha.*

• DI FILIPPO, A. (1998), "La visión centro-periferia hoy", *Revista de la CEPAL*, número extraordinario (LC/G.2037-P), Santiago, Comisión Económica para América Latina y el Caribe(CEPAL).

• DOS SANTOS, T. (1970), "The structure of dependence", The American Economic Review, vol. 60, N° 2, Nashville, Tennessee, American Economic Association.

• DOUGHERTY, CHRIS; MATUSCHAK, JENNIE; HUNTER, RI-

• PLEY. The Poison Frog Strategy Preventing a Chinese Fait Accompli Against Taiwanese Islands. Center for a New American Security (CNAS).

• DOWNS, E. (2011), Inside China, Inc: China Development Bank's Cross-Border Energy Deals, Washington, D.C., John L. Thornton China Center at Brookings.

• DOYLE, JULIÁN. "La base china en Neuquén: pesada herencia, espionaje y yuanes". 19 de febrero de 2019. *El Economista.*

• DOYON, JÉRÔME. *Négocier la place de l'islam chinois: les associations isla- miques de Nankin à l'ère des réformes*, París, L'Harmattan, 2015.

• DU BOIS CIND (KMS). "La inversión china en nuestros puertos obedece a motivos políticos". *Trends*, 14 de febrero de 2023.

• DUNNING, J. H. (1988), "The eclectic paradigm of international production: a restatement and possible extensions", *Journal of International Business Studies*, vol. 19, N° 1, Palgrave Macmillan.

• DUSSEL PETERS, ENRIQUE. América Latina y el Caribe-China. Economía, Comercio e Inversiones. RED ALC-CHINA. UDUAL y UNAM. México.

• DUSSEL PETERS, ENRIQUE (coord.). 2014. *China en América Latina: 10 casos de estudio.* RED ALC-CHINA. UDUAL y UNAM. México.

• EFTIMIADES NICK. "Chinese Intelligence Operations. Centro de Re- cursos e Información sobre la Inteligencia Económica y Estratégica". Los puertos africanos, codiciados por Pekín, 30 de septiembre de 2021.

• EHULECH, INÉS. "Caza de zorros 2: la nueva ley de China para redoblar el rastreo y la captura de disidentes en el exterior". *Infobae.*

• EIA (Administración de Información Energética) (2015), "China", 14 de mayo [en línea] https://www.eia.gov/beta/international/analysis. php?iso=CHN. (2014), International Energy Outlook, 2014, septiembre.

• ELLIS, EVAN, "America's Strategy for Latin America and the Caribbean, (Estrategia de Estados Unidos para América Latina y el Caribe)", *Air & Space Power Journal–Africa and Francophonie* 8, no. 2 (verano 2017): 10.

• ELLIS, EVAN. "China y su avance militar estratégico en Argentina". 1 de noviembre de 2021. *REDCAEM.*

• ELLIS, R. EVAN. "Desafíos de las empresas chinas operando en América Latina". 2015. RED ALC-CHINA, UDUAL, UNAM, Cechimex, México.

• ELLIS, ROBERT EVAN. "La presencia militar china en Latinoamérica". 13 de diciembre de 2021. *Latinoamérica 21.*

• EL LINCE (2020), "¿Capitalismo sui generis versus socialismo con características chinas?" 9 oct, https://canarias-semanal.org/art/28783/

• EMONS, O. (2013), "Ausverkauf der hidden Champions?", *Hans-Böckler Stiftung,* marzo de 2013.

• EMONS, O. (2015), "Übernahmen: Erfahrungen mit chinesischen Investoren in Deutschland", *WSI-Mitteilungen,* 02/2015.

• ESTADOS UNIDOS, "The National Security Strategy of the United States of America (Estrategia de Seguridad Nacional de Estados Unidos)", Washington, DC: Presidente de Estados Unidos, 2018), 1.

• FALLER, CRAIG S. "Posture Statement of Admiral Craig S. Faller, Commander, United States Southern Command, before the 116th Congress, Senate Armed Services Committee," (Declaración sobre postura del Almirante Craig S. Fuller, Comandante, Comando Sur de Estados Unidos ante el 116 Congreso, Comité de Servicios Armados del Senado), 30 de enero de 2020.

• FARAH, DOUGLAS; BABINEAU, KATHRYN, "Extra-regional Actors in Latin America", (Actores extrarregionales en América Latina) PRISM 8, no. 1 (2019): 97, https://www.jstor.org/stable/26597313.

• FAUSSET, RICHARD. 2013. "Mexico's Lazaro Cardenas port thrives with commerce and crime", *Los Angeles Times.* 7 de noviembre. Articles. latimes. com/2013/nov/07/world/la-fg-mexico-port-20131107.

• FISKEJÖ, MAGNUS. Le Xinjiang chinois, nouvelle frontière de l' épuration nationale, en Anne Cheng (ed.), Penser en Chine, París, 2021.

• FLORES MÁRQUEZ, HÉCTOR; VALDERRAMA SANTIBÁÑEZ,

• ANA LILIA; NEME CASTILLO, OMAR. "Corrupción y desarrollo en China y América Latina". 22-Dic-2020.

• FREITAS DA ROCHA, FELIPE Y BIELSCHOWSK, RICARDO. "La búsqueda de China de recursos naturales en América Latina". *Revista de la CEPAL* N° 126 • diciembre de 2018.

• FRANKOPAN, PETER, *Las nuevas rutas de la seda. La emergencia de un nuevo mundo*, París, Champs Histoire, 2020.

• FRAYER, LAUREN. "Por qué la llegada de un barco chino a Sri Lanka ha causado alarma en India y Occidente". NPR August 19, 2022.

• FROISSARD, C. (2014), "L'émergence de négociations collectives autonomes en Chine", *Critique Internationale*, n° 65.

• GALE, F., J. HANSEN Y M. JEWISON (2015), "China's growing demand for agricultural imports", *USDA-ERS Economic Information Bulletin*, N° 136, Washington, D.C., Economic Research Service. Gallagher, K. P., A.

• IRWIN Y K. KOLESKI (2013), "¿Un mejor trato?: análisis comparativo de los préstamos chinos en América Latina", Cuadernos de Trabajo del CECHIMEX, N° 19, Ciudad de México, Universidad Nacional Autónoma de México (UNAM).

• GALLAGHER, KEVIN P.MYERS, MARGARET. "China-Latin America Finance Database," (Base de datos financiera entre China y América Latina), *Inter-American Dialogue*, 2020, https://www.thedialogue.org/ map_list/.

• GALLAGHER, KEVIN Y ROBERTO PORZECANSKI. 2010. "The

• Dragon in the Room: China and the Future of Latin American Industrialization". Stanford University Press, Stanford.

• GARCÍA-SANZ, DANIEL. China: gran estrategia y poder marítimo en la era de Xi Jinping. Universidad Internacional del Ecuador (UIDE), Ecuador.

• GARRISON, CASSANDRA. "Estación espacial dirigida por militares chinos en Argentina es una 'caja negra'". 31 de enero de 2019. Reuters.

• GHOSE, B. (2014), "Food security and food self-sufficiency in China: from past to 2050", Food and Energy Security, vol. 3, N° 2, Wiley.

• GIOFFREDA, CAMILO. "La estación espacial china y su incidencia en la defensa nacional". 24 de febrero de 2019. Scielo.

• GOLDSTEIN, AVERY. 2017. "China's Grand Strategy: Continuity and Change". International and Strategic Studies Report 51:1-8.

• GONZÁLEZ ACHÁVAL, P. AGUIRRE, F. Y CAMOLETTO, M. (2020).

• "Estado de Situación de los Proyectos con Financiamiento China en Argentina".

• GONZÁLEZ, CLAUDIO F. "El gran sueño de China. Tecno-Socialismo y capitalismo de estado", Paperback – April 1, 2021.

• GONZÁLEZ-VICENTE, R. (2013), "Development dynamics of Chinese resource-based investment in Peru and Ecuador", *Latin American Politics and Society*, vol. 55, N° 1, Cambridge University Press.

• GOODMAN, MATTHEW P. "Predatory Economics and the China Challenge," (Economía depredadora y el reto de China), Center for Strategic and International Studies, (Centro para estudios estratégicos e internacionales), 29 de septiembre de 2020. https://www.csis.org/analysis/predatory- economics-and-china-challenge.

• GORDÓN GUERREL, ISMAEL. "EE.UU. incluye en 'lista negra' a firma China Communications Construction Company". 26 de agosto de 2020. *La Estrella de Panamá*.

• GOVERNMENT OF THE PEOPLE'S REPUBLIC OF CHINA. "National Bureau of Statistics of China. China Statistical Yearbook. Annual Data, Statistical Database. Annual Report", Banco Central de Sri Lanka, Economic and Financial Reports, Publications. 2020.

• GUERRA MOLINA, R.A., BADILLO SARMIENTO, R. Y RAMÍREZ BULLÓN, J.E. (2021). "La competencia entre China y Estados Unidos durante la pandemia de covid-19: escenarios de adaptación para la política exterior sudamericana". En E. Vieira Posada (Ed.), *La pandemia de CO-VID-19 y un nuevo orden mundial* (pp. 155-191). Fondo Editorial–Ediciones Universidad Cooperativa de Colombia.

• GUIGUE, BRUNO (2018), "El socialismo chino y el mito del fin de la historia", 29-11- http://www.rebelion.org/noticia.php?id=249582

• HART-LANDSBERGS, MARTIN (2018). "Una estrategia defectuosa: Una mirada crítica a la iniciativa China del cinturón y la ruta de la seda", http://www.sinpermiso.info/textos

• HASTINGS, MAX. "The West Is Ceding Africa's Promise to China's Exploitation". October 2, 2022. Bloomberg.

• HE, BINGSONG. "La visión china del terrorismo", Global Security, 2009/4, n.º 10, pp. 121-130, https://www.cairn.info/revue-securite-globa- le-2009-4-page-121.htm.

• HEIJMANS, PHILIP J. "China lanzó un 'bombardeo diplomático' para contrarrestar la estrategia Indo-Pacífica de EE.UU. en Asia". 10 de julio de

2022. *Infobae*. (c) 2022, Bloomberg.

• HERMANN, HANS-GÜNTHER. "Theoretical aspects of Chinese historiography in the 1980s, Chinese Studies, 1991", pp. 161-196: https://www.persee.fr/doc/etchi_0755-5857_1991_num_10_1_1147.

• HERNÁNDEZ, PABLO. "La empresa china a cargo del Tren Maya tiene un historial de corrupción". 24 de julio de 2020. *Diálogo Chino*.

• HOADLEY, S. Y JIAN YANG. (2007). "China's cross-regional FTA initiatives: towards comprehensive national power. Pacific Affairs", 80(2), 327-348. *Infodefensa.com*. (2016).

• HOFMAN, I. y P. Ho (2012), "China's 'developmental outsourcing': a critical examination of Chinese global 'land grabs' discourse", *The Journal of Peasant Studies*, vol. 39, N° 1, Routledge.

• HOLSAG, JONATHAN. "The Silk Road Trap: How China's trade ambitions challenge Europe", *Polity Press*, 2019.

• HOLLOWAY, J., I. ROBERTS Y A. RUSH (2010), "China's steel industry", RBA Bulletin, Sídney, Banco de la Reserva de Australia, diciembre.

• HUNG, HO-FUNG (2015). "China and the lingering Pax Americana, BRICS Anti-Capitalist Critique". Haymarket, Chicago.

• HUO, H. Y M. WANG (2012), "Modeling future vehicle sales and stock in China", Energy Policy, vol. 43, Amsterdam, Elsevier.

• HOO, TIANG BOON. 2017. "Xi Jinping's Calibration of Chinese Foreign Policy". En *Chinese Foreign Policy Under Xi*, editado por Hoo Tiang Boon, 3-16. Oxon: Routledge.

• ICM - Informe "The Great Leap Outward: Chinese construction companies in the global market and BWI engagement" (2013).

• INDEC (2021/2022). Intercambio comercial argentino. Cifras estimadas de diciembre de 2022

• IRIS, n° 144, julio-agosto de 2020: https://www.iris-france.org/wp-content/uploads/2020/07/Asia-Focus-144.pdf.

• IZQUIERDO, MARCELO. "China, el nuevo prestamista mundial: la nueva Ruta de la Seda enciende alarmas". 30 de abril 2022. TN.

• IZQUIERDO, MARCELO. "Xi Jinping, eterno: de vivir en una cueva a convertirse en el dirigente chino más poderoso desde Mao tse Tung". 21 de octubre 2022. TN.

• JEANNE, LUDOVIC, "¿Cómo se hizo China con el mercado de las tierras raras?" *The Conversation*, enero-febrero de 2017: <https://theconver- sation.

com/comment-la-chine-a-pris-le-controle-du-marche-des-terres-ra- res-69967>.

• JIAN, Z. (2011), "China's Energy Security: Prospects, Challenges, and Opportunities", Washington, D.C., The Brookings Institution.

• JIANG, J. Y C. DING (2014), "Update on Overseas Investments by China's National Oil Companies: Achievements and Challenges since 2011", París, Organización de Cooperación y Desarrollos Económicos (OCDE)/ Agencia Internacional de la Energía (AIE).

• JIANG, J. Y J. SINTON (2011), "Overseas Investments by Chinese National Oil Companies: Assessing the Drivers and Impacts, París, Organización de Cooperación y Desarrollo Económicos (OCDE)" / Agencia Internacional de la Energía (AIE).

• JOHN HOPKINS UNIVERSITY School of Advanced International Studies, "The SAIS China Africa Research Initiative (SAIS-CARI)", Washington D.C., 2014.

• JOSKE, ALEX. "Spies and Lies: How China's Greatest Covert Operations Fooled the World".

• KAPLAN, ROBERT. 2009. "Center Stage for the Twenty-first Century.

• Power Plays in the Indian Ocean". Foreign Affairs 88 (2): 16-32.

• KATZ, CLAUDIO (2021). "Estados Unidos y China: una puja entre potencias disímiles" 19-4-2021, www.lahaine.org/katz

• KELMAN, ILAN, "Acting on Disaster Diplomacy," (Actuando en la diplomacia de desastre), Journal of International Affairs 59, no. 2 (Primavera/ Verano 2006): 216, ttps://www.jstor.org/stable/24358434.

• KELLNER, THIERRY. "Las Nuevas Rutas de la Seda: ¿proyecto centrado en China o proyecto de hegemonía (entrevista con Dealan Riga)?", Asia Focus-IRIS, n.º 121, septiembre de 2019: https://www.iris-france.org/wp-content/uploads/2019/09/Asia-Focus-121.pdf.

• KEOGH, BRYAN. "The Conversartion, China's influence in Myanmar could tip the scales towards war in the South China Sea". November 17, 2022

• KEPEL, GILLES, El profeta y la pandemia. Du Moyen-Orient au jihadisme d'atmosphère, París, Gallimard, 2021.

• KING, SAM (2014). "Lenin's theory of imperialism: a defence of its relevance in the 21st century", Marxist Left Review n 8.

• KISSINGER HENRY. On China, Editorial Penguin Press, 2011. Versión digital – Kindle – Location 5836.

• KLIPPHAN, ANDRÉS. "El plan de China para construir una base naval en Tierra del Fuego con una obsesión oculta: la Antártida". 25 de septiembre de 2022. *Infobae*.

• KOCH-WESER, I. (2015), "Chinese Energy Engagement with Latin America: A Review of Recent Findings", Washington, D.C., Inter-American Dialogue.

• KOH, COLLIN. 2018. "China-India Rivalry at Sea: Capability, Trends and Challenges". Asian Security 15 (1): 5-24. doi.org/10.1080/14799855.

• 2019.1539820

• KOKAS, AYNNE. "Trafficking Data: How China Is Winning the Battle for Digital Sovereignty".

• KOTSCHWAR, BARBARA. "China's Economic Influence in Latin America, (La influencia económica de China en América Latina)", *Asian Economic Policy Review* 9 (julio de 2014): 202, doi:10.1111/aepr.12062.

• LAGUE, DAVID; BENJAMIN KANG LIM. 2019. "Ruling the Waves". Reuters, 30 de abril. https://reut.rs/2UVpqmb

• LAMBERT-CHAN, MARIE. "L'impérialisme scientifique de la Chine". 19 de noviembre de 2020. *Québec Science*.

• LARUELLE, MARLÈNE; PEYROUSE, SÉBASTIEN. *Globalizing Central Asia. Geopolitics and the challenges of economic development*, Londres, Routledge, 2013.

• LARUELLE, MARLÈNE. *L'Idéologie eurasiste russe ou comment penser l'empire*, París, L'Harmattan, 1999.

• LEJTMAN, ROMÁN. "Argentina ayudó a China a evitar que la ONU debatiera sobre las violaciones a los DDHH en Xinjiang". 6 de octubre4 de 2022. *Infobae*.

• LEMUS-DELGADO, DANIEL. "La diplomacia china y la batalla por la verdad durante la pandemia de COVID-19". Instituto Tecnológico de Monterrey. Connecting research and researchers (ORCID), Vol. 53 Número 199 (2021): mayo-agosto.

• LENIN, VLADIMIR (2006). *El imperialismo, fase superior del capitalismo*, Quadrata, Buenos Aires.

• LERENA, CESAR AUGUSTO. "El caballo de Troya: los chinos en Argentina y Uruguay". 25 de octubre de 2020. *PalSur*.

• LEVERETT, FLYNT; WU BINGBING. 2016. "The New Silk Road and China's Evolving Grand Strategy". The China Journal 77: 110-132. doi.

org/10.1086/689684

• LI, NAN. 2009. "The Evolution of China's Naval Strategy and Capabilities: From Near Coast and Near Seas to Far Seas". Asian Security 5 (2): 144- 169. doi.org/10.1080/14799850902886567

• LIN, CHUN (2019). "China's new globalization" Vol 55: Socialist Register 2019: A World Turned Upside Down? https://socialistregister.com/index.php/srv/article/view/30939

• LINCOT, EMMANUEL; VERON, EMMANUEL. "Polinesia Francesa y Oceanía: ¿qué estrategias chinas?" The Conversation, junio-julio de 2020: https://theconversation.com/polynesie-francaise-et-oceanie-quelles-strategies-chinoises-140463.

• LINCOT, EMMANUEL; THIREAU, ISABELLE. "L'État, la ville et ses citoyens en Chine", Monde chinois, n.º 22, 2010, pp. 130-135; Emmanuel Lincot y Monique Selim, "Entre société civile globale et domination politique locale, quels nouveaux agencements collectifs en Chine", Monde chinois-Nouvelle Asie, n.º 41, abril-mayo de 2015.

• LINO, MARISA R. FORMER. "Associate Fellow, Defence and Military Analysis. Understanding China's Arctic activities". February 2020. International Institute for Strategic Studies (IISS).

• LOAIZA, YALILÉ. "Cómo afecta la pesca ilegal china en Uruguay: depredación del mar y ausencia de controles". 4 de octubre de 2022. Infobae.

• LOAIZA, YALILÉ. "La empresa china que construyó una represa en Ecuador ocultó información sobre fisuras en la central hidroeléctrica". 19 de julio de 2022. Infobae.

• LOAIZA, YALILÉ. "Pesca indiscriminada, explotación laboral y amenazas al medioambiente: así opera la flota pesquera china en América Latina". 15 de septiembre de 2022. Infobae.

• LOAIZA, YALILÉ. "Polémica en Ecuador: el Congreso desestimó un informe que advertía sobre graves fallas en una represa construida por China". 1 de octubre de 2022. Infobae.

• LO, DIC (2016) "Developing or Under-developing? Implications of China's 'Going out' for Late Development", SOAS Department of Economics Working Paper, No. 198, London: SOAS, University of London.

• LO, DIC (2018). "Perspectives on China's Systematic Impact on Late Industrialization: A Critical Appraisal SOAS University of London July".

• LOBATO, M. P. (2013). "Las relaciones entre China y América Latina y el Caribe. ¿Un nuevo modelo de cooperación o una forma de neocolonialismo?"

América Latina en la turbulencia global: oportunidades, amenazas y desafíos (pp. 79-89). Servicio de Publicaciones.

•LÓPEZ, LINETTE. China tenía un plan para dominar la tecnología y convertirse en el país más poderoso del mundo, pero todo ha salido mal. 15 sep. 2022

•LÓPEZ, PAULA. "China avanza en la Argentina y confirma desembolsos por USD 1300 millones en litio y fertilizantes". 26 de agosto 2022. TN.

•LÓPEZ, PAULA. "Con USD 17.000 millones, la Argentina es el 4° país de América Latina con más financiamiento chino. 23 de febrero 2022". TN.

•LOVE, J. L. (2007), "The Latin American contribution to center-periphery perspectives: history and prospect", The Other Canon Foundation and Tallinn University of Technology Working Papers in Technology Governance and Economic Dynamics, N° 10, TUT Ragnar Nurkse Department of Innovation and Governance.

•LOZANO, GLORIA SICILIA. "La resiliencia del modelo económico exterior de China: Sri Lanka y Etiopía, dos países test del modelo". 2016. Instituto Español de Estudios Estratégicos.

•MACIEL, G. DA C. A. (2015), "Recursos naturais e desenvolvimento econômico: bênção, maldição ou oportunidade?", tesis de doctorado, Río de Janeiro, Instituto de Economía, Universidad Federal de Río de Janeiro (UFRJ).

•MAHAN, ALFRED THAYER. 1918. "Elements of Sea Power". En *Mahan on Naval Warfare*. Selections from the Writings of Rear Admiral Alfred

•T. Mahan, editado por Allan Westcott, 16-48. Boston: Little, Brown, and Company.

•MAISHMAN, ELSA. "Teresa Xu: Chinese woman loses court case over bid to freeze eggs". 23 July 2022. BBC News.

•MAKOYE, KIZITO. "Ex- CEO of Tanzania ports faces fraud charges over bloated Chinese contract". Tuesday, 15 July 2014 20:51 GMT. Foundation of Thomson Reuters.

•MALAMUD, C. (2012). "La Alianza del Pacífico: un revulsivo para la integración regional en América Latina". Documento ARI 46:2012.

•MANDHANA, NIHARIKA. "China's Global Port Investments Give Rise to Security Worries". November 13, 2022. *The Wall Street Journal.*

•MAY, TIFFANY; IVES, MIKE. "Los ejercicios militares de China y otras tensiones con Taiwán". 10 de agosto 2022. TN con información de *The New York Times.*

• MCDONELL, STEPHEN. "El pánico en China que llevó a la fuga masiva de trabajadores en una de las mayores fábricas de Apple del mundo". 4 de noviembre de 2022. La Nación.

• MCGREGOR, RICHARD. The Party: The Secret World of China's Communist Rulers, Penguin Books, 2014.

• MEDEIROS, C. A. (2011), "Ascenção chinesa e as matérias-primas", Brasil e China no Reordenamento das relações Internacionais: Desafios e Oportunidades, Brasilia, Fundación Alexandre de Gusmão. (2008), "China: desenvolvimento econômico e ascensão internacional" [en línea] http://www.excedente.org/artigos/china-desenvolvimento-economico-e-ascen-sao-internacional/.

• MENDOZA LUZ. "Empresas chinas que ejecutan obras en Bolivia trabajan con presos traídos del país asiático (video)". 13 de julio de 2017. Eju!

• MERCATANTE, ESTEBAN (2020). "Desarrollo desigual e imperialismo hoy: una discusión con David Harvey", 30-08 https://www.laizquierda-diario.com

• MONGRENIER, JEAN-SYLVESTRE. "Kazajstán", en: Le Monde vu de Moscou. Géopolitique de la Russie et de l'Eurasie post-soviétiques, París, PUF, 2020.

• MONGRENIER, JEAN-SYLVESTRE, Le Monde vu de Moscou. Géopoliti- que de la Russie et de l'Eurasie post-soviétiques, París, PUF, 2020.

• MONTONE, SANTINA. "Europa impulsa la minería de tierras raras y metales para no depender de China en su transición verde". 18 de julio de 2022. Infobae.

• MURRAY, WILLIAMSON. 2011. "Thoughts on Grand Strategy". En The Shaping of Grand Strategy. Policy, Diplomacy, and War, editado por Williamson Murray, Richard Hart Sinnreich y James Lacey, 1-33. Nueva York: Cambridge University Press.

• MYERS, M. y G. JIE (2015), "China's Agricultural Investment" en Latin America: A Critical Assessment, The Dialogue [en línea] http://www.thedialogue.org/wp-- Robinson, William (2017). I China and Trumpism: The Political Contradictions of Global 14 feb. https://www.telesurtv.net.

• MYERS, M., K. P. GALLAGER; F. YUAN (2016), "Chinese Finance to LAC In 2015: Doubling Down", The Dialogue. https://www.thedialogue.org/wp-content/uploads/2016/02/Dialogue-LoansReport-v4-lowres.pdf.

• NAVY, PHILIPPINE. "Chinese Forces Seize Rocket Debris". November

21, 2022. The Maritime Executive.

• NEWSHAM, GRANT. "Party congress will put China on path to war".

• October 11, 2022. Asia Times.

• NOLTE, D. (2013), "The dragon in the backyard: US visions of China's relations toward Latin America", Papel Político, vol. 18, N° 2, Bogotá.

• NÚÑEZ SALAS, MÓNICA. "Las inversiones de China y el uso de la tierra en Latinoamérica". Universidad Internacional de Florida.

• OHCHR "Assessment of human rights concern in the Xinjiang Uyghur Autonomous Region, People's Republic of China", 31 August 2022. FOCUS

• OLIVEIRA, G. de L. T. (2015), "Chinese and other foreign investments in the Brazilian soybean complex", Documento de Trabajo, N° 9.

• OLIVEIRA, G. de L. T.; S. HECHT (2016), "Sacred groves, sacrifice zones and soy production: globalization, intensification and neo-nature in South America", The Journal of Peasant Studies, vol. 43, N° 2, Routledge.

• OLMO, GUILLERMO D. "Chancay, el megapuerto estratégico para el comercio con Asia que China construye en Perú". 8 de septiembre de 2022. BBC News Mundo en Perú

• ONU, EMELE. "Nigeria Pins Hopes On Deep Sea Port to End Cargo Congestion". September 24, 2022. Bloomberg.

• OPEP (Organización de Países Exportadores de Petróleo) (2015), World Oil Outlook, 2015, Viena.

• OPORTO, HENRY; PACHECO, NAPOLEÓN; EVIA, JOSÉ LUIS; PERES VELASCO, ANTONIO. "El capital corrosivo en Bolivia y los retos de buena gobernanza". Abril de 2021

• ORTIZ VELÁSQUEZ, S. (2016), "Monitor de la OFDI de China en América Latina y el Caribe: aspectos metodológicos" [en línea] http://www.redalc-china.org/monitor/images/pdfs/Publicaciones/Ortiz_2016_Moni- tor_OFDI_china_metodologicos.pdf.

• OVIEDO, EDUARDO DANIEL. "El ascenso de China y sus efectos en la relación con Argentina". Estud. int. (Santiago, en línea) vol.47 no.180

• Santiago ene. 2015. Gunvor – "Petrochina: La simulación llega a su fin". Periodismo de Investigación PI. 4 mayo, 2021

• OVIEDO, EDUARDO DANIEL (2019). "Oportunidades, desafíos e intereses de Argentina en OBOR". En Observatorio de la política china.

• PAWLICKI, P. (2015), "Chinese multinational companies in Europe. The case of telecommunication equipment industry. Huawei and ZTE", Trabajo de estudio para el ISE, Informe de trabajo, junio de 2015. Pinsent Masons y el Centro de Investigación Económica y Empresarial (CEBR). "China invest West: Can Chinese investment be a game changer for UK infrastructure?", fecha de publicación: 29/10/2014.

• PAZ, G. S. (2012), "China, United States and hegemonic challenge in Latin America: an overview and some lessons from previous instances of hegemonic challenge in the region", The China Quarterly, vol. 209, Cambridge University Press.

• PEINE, E. K. (2013), "Trading on pork and beans: agribusiness and the construction of the Brazil-Chinasoy-pork commodity complex", The Ethics and Economics of Agrifood Competition, H. S. James (ed.), Dordrecht, Springer.

• PÉREZ IZQUIERDO, LAUREANO. "El bloqueo de China a Taiwán y por qué Xi Jinping juega con fuego". 6 de agosto de 2022. *Infobae*.

• PÉREZ IZQUIERDO, LAUREANO. Laura Richardson, jefa del Comando Sur: "La participación en el narco recorre todos los escalafones del régimen de Maduro". 2 de mayo de 2022. *Infobae*.

• PÉREZ IZQUIERDO, LAUREANO. "Wolf Warrior reforzado: Xi Jinping prepara un cambio radical en su política exterior". *Infobae*.

• PETROBRAS (Petróleo Brasileiro) (2016), "Assinatura de termo de compromisso com o CDB", 26 de febrero.

• PHARTIYAL, SANKALP; RAI, SARITHA. "China sigue perdiendo terreno: el nuevo iPhone 14 de Apple se fabricará también en India". 23 de agosto de 2022. *Infobae* (C) Bloomberg.

• PIZARRO, CAROLINA; LEIVA, MIRIAM. "El lado B de la arremetida China en Chile". 2 de diciembre de 2018. *LT Pulso*.

• POLAT, DILNUR; CASTETS, RÉMI; LINCOT, EMMANUEL. Enjeux sociopolitiques de l'islam en pays ouïghour, Monde Chinois-Nouvelle Asie, n.º 35, noviembre-diciembre de 2013, pp. 97-111; Vanessa Frangville y Jean-Yves Heurtebise (eds.), "Crise ouïghoure. Transformation et reconstruction des identités", Monde chinois-Nouvelle Asie, n° 63, 2020.

• PRADO, MARIANA. "Productos primarios versus industrializados: radiografía del comercio entre la Argentina y China". 25 de febrero 2022. TN.

• PRASSO, SHERIDAN. "A Chinese Company Reshaping the World Leaves a Troubled Trail". 18 de septiembre de 2018. Bloomberg.

• PREBISCH, R. (1949), "El desarrollo económico de América Latina y algunos de sus principales problemas" (E/CN.12/89), Santiago, Naciones Unidas.

• PROFETA, DAMIAN. "Los chinos y la autopista fluvial argentina". 28 de agosto de 2020. *Dialogo Chino*.

• PUTRUELE, MARTINA. "Desde Zoom hasta TikTok: cómo China está ganando la batalla por la soberanía de la información". *Infobae*.

• PUTRUELE, MARTINA. "Vigilancia individual y fake news: cómo China usa los datos de las aplicaciones para controlar a los usuarios". 13 de noviembre de 2022.

• RAMÍREZ BULLÓN, JAVIER ERNESTO. "La adaptación del Perú ante el ascenso de China a inicios del siglo XXI: entre el pragmatismo y la aquiescencia". *Agenda Internacional* Año XXVIII N° 39, 2021, pp. 119- 149 e-ISSN 2311-5718.

• RAMIREZ, PAZ. "Relaciones China – América Latina, una subordinación económica". 10 de marzo de 2022. Geopol.

• RAMÍREZ, SEBASTIÁN (2020). "Más sobre el carácter de China" 05 de diciembre https://pcr.org.ar/nota/mas-sobre-el-caracter-de-china/

• RAY, REBECCA. "China en América Latina: Lecciones para la Cooperación Sur-Sur y el Desarrollo Sostenible". DW.

• RAY, R., K. GALLAGHER Y R. SARMIENTO (2016), "China-Latin

• America economic bulletin: 2016 edition". Discussion Paper, N° 2016-3, Boston, Universidad de Boston.

• REN, SHULI. "Is George Soros Right About Xi Jinping's Third Term?" 25 de mayo de 2022. Bloomberg.

• REUTERS. "Canada orders three Chinese firms to exit lithium mining". November 2, 2022

• REUTERS. "China's CCCC to resume Sri Lanka port project after 1-year suspension". 15 de marzo de 2016.

• REUTERS. "Grande projeto agrícola da China na Bahia é, até agora, um campo vazio". 4 de abril de 2014.

• REYES, LUISA; VILLA, SANTIAGO. "El poder de China en la infraestructura colombiana". 17 de mayo de 2022. *Convoca*.

• RICCOMAGNO, CRISTIAN. "La misteriosa base china que aprobó el kirchnerismo y heredó Alberto Fernández". 11 de diciembre de 2019. *Per- fil*.

• RIVERA, ROSARIO; ALÍ GÓMEZ VILLASCÁN. "Disputa por el

Ártico: China y Rusia frente a Estados Unidos. 6 de septiembre de 2022". Centro Mexicano de Relaciones Internacionales.

• RIVERS, MATT. "Pandemic Power Play: It's China vs. the US in Latin America," (Juego de poder pandémico: China versus Estados Uni- dos en América Latina), CNN.com, 15 August 2020. https://www.cnn.com/2020/08/15/americas/latam-china-us-covid-diplomacy-intl/index. html.

• ROCA, MARIANO. Craig Deare, ex asesor presidencial de EE.UU.: "La influencia china condiciona la libertad de acción en la región". 23 de julio de 2022. *Infobae.*

• ROCHA, F. F. (2016), "Acesso chinês a recursos naturais na América Latina", Río de Janeiro, Instituto de Economia, Universidad Federal de Río de Janeiro (UFRJ).

• RODRÍGUEZ, O. (2006), *El estructuralismo latinoamericano*, Ciudad de México, Siglo XXI/Comisión Económica para América Latina y el Cari- be (CEPAL). (1981), *La teoría del subdesarrollo de la CEPAL*, Ciudad de México, Siglo XXI.

• RODRIGUEZ-VENTOSA, JAVIER. "Pekín amenaza la hegemonía española en Latinoamérica". Enero de 2021. Infraerstructura y Movilidad.

• ROGERS D., "What would the UK do with $169bn from China?", Global Construction Review, 05/11/2014.

• ROLDÁN, A. y otros (2016), *La presencia de China en América Latina: comercio, inversión y cooperación económica*, Bogotá, Universidad EAFIT.

• ROLLAND, NADÈGE. 2017. "China's Eurasian Century? Political and Strategic Implications of the Belt and Road Initiative". Seattle: The National Bureau of Asian Research.

• ROSALES, OSVALDO y Mikio Kuwayama. 2012. China y América Latina y el Caribe: Hacia una relación económica y comercial estratégica, CEPAL, Santiago.

• ROSEN, D. H. Y T. HOUSER (2007), "China Energy: A Guide for the Perplexed" [en línea] https://piie.com/publications/papers/rosen0507.pdf.

• ROUSSEL, LOUISE. "La Chinafrique: néo-colonialisme ou partenariat?" 8 février 2021. Major-Prépa.

• ROUSSET, PIERRE. "Geopolítica china: continuidades, inflexiones, incertidumbres". Rebelión 02/08/2018

• RUCKAUF, CARLOS. "¿No importan los DDHH de los venezolanos y los chinos?" *Infobae.*

• RWR Advisory Group. A Transactional Risk Profile of Huawei. February 13, 2018

• SACHS, J. D. Y A. M. WARNER (1995), "Natural resource abundance and economic growth", NBER Working Paper, N° 5398, Cambridge, Massachusetts, Oficina Nacional de InvestigacionesEconómicas.

• SALAZAR, MILAGROS. 2010. "Social responsibility missing in growing trade ties" Inter Press Service. 3 de febrero. http://ipsnews.net/news.asp?idnews-50206.

• SANDERSON, H. Y M. FORSYTHE (2012), "China's Superbank: Debt,

• Oil and Influence - How China Development Bank is Rewriting the Ru- les of Finance", Singapur, John Wiley & Sons.

• SARACHU, SERGIO. "Estados Unidos "preocupado" por la base china en Neuquén". 27 de abril de 2022. *Mejor Informado*.

• SHARMA, S. (2014), "The Need for Feed: China's Demand for Industrialized Meat and its Impacts", Instituto de Política Agrícola y Comercial.

• SANZ, JUAN ANTONIO. "Guerra fría en el ártico, la nueva geopolítica global derivada del cambio climático". 20 de septiembre de 2019. *Equal Times*.

• SENTERS PIAZZA, KELLY "¿Quién está aprovechándose del momento del COVID-19? Una batalla por el poder en América Latina. Academia de la Fuerza Aérea de EE.UU."

• SERRICHIO, SERGIO. "Sequía, apagones, cuarentenas, crisis inmobiliaria, devaluación, desaceleración económica: cómo los problemas en China afectan a la Argentina y a la economía mundial". 13 de septiembre de 2022. *Infobae*.

• SHI YINHONG. 2015. "Chinas Complicated Foreign Policy", https://bit.ly/3aYPGlg

• SLOAN, ELINOR. 2017. "Modern Military Strategy. An Introduction.

• Oxon: Routledge".

• SOTO, ALONSO; DUARTE, ESTEBAN. "Xi Jinping aumenta sus ambiciones en América Latina: China analiza comprar toda la deuda externa de El Salvador". 8 de noviembre de 2022. *Infobae* con información de Bloomberg.

• SPALTRO, SANTIAGO. "Créditos de China en energías renovables: se destraba una inversión millonaria". 15 de septiembre de 2022. *El Cronista*.

• SULLIVAN, MARK P.; LUM, THOMAS. "China's Engagement with Latin America and the Caribbean" (Compromiso de China con América Latina y el Caribe), Research Report no. IF10982 (Washington, DC: Congressional

Research Service, 2020), 1.

• SULLIVAN, MARK P. "Latin America and the Caribbean: U.S. Policy Overview", (América Latina y el Caribe: Visión general de la política de Estados Unidos), Research Report no. IF10460 (Washington, DC: Congressional Research Service, 2020), 1.

• SUN, TOM; ALEX PAYETTE. "China's two ocean strategy: Controlling waterways and the new silk road". *Asia Focus* #31–Asia Programme / may 2017. Institut de Relationes Internationales et Strategiques.

• SUNKEL, O. (1970), *Desarrollo, subdesarrollo, dependencia, marginación y desigualdades espaciales: hacia un enfoque totalizante.* EURE, vol. 1, Nº 1, Santiago.

• SUTTER, ROBERT. 2019. "Foreign Relations of the PRC. The Legacies and Constraints of China's International Politics since 1949". Lanham: Rowman & Littlefield.

• SVAMPA MARISTELLA, (2013), "El consenso de commodities y lenguajes de valoración en América Latina", www.iade.org.ar, 02/05.

• TALIAFERRO; JEFFREY, NORRIN RIPSMAN; STEVEN LOBELL. 2012. "The Challenge of Grand Strategy. The Great Powers and the Broken Balance between the World Wars". Cambridge: Cambridge University Press.

• TAN, YVETTE. "China protest: Mystery Beijing demonstrator sparks online hunt and tributes". 14 October 2022. BBC News.

• TAN, YVETTE. "Chinese ship accused of seizing suspected rocket debris from Philippines". 21 de November de 2022.

• TAN, YVETTE; WONG, TESSA; MCDONELL, STEPHEN. "China

• congress: Xi Jinping doubles down on zero-Covid as meeting opens". 16 October 2022. BBC News.

• THAROOR ISHAAN. "El momento de dominio de Xi Jinping no puede ocultar su debilidad". *Infobae.* Con información de *The Washington Post.*

• THE WORLD BANK. World Integrated Trade Solution (Solución de Comercio Mundial Integrado), "Latin America and Caribbean Trade," (El comercio en América Latina y el Caribe), (Washington, DC: 2020), https://wits.worldbank.org/countrysnapshot/en/LCN.

• TIEZZI, SHANNON. "With Latest Sanctions, US Casts a Shadow Over China's Belt and Road". August 27, 2020. *The Diplomat.*

• TILL, GEOFFREY. 2013. Seapower. "A Guide for the Twenty-First Century". Oxon: Routledge.

• TIRONE, JONATHAN. "China Nuclear Deal Held Up Over Argentina's

Reactor Fuel Demand". 19 de septiembre de 2022. Bloomberg.

• TURNER, N. B (2014). "Is China an Imperialist Country? Considerations and Evidence" March 20, https://redstarpublishers.org/

• UMBACH, FRANK. 2019. "China's Belt and Road Initiative and its Energy-Security Dimensions", https://bit.ly/2wyiQc0

• UNIVERSIDAD DE NAVARRA, "China aumenta su presencia en la Antártida". 2022.

• UNIVERSIDAD DE NAVARRA. "La controvertida estación espacial de China en la Patagonia".

• URIEN, PAULA. "Por qué una empresa de origen chino asegura quecalifica para quedarse con la Hidrovía". 28 de octubre de 2021. Diario *La Nación*.

• - VALE (2013), "Vale e China: 40 anos de parceria 1973-2013". http://www.vale.com/PT/aboutvale/news/Documents/china-quiz-8/pdf/40anosValeChina. pdf.

• VALDEZ, BETO. "Presión de Washington para evitar que los chinos desembarquen en el Puerto de Buenos Aires". 4 de febrero de 2022. *MDZ*.

• VAUGHN, BRUCE. 2017. "In Focus. China-India Rivalry in the Indian Ocean", https://bit.ly/3citWkH

• WANG, CINDY. "China Sends Warplanes Near Taiwan After US Rejects Strait Claims". 21 de junio de 2022. Bloomberg.

• WANG, JISI. 2015. "China in the Middle". The American Interest, March/April: 55-59.

• WANG, JISI. 2012. "Marching Westwards. The Rebalancing of China's Geostrategy". International and Strategic Studies Report 73: 1-11.

• WEERASEKARA POORNIMA. "La última purga de Xi Jinping antes del congreso del Partido Comunista de China en el que será reelegido. 14 de octubre de 2022". *Infobae*.

• WESTCOTT, P. Y J. HANSEN (2016), "USDA agricultural projections to 2025", Departamento de Agricultura de los Estados Unidos. https://www. ers. usda.gov/publications/pub-details/?pubid=37818.

• WESZ JUNIOR, V. J. (2014), "O mercado da soja no Brasil e na Argentina: semelhanças, diferenças e interconexões", *Revista de Ciencias Sociales*, vol. 4, N° 1. (2011), Dinâmicas e estratégias das agroindústrias de soja no Brasil, Río de Janeiro, E-papers.

• WHITE PAPERS. "China's Foreign Aid". Information Office of the State Council, The People's Republic of China, 2014.

• WILLIAMS, IAN. "The Chinese spy ship and the dangers of debt-trap diplomacy". 18 August 2022. *The Spectator*.

• WILKINSON, J., V. J. WESZ JUNIOR Y A. R. M. LOPANE (2015), "Brazil, the Southern Cone, and China: the agribusiness connection", BRICS Initiative for Critical Agrarian Studies (BICAS) Working Paper, N° 16.

• WINTER, J. y otros (2013), "Pacific Basin heavy oil refining capacity", SPP Research Paper, vol. 6, N° 8, Calgary, The School of Public Policy.

• WIÑAZKI, NICOLÁS. "Los documentos secretos que revelan para qué se usará la base china en Neuquén que inquieta a EE.UU. 11 de febrero de 2019. *Clarín*.

• WONG, J. e Y. HUANG (2012), "China's food security and its global implications", China: *An International Journal*, vol. 10, N° 1.

• WONG, KAYLA. 2018. "Deng Xiaoping used only 'carrots', Xi Jinping is now also using 'sticks': Chinese foreign policy expert. Mothership", 9 de enero.

• WOODY, CHRISTOPHER, "4 Ways China Is Gaining Ground in Latin America, According to the US's Top Military Commander in the Region," (Cuatro maneras como China está ganando territorio en América Latina, según comandante principal de Estados Unidos en la region), Bu- siness Insider, 18 December 2018.

• XING. L. Y P. GOLDSMITH (2013), "Improving Chinese soybean meal demand estimation by addressing the noncommercial: commercial feed gap", *China Agricultural Economic Review*, vol. 5, N° 4, Emerald Publishing.

• XINHUANET. 2017. "China has sufficient reasons to enhance capability to safeguard overseas interests: FM". 27 de abril. https://bit.ly/2XJcf9Q

• YACONO, BRUNO; LÓPEZ, PAULA. "El Gobierno le entrega a China otros 16 proyectos estratégicos por USD 10.000 millones". 30 de marzo 2022. TN.

• YAN, XUETONG. 2014. "From Keeping a Low Profile to Striving for Achievement". The Chinese Journal of International Politics 7 (2): 153-

• 184. doi.org/10.1093/cjip/pou027

• YANG, SHENG. 2017. "China eagerly awaits new carrier launch". *Global Times*, 25 de abril. https://bit.ly/3ajFp1M

• YOSHIHARA, TOSHI; JAMES HOLMES. 2018. "Red Star over the Pacific. China's Rise and the Challenge to U.S. Maritime Strategy". Anna-polis: Naval Institute Press.

• YOU, JI. 2016. "China's Military Transformation. Politics and War Preparation". Cambridge: Polity Press.

• YOU, JI. 2018. "The Indian Ocean. A Grand Sino-Indian Game of 'Go'". En *India and China at Sea. Competition for Naval Dominance in the Indian Ocean*, editado por David Brewster, 90-110. Nueva Delhi: Oxford University Press.

• YU, Y. (2011), "Identifying the linkages between major mining commodity prices and China's economic growth – Implications for Latin America", IMF Working Papers, N° WP/11/86, Washington, D.C., Fondo Monetario Internacional (FMI).

• YUAN, JINGDONG. 2016. "Against a Superior Foe: China's Evolving A2/AD Strategy". En *Handbook of US-China Relations*, editado por Andrew Tan, 379-397. Cheltenham: Edward Elgar.

• YUAN, JINGDONG. 2018. "Managing Maritime Competition between India and China". En *India and China at Sea. Competition for Naval Dominance in the Indian Ocean*, editado por David Brewster, 39-55. Nueva Delhi: Oxford University Press.

• ZHANG, L. y otros (2015), "The future of copper in China: a perspective based on analysis of copper flows and stocks", Science of the Total Environment, vol. 536, Amsterdam, Elsevier.

• ZHU, MELISSA. "Myanmar executions: US urges China to condemn Myanmar". 26 July 2022. BBC News.

NOTES ÉDITORIALES SANS SIGNATURE

AGENCIA FRANCE PRESS

"Las inversiones chinas, a la conquista de nuevos sectores en Brasil". 23 de julio de 2018.

ARGENTPORTS

"El barco que lleva 12.800 vacunos a China reflota la polémica por las exportaciones vivas". 5 de septiembre de 2022.

BBC NEWS

"China anger over death of girl, 14, sent to Covid quarantine". 20 October 2022.

Luis Lacalle Pou, presidente de Uruguay en entrevista con la BBC: "No creo en que los Estados cultiven y vendan marihuana. Cometimos un error". 27 mayo 2022. BBC News Mundo.

CARRETERAS PANAMERICANAS

"Bolivia: Deuda de CCCC China afectará obras en carretera de Beni". 12 de septiembre de 2019.

CHINA STOCK MARKET NEWS

"China Communications Construction Company Limited (601800): China Communications Construction Company Limited (601800) Risk Sustainable Assessment Report on CCCC Finance Limited". March 31, 2022.

CRÍTICA

"¡Incierto futuro del 4to. puente!" 12 de diciembre de 2021. EL PAÍS

"Reabierto el espacio aéreo español que fue cerrado por la alerta de caída de un cohete chino". 4 de noviembre de 2022.

"Estados Unidos acusa a dos ciudadanos chinos de espiar en favor de Huawei". 24 de octubre de 2022.

DEUTSCHE WELLE (DW)

"China sanciona a 9 personalidades y 4 entidades británicas". 26 de marzo de 2021.

"Londres insta a Pekín a que ONU verifique DDHH en Xinjiang". 26 de marzo de 2021.

"China responde con foto las acusaciones occidentales de 'trabajo forzado' en la región de Xinjiang". 26 de marzo de 2021.

"China sanciona a personas y entidades de EE.UU. y Canadá en respuesta a críticas sobre uigures". 26 de marzo de 2021.

"China: condenan a muerte a exfuncionarios por separatismo de Xinjiang". 27 de abril de 2021.

"EE.UU. advierte sobre posibles sanciones a empresas vinculadas con Xinjiang". 13 de julio de 2021.

"China sanciona a cuatro representantes de EE.UU. por críticas sobre Xinjiang". 21 de diciembre de 2021.

"Presidente chino rechaza lecciones de DD.HH. en diálogo con Bachelet". 25 de mayo de 2022.

"Michelle Bachelet denuncia presiones de China por informe sobre los uigures". 25 de agosto de 2022.

"Francia, firme ante China por situación de los uigures". 25 de marzo de 2021.

"Alemania bloquea venta a China de fábrica de semiconductores". 9 de noviembre de 2022.

ECONOMÍA ED

"Deuda genera tensión en trabajo carretero de Beni". 10 de septiembre de 2020.

EL CRONISTA

"La historia del gigante chino cuyos dueños son sus empleados, se enfrentó a EE.UU. y ahora apuesta por la Argentina". 14 de agosto de 2022. InfoTechnology.

EL PARLAMENTARIO

"Piden informes al Gobierno sobre la estación espacial China en Neuquén". 28 abril de 2022.

INFOBAE

"China confinó la 'ciudad iPhone' tras la represión a las protestas de los empleados que piden mejoras salariales". 25 de noviembre de 2022. Con información de AFP.

"China recrudece su política del COVID cero: ahora también construye muros para aislar barrios en Beijing". 25 de noviembre de 2022. Con in- formación de EFE.

"Empresas chinas se esconden tras cooperativas mineras para saquear el oro boliviano". 20 de noviembre de 2022.

"Las 'estaciones policiales' del régimen chino generan alarma en Europa y hay al menos seis operando en América Latina". 15 de noviembre de 2022.

"Uruguay es el país de América Latina con la mayor influencia del régimen chino sobre su política exterior". 15 de noviembre de 2022.

"Joe Biden le expresó a Xi Jinping sus preocupaciones por las violaciones a derechos humanos en Xinjiang, el Tíbet y Hong Kong". 14 de noviembre de 2022. Con información de AFP, Europa Press.

"Las debilidades que esconde el ejército chino detrás de la imagen todopoderosa de Xi Jinping". 10 de noviembre de 2022.

"La economía china se está "pudriendo desde la cabeza", dice un prestigioso economista internacional". 6 de noviembre de 2022.

Video: "Aumenta la tensión entre Estados Unidos y China por la "guerra" de los chips y los semiconductores". 5 de noviembre de 2022. Con información de DEF.

"Estado de vigilancia: el represivo sistema con el que Xi Jinping controla todo lo que hacen los ciudadanos chinos". 4 de noviembre de 2022.

"Los restos del cohete chino fuera de control que obligó a cerrar varios aeropuertos españoles cayeron en el océano Pacífico". 4 de noviembre de 2022. Con información de EFE.

"Un funcionario clave de Estados Unidos sugirió que el gobierno debería cerrar TikTok". 2 de noviembre de 2022.

"El régimen chino ordenó el cierre indefinido de Disneyland Shanghái ante el rebrote de COVID-19". 31 de octubre de 2022. Con información de EFE.

"Taiwán, los misiles y el espionaje, las alarmantes prioridades del régimen de Xi Jinping en China". 30 de octubre de 2022. Con información de *The Washington Post*.

"El régimen chino ordenó confinamiento y pruebas masivas de coronavirus para más de un millón de personas en Shanghai". 28 de octubre de 2022. Con información de EFE.

"El fin del romance de Apple con China. 25 de octubre de 2022". *The Economist*.

"Ai Weiwei habló sobre la expulsión de Hu Jintao en el Congreso Comunista chino: "Muestra cuándespiadados son los altos dirigentes". 24 de octubre de 2022. Con información de AFP y EFE.

"China oculta las cifras de crecimiento en medio del congreso del Partido Comunista que entronizará a Xi Jinping". 17 de octubre de 2022.

"La obsesión por el control hace que China sea más débil pero más peligrosa". 13 de octubre de 2022. Con información de *The Economist*.

"Pesca ilegal: alerta en Uruguay por la presencia de un buque chino en el Puerto de Montevideo". 9 de octubre de 2022.

"Uruguay quiere controlar la pesca ilegal china comprándole patrulleros oceánicos a Beijing". 6 de octubre de 2022.

"Un informe reveló que China podría tener acceso a información confidencial a través de sus instalaciones espaciales en América Latina". 5 de octubre de 2022.

"El régimen chino busca imponer su red 5G en América Latina y Uruguay se encamina a ser una de las puertas de entrada". 12 de octubre de 2022.

"Una empresa china fue favorecida en una licitación de una carretera en Bolivia tras pagar un soborno millonario". 21 de septiembre de 2022.

"El Reino Unido le prohibió la entrada a la delegación oficial china a la capilla ardiente de Isabel II". 16 de septiembre de 2022.

"Taiwán advirtió que los lazos entre China y Rusia constituyen una seria amenaza para la paz mundial". 16 de septiembre de 2022. Con información de AFP.

"El inestable plan de rescate del mercado inmobiliario en China erosiona la fe del pueblo en el Estado". 13 de septiembre de 2022. *The Economist*.

"El inestable plan de rescate del mercado inmobiliario en China erosiona la fe del pueblo en el Estado". 13 de septiembre de 2022. *The Economist*. "Miles de millonarios chinos quieren marcharse del país con una colosal fortuna, pero, ¿Xi Jinping se lo permitirá?" 19 de julio de 2022. Con información de Bloomberg.

"Aliados de EE.UU. se adhirieron a la práctica de prohibir bienes elaborados mediante trabajo forzado de los uigures en China". 19 de julio de 2022. Con información de Reuters.

"Blinken acusó a China de tener como rehenes las preocupaciones globales: No castiga a Estados Unidos, castiga al mundo". 6 de agosto de 2022. Con información de AP.

"El Senado de EE.UU. aprobó invertir USD 280 mil millones para fabricar semiconductores y evitar la dependencia de China". 28 Jul, 2022. Con información de AFP y EFE).

Video: "China aumenta fuertemente el presupuesto en materia militar y enciende las alarmas del Pentágono". 23 de julio de 2022. Redacción DEF.

"En China, la sanción por repartir banderas del arcoíris refleja la creciente persecución a las personas LGBT+". 23 de julio de 2022. Con información de Reuters.

"El FBI descubrió que los equipos de fabricación china de Huawei podrían interrumpir las comunicaciones del arsenal nuclear de EE. UU". 24 de ju- lio de 2022.

"EE.UU. fortalecerá su relación con las islas del Pacífico para contrarrestar la influencia de China en la región. 13 de julio de 2022". Con información de Europa Press.

"Estados Unidos advirtió su preocupación por el alineamiento de China con Rusia. 9 de julio de 2022". Con información de EFE.

"Senadores de Estados Unidos pidieron investigar a TikTok por el presunto espionaje chino. 13 de julio de 2022". Con información de EFE y AFP.

"La oposición le pidió informes al Gobierno sobre la estación espacial China en Neuquén". 28 de abril de 2022.

"El embajador Sabino Vaca Narvaja volvió a elogiar al Partido Comunista Chino". 17 de agosto de 2022.

"Los exaltados del régimen chino que podrían iniciar una guerra fría. 11 de junio de 2022". Con información de *The Economist*.

"Australia dijo que debe responder a los movimientos de China en el Pacífico. 26

de mayo de 2022". Con información de EFE.

"Una empresa china sancionada por Estados Unidos compite por el dragado de la ex Hidrovía". 18 de diciembre de 2021.

"Tras el informe de la ONU, EE.UU. exigió que el régimen de China rinda cuentas "por el genocidio" contra la minoría uigur en Xinjiang". 1 de septiembre de 2022. Con información de AFP y Reuters.

"Tras el informe de la ONU, EE.UU. exigió que el régimen de China rinda cuentas 'por el genocidio' contra la minoría uigur en Xinjiang". 1 de septiembre de 2022. Con información de AFP y Reuters.

"El FBI descubrió que los equipos de fabricación china de Huawei podrían interrumpir las comunicaciones del arsenal nuclear de EE.UU." 24 de ju- lio de 2022.

"El expansionismo chino amenaza con revertir años de progreso LGBT+ en Taiwán". 21 de mayo de 2022. Con información de AFP.

IPROFESIONAL

"Este es el daño que están causando las empresas constructoras chinas a nivel mundial". 11 de septiembre de 2020.

IZQ WEB

"Proyección geopolítica, económica y militar". 3 de mayo de 2020. LA CAPITAL

"Jan De Nul resuelve el problema de dragado del puerto colombiano de Barranquilla". 17 de julio de 2021.

LA NACION

"Cómo China usa barcos pesqueros para reforzar sus ambiciones territoriales. 8 de noviembre de 2022". Con información de BBC Mundo.

"La caída de un cohete chino fuera de control hizo suspender los vuelos en España durante varias horas". 4 de noviembre de 2022

"Competencia tecnológica: la carrera entre China y Occidente por liderar la innovación". 28 de octubre de 2022. Con información de The Economist.

"Por qué todo el mundo habla de Hu Jintao y cuáles son los bandos del Partido Comunista Chino". 22 de octubre de 2022.

"¿Alguna vez la economía de China superará a la de Estados Unidos? 13 de septiembre de 2022". Con información de The Economist.

"La nueva superpotencia. Cuáles son los gigantes chinos que dominarán el mundo corporativo". 20 de agosto de 2022. Con información de The Economist.

"Tiempos turbulentos: Xi Jinping levanta una muralla de defensas para China y para sí mismo". 9 de agosto de 2022. Con information de *The New York Times*.

"Taiwán: el pequeño archipiélago que se defendió de China con música". 6 de agosto de 2022. Con información de BBC NEWS.

"Covid: China confina a 80.000 turistas en una isla paradisíaca y les impone una exigente prueba para salir". 7 de agosto de 2022.

"¿Quién le teme a TikTok? El avance de la app china desvela a Silicon Valey". 21 de julio de 2022. Con información de *The Economist*.

"Los años en los que China declaró la guerra a los gorriones (y cómo ello contribuyó a la hambruna que mató a millones de personas)". 23 de julio de 2022. Con información de BBC NEWS.

"El precio que Europa tendrá que pagar por estar endeudada con China". 9 de mayo de 2022. Con información de BBC NEWS.

LA PALABRA

"Transportistas bloquean carretera San Borja-San Ignacio exigiendo pago a empresa china". 3 de abril de 2022.

LA TARDE

"Prefiere México inversión de China". 27 de abril de 2021.

LA VANGUARDIA

"Sri Lanka y China reducen tensiones con reinicio obras del puerto de Colombo". 27 de marzo de 2015.

MAS CONTAINER

"Los pros y contra de proyectos ferroviarios chinos en América Latina". 15 de enero de 2023.

"EE.UU. en alerta por creciente presencia china en terminales portuarias mundiales". 17 de noviembre de 2022

"Gobierno Alemán pone en duda aceptar inversión de COSCO en terminal de contenedores de Hamburgo". 21 de septiembre de 2022.

MLEX

"China Communications Construction debarment row brews as concerns grow over Malaysia's award of $12.3bn rail project". 5 January, 2017.

MUNDO MARÍTIMO

"Puerto de Barranquilla: Canal de acceso presenta alta sedimentación y obliga a tres buques a aligerar carga". 2 de junio de 2022.

NUEVA SOCIEDAD

"China en África: discurso seductor, intenciones dudosas". Edición Nª 246, julio /agosto de 2013.

TN

"Un cohete chino caerá a la tierra este fin de semana y los restos podrían afectar zonas urbanas". 2 de noviembre 2022.

"Atucha III: dudas sobre la central nuclear china que se construirá en la Argentina". 5 de agosto 2022.

"En medio de restricciones sanitarias, China postergó la publicación de sus cifras económicas". 17 de octubre 2022.

"Ruta de la seda: expansión china en Argentina y concesiones peligrosas".

12 de agosto 2022.

"El embajador argentino en China respaldó a Beijing y condenó la "provocación" de Estados Unidos en Taiwán". 7 de agosto 2022.

"China presiona a la Argentina para construir una base naval en Ushuaia, una zona estratégica por la Antártida". 4 de noviembre 2022.

"Un senador de EE.UU. criticó la construcción de la central nuclear china en la Argentina". 3 de febrero 2022.

"Emilio Apud cuestionó la construcción de Atucha III: 'La energía que pro- duce es 3 veces más cara'". 10 de febrero 2022.

"Debate por Atucha III: 'La energía que se genere costará el triple que el gas'". 17 de febrero 2022.

"Xi Jinping fue reelecto como líder del PC y lanzó una advertencia: 'El mundo necesita a China'". 23 de octubre 2022.

"Xi Jinping, el poderoso y conservador líder chino que acumula poder y ambición en una "nueva era" ideológica". 14 de noviembre 2022.

PANAMÁ AMÉRICA

"Sancionan empresa china que edifica Cuarto Puente sobre el Canal". 27 de agosto de 2020. Con información de Forbes Centroamérica y EFE.

PORTAL PORTUARIO

"Legisladores de coalición gobernante critican planes de inversión de Cosco en Puerto de Hamburgo". 20 de octubre de 2022. Con información de Associated Press.

RÍO NEGRO

"Estados Unidos transparentó su preocupación por la estación espacial china en

Neuquén". 27 de abril de 2022.

SOUTH CHINA MORNING POST

"Chinese construction giant CCCC aims to counter growing uncertainty with belt and road project push". September 8, 2020.

THE ECONOMIST

"The new state capitalism. Xi Jinping is trying to remake the Chinese economy". 15 de agosto de 2020.

"China is making substantial investment in ports and pipelines worldwide".

8 de febrero de 2020. THE CONVERSATION

"Un ambassadeur peut-il tout dire ? Tact et diplomatie". August 16, 2022.

ÍNDICE